Colección Tradición y Luz

EL ESPACIO SAGRADO

Conrado Milanés

Lux in Tenebris – Edición Masónica – Año de la Verdadera Luz 6025

Autor: Conrado Milanés
Diseño de portada: Kengelyn Alarcón
Corrección de estilo: Conrado Milanés
Maquetación: Julio J. Medina
USA. 2026/ © Copyright:
Todos los derechos reservados.
ISBN: 979-8-9938811-4-0
Colección: "Tradición y Luz"
Primera edición

Dedicatoria

Al Gran Arquitecto del Universo, fuente de toda Luz y de todo Orden, principio y fin de cuanto existe, en quien lo humano y lo divino se reconcilian en armonía eterna. A Él, que habita en todo espacio donde reina la justicia, la verdad y el amor, dedico esta obra que aspira, humildemente, a reconocer Su presencia en cada rincón del alma y del mundo.

A todos los Hermanos Masones, buscadores incansables de la Verdad y la Sabiduría, que en cada Logia transforman un simple salón en un Templo vivo, y en cada piedra bruta descubren la posibilidad de la perfección. Ellos saben que el Espacio Sagrado no se mide por sus muros ni por su ornamento, sino por la pureza de la intención, por la palabra justa y por el trabajo silencioso del espíritu.

A mis Hermanos de mi Logia Madre, Luz de América No. 255, que tanto me han ayudado a ser quien soy; a quienes, con paciencia fraterna y ejemplo constante, me han acompañado evitando que me pierda en mi búsqueda de la Luz. En su compañía he comprendido que toda Logia auténtica es reflejo del verdadero Santuario interior, donde el alma se encuentra con el Principio Supremo.

Y a la Humanidad entera, que más allá de credos, lenguas o fronteras, continúa levantando espacios de paz, de memoria y de trascendencia. Porque lo sagrado no se halla sólo en los templos de piedra, sino en el corazón de quienes saben respetar, servir y construir.

A todo aquel que busca su Espacio Sagrado, sea en el templo visible de la Logia o en el silencio profundo de su interior, para que halle allí la chispa eterna que lo conduzca a la Verdad, a la Fraternidad y a la Unidad Suprema. Que esta obra le recuerde que, donde hay Luz y conciencia, allí también mora el Gran Arquitecto del Universo.

Índice

Nota editorial

Todas las citas y referencias empleadas en esta obra han sido verificadas en ediciones originales o académicamente reconocidas.

Se ha evitado toda atribución dudosa o no comprobable. En determinados pasajes se incluyen paráfrasis e interpretaciones personales del autor, presentadas dentro del marco del análisis simbólico, histórico y filosófico propio del pensamiento masónico.

Ninguna parte de este texto revela detalles rituales o doctrinales reservados, en conformidad con los principios de discreción y respeto que rigen la tradición masónica universal.

Declaración de responsabilidad del autor

El autor declara que toda cita, idea o referencia contenida en esta obra ha sido objeto del mayor cuidado en su verificación y contraste con fuentes fidedignas, tanto documentales como académicas. No obstante, reconoce que, en el ejercicio interpretativo propio de la reflexión masónica y simbólica, puede haber formulaciones nacidas de la interiorización personal del pensamiento ajeno, elaboradas en el crisol de la meditación iniciática.

Si alguna de tales expresiones hubiese sido consignada como cita literal por inadvertencia o exceso de familiaridad con la fuente, deberá entenderse como interpretación o desarrollo del autor inspirado en el espíritu de la obra original, y no como transcripción textual de la misma.

Este reconocimiento no implica duda sobre la veracidad del trabajo, sino reafirmación del principio masónico de perfectibilidad, por el cual toda construcción intelectual, al igual que toda piedra, puede ser nuevamente tallada bajo una luz más clara.

Así, el autor asume plena responsabilidad sobre toda idea, juicio o interpretación que no corresponda estrictamente a lo verificable, recordando que el estudio del Masón es una forma de trabajo interior donde la verdad se busca con rectitud, se expresa con humildad y se ofrece con fidelidad.

La fidelidad a las fuentes y la libertad del pensamiento iniciático no se oponen: se complementan como la Escuadra y el Compás. Entre ambas se traza el equilibrio que guía esta obra, en respeto a la verdad documental y en servicio a la Luz que todo masón persigue.

En el camino iniciático, la Verdad no se impone: se revela gradualmente a cada conciencia según su grado de comprensión. Ningún hombre posee la Verdad absoluta; cada uno contempla un reflejo de ella desde su propio espejo interior. Lo que aquí se ofrece no pretende ser la Verdad, sino una búsqueda sincera de ella, sabiendo que todo buscador tiene su propio sendero hacia la Luz.

Prólogo

El espacio en que habita lo sagrado no es un mero recinto físico, sino una puerta simbólica entre lo visible y lo invisible. Allí donde se levanta un templo, una catedral, una logia, una montaña consagrada o un altar humilde, el ser humano intuye que está ante un umbral. En ese punto de encuentro entre cielo y tierra, entre el tiempo y la eternidad, se hace posible la comunión con lo trascendente. Cada piedra, cada orientación y cada palabra ritual adquieren sentido porque reflejan un orden superior que da forma al caos y significado a la existencia.

La Masonería, heredera de los antiguos constructores y de las tradiciones esotéricas que vieron en la arquitectura una teología silenciosa, enseña que no basta con levantar muros y techos: es preciso consagrar el lugar y, sobre todo, el corazón. Todo templo visible es imagen del templo interior que cada iniciado está llamado a edificar dentro de sí. Así, al abrir sus trabajos, cada Logia convierte un salón profano en un Templo vivo, orientado a la Luz, donde el pensamiento, la palabra y la acción se armonizan en torno al altar de la Verdad. En ese instante, el espacio se transfigura: lo humano se reviste de sacralidad y lo divino se hace presente en la obra colectiva de los Hermanos.

A lo largo de la historia, las civilizaciones han comprendido que el espacio sagrado no pertenece a un solo culto ni a una cultura particular: es una constante de la experiencia espiritual del hombre. Desde los zigurats de Mesopotamia hasta los templos egipcios, desde las sinagogas hasta las catedrales góticas, el ser humano ha buscado siempre un centro, un punto donde el cielo toca la tierra. La Masonería, fiel a ese impulso universal, lo traduce en símbolos geométricos, en columnas y luces, en medidas exactas que expresan proporción, equilibrio y justicia: reflejos todos de la Ley del Gran Arquitecto del Universo.

Este libro no pretende ofrecer un catálogo de monumentos ni una simple historia de la arquitectura religiosa. Su propósito es más profundo: recorrer el sentido del Espacio Sagrado en la humanidad y en la Masonería, mostrar cómo ha sido vivido, protegido, transformado y proyectado hasta nuestros días, y cómo sigue siendo vital para la vida espiritual y comunitaria del hombre moderno. Porque comprender el espacio sagrado es también comprender el modo en que la conciencia humana se eleva, recordando que lo exterior es siempre imagen de lo interior.

Al recorrer estas páginas, el Hermano masón, el estudioso y el buscador reconocerán que cada templo —sea de piedra, de madera o de símbolos— es una invitación a levantar el propio santuario del alma, esa morada secreta donde la Luz nunca se apaga. Conservar y respetar el espacio sagrado es, en última instancia, preservar lo más sagrado que hay en nosotros mismos: la dignidad, la fraternidad y la verdad, fundamentos eternos de toda construcción masónica y humana.

Introducción

El presente libro, titulado El Espacio Sagrado, se propone estudiar en profundidad la noción del espacio consagrado en la historia de la humanidad, su evolución simbólica y su proyección en la Masonería. Su propósito no es solo describir lugares, sino desvelar un lenguaje oculto que ha acompañado al ser humano desde sus orígenes: la necesidad de separar lo profano de lo sagrado, de reconocer que hay puntos del mundo donde lo eterno toca el tiempo y donde el hombre puede, por un instante, reencontrar su centro.

El método de análisis combina tres dimensiones complementarias que se entrelazan como las columnas que sostienen un mismo templo.

Primero, la dimensión histórico-comparativa, que examina cómo diferentes civilizaciones concibieron y expresaron lo sagrado en el espacio: desde los templos de Mesopotamia, Egipto y Grecia, hasta Jerusalén, las catedrales góticas, las mezquitas, los santuarios orientales y las logias contemporáneas. En cada uno de ellos, la arquitectura fue más que construcción: fue teología, cosmología y rito.

Segundo, la dimensión fenomenológica, que, siguiendo a Mircea Eliade, Rudolf Otto y Émile Durkheim, explora cómo el espacio sagrado se manifiesta universalmente como ámbito de centralidad, cohesión y trascendencia. El ser humano no crea el espacio sagrado: lo reconoce, lo consagra, lo cuida, porque en él percibe la irrupción de lo numinoso, lo que está más allá de toda definición y, sin embargo, da sentido a la existencia.

Tercero, la dimensión masónica, que analiza cómo la Masonería especulativa heredó, depuró y resignificó los símbolos del espacio sagrado, tomando como arquetipo el Templo de Salomón. En ese modelo se reúnen la ciencia de los antiguos constructores, la geometría del cosmos y el drama interior del alma humana. El Rito, en su pureza, convierte el espacio de trabajo en un microcosmos ordenado, donde el masón labra su piedra y eleva su conciencia hacia la Luz.

La estructura general del libro comprende dieciocho capítulos que recorren, paso a paso, los aspectos esenciales del tema: desde la definición del espacio sagrado, su historia y características universales, hasta su relación con la Masonería, con la sociedad secular y con la preservación espiritual en el mundo contemporáneo. Cada capítulo entrelaza descripción histórica, análisis simbólico y proyección iniciática, recordando que el estudio del símbolo sin su vivencia es como un templo sin altar.

Las referencias utilizadas proceden de fuentes académicas rigurosamente verificadas, seleccionadas con el más estricto criterio documental. Se han integrado estudios de historia de las religiones, antropología, filosofía y masonería, junto con textos clásicos y rituales debidamente publicados, respetando siempre la inviolabilidad de los secretos iniciáticos. Este equilibrio entre erudición y fidelidad ritual permite que la obra hable con autoridad sin transgredir el silencio que la Masonería exige.

En definitiva, El Espacio Sagrado no es un vestigio del pasado, sino una necesidad permanente del espíritu humano. Allí donde lo sagrado se manifiesta, el hombre recuerda su origen y su destino; allí se forma la comunidad, se ennoblece la palabra y se renueva el pacto con la trascendencia. En el ámbito masónico, ese espacio se actualiza en cada Logia, cuando los Hermanos abren sus trabajos bajo la invocación del Gran Arquitecto del Universo. En ese momento, el salón profano se convierte en Templo, y el Templo, en reflejo del alma. Porque la construcción más importante no es la de piedra ni de mármol, sino la del Templo interior, donde el masón busca la virtud, la verdad y la comunión con lo eterno.

Primera Parte

Fundamentos del Espacio Sagrado

Toda construcción simbólica necesita una base firme, y el estudio del Espacio Sagrado no es excepción. En esta primera parte se exploran los orígenes, conceptos y dimensiones universales de lo sagrado como realidad estructurante de la conciencia humana. Desde los albores de la civilización, el hombre ha sentido que no todo espacio es igual: hay lugares donde el misterio se revela con mayor intensidad, donde la tierra se eleva y el cielo desciende. Allí, el tiempo se detiene, la palabra adquiere resonancia y el gesto se convierte en rito.

El Espacio Sagrado nace cuando el ser humano distingue lo profano de lo trascendente y reconoce en la materia una presencia que la sobrepasa. Esa distinción inaugura la cultura, el arte y el sentido mismo de la existencia. Cada templo, cada altar o montaña consagrada es un intento de fijar un centro del mundo, un punto de conexión entre el microcosmos y el macrocosmos, entre la obra humana y el designio del Gran Arquitecto del Universo.

En el ámbito masónico, esta idea alcanza una plenitud simbólica: el taller donde los Hermanos se reúnen no es solo un lugar físico, sino un microcosmos ordenado según las leyes eternas de la geometría sagrada. Allí, el espacio se vuelve reflejo del cosmos; el Oriente, imagen del origen; y el Altar, punto de comunión entre la razón y la fe, entre la palabra y el silencio. Entender el Espacio Sagrado es, por tanto, comprender la estructura misma del acto iniciático: el tránsito del caos al orden, de la oscuridad a la Luz.

Esta sección sienta los fundamentos teóricos y simbólicos de esa búsqueda perenne del centro. A través del estudio comparado, de la fenomenología religiosa y de la tradición masónica, veremos cómo la humanidad, en todas las épocas, ha necesitado consagrar un lugar para reencontrarse con lo Absoluto. Porque sin centro no hay orientación, sin orientación no hay camino, y sin camino el hombre se pierde en su propio laberinto. El Espacio Sagrado es, en última instancia, la memoria viva de ese centro interior que nunca deja de llamarnos.

CAPÍTULO I

Introducción al Espacio Sagrado

1.1. Definición y relevancia inicial

El concepto de espacio sagrado ha estado presente en todas las culturas humanas como una realidad que trasciende lo físico y que se percibe como el punto de contacto entre lo humano y lo divino. No se trata de un simple territorio delimitado por muros o fronteras, sino de una estructura de significado que revela la presencia de un orden superior en medio del caos cotidiano. Allí donde el ser humano siente la irrupción de lo trascendente, el espacio se transforma, adquiere un valor distinto, se carga de memoria, silencio y sentido.

Tal como señaló el historiador de las religiones Mircea Eliade:

"Lo sagrado se manifiesta siempre como una realidad distinta de las realidades naturales. El espacio sagrado se diferencia cualitativamente del espacio profano".[1]

Estas palabras condensan una intuición universal: no todos los lugares son iguales. Hay espacios donde el hombre experimenta que la realidad se abre hacia otra dimensión; que, detrás de la apariencia visible, se insinúa lo eterno. En ellos, el tiempo se vuelve circular, el gesto se reviste de rito, y la palabra se transforma en invocación.

De este modo, lo sagrado no es solo una categoría teórica o teológica, sino una experiencia vivida: una "ruptura" del espacio ordinario en favor de una dimensión simbólica y trascendente, donde el mundo deja de ser mera extensión y se convierte en morada del sentido.

Desde una perspectiva iniciática, esa ruptura no destruye la realidad profana, sino que la transfigura. Lo sagrado irrumpe para recordar al ser humano su propia naturaleza espiritual, su vocación de elevarse hacia la Luz. Por eso, en todas las tradiciones —y especialmente en la Masonería— el espacio consagrado no se reduce a un ámbito material: es un estado del alma, una disposición interior que hace posible la comunión con lo eterno. Cada templo, cada logia, cada altar, son

23

representaciones externas de ese santuario interior que el iniciado debe construir dentro de sí mismo.

El espacio sagrado, entonces, no es una invención cultural, sino una necesidad ontológica. Es el modo en que la conciencia humana organiza el mundo para reencontrarse con su principio. Por eso, allí donde el hombre eleva un templo, planta un altar o abre los trabajos en Logia, no solo edifica una estructura física: reordena el cosmos, reactualiza el acto creador y restablece la conexión con el Gran Arquitecto del Universo.

1.2. Universalidad del fenómeno

Adolfo D. Roitman —arqueólogo y especialista en judaísmo antiguo, Qumrán y los Rollos del Mar Muerto, investigador **ampliamente recomendado por el autor** por la profundidad y el rigor de sus estudios sobre el espacio sagrado, el Tabernáculo y el Templo de Jerusalén— afirmó en una intervención pública:

"No hay civilización conocida que no tenga, o conozca, el concepto de espacio sagrado."

Y más adelante, en esa misma intervención, comentó:

"Todos los hombres necesitan espacios sagrados porque quieren trascender la existencia terrenal...".[2]

Esta afirmación ilumina la universalidad del fenómeno. Desde las primeras comunidades humanas hasta las culturas más refinadas, la historia demuestra que el impulso hacia lo sagrado es inherente a la condición humana. En cada época, el hombre ha sentido la necesidad de separar un lugar del resto del mundo, de consagrarlo, de orientarlo hacia un principio superior que otorgue sentido y estabilidad a la existencia. Lo sagrado marca el punto donde el caos se convierte en cosmos y el mundo adquiere dirección.

Las antiguas cuevas paleolíticas, cubiertas de pinturas y signos, fueron los primeros templos de la humanidad: espacios donde el misterio de la vida y de la muerte se representaba en imágenes y rituales. Más tarde, los zigurats mesopotámicos se erigieron como montañas simbólicas que conectaban cielo y tierra; las pirámides egipcias orientaron su estructura hacia las estrellas; los templos griegos se edificaron conforme a la proporción armónica; y las catedrales góticas elevaron sus bóvedas como plegarias de piedra. En todas ellas se revela el mismo impulso: dar forma visible a lo invisible, fijar un centro, abrir un camino hacia lo trascendente.

Esta necesidad no depende de la religión particular ni del momento histórico: responde a una estructura universal del espíritu. Lo sagrado no es una invención del mito, sino una respuesta existencial a la conciencia del límite. Cuando el hombre comprende su finitud, busca trascenderla creando un espacio donde pueda comunicarse con aquello que lo sobrepasa. Por eso, toda civilización, sin excepción, ha erigido templos, altares o lugares de retiro. Allí se expresa el mismo anhelo de sentido: el deseo de reencontrarse con la fuente de la vida, con el principio ordenador que sostiene el universo.

En la Masonería, esta universalidad se traduce en una lección profunda: el templo simbólico que cada Logia levanta no pertenece a una sola cultura ni a una sola fe. Es la síntesis viva de todos los espacios sagrados de la humanidad, un punto de convergencia donde las tradiciones se reconocen en la misma Luz. Cada vez que los Hermanos abren los trabajos, reeditan el gesto arcaico de consagrar el mundo; convierten el espacio profano en reflejo del cosmos y el tiempo ordinario en tiempo sagrado. Así, el taller masónico perpetúa la herencia universal de los templos antiguos, recordando que la verdadera trascendencia no se busca fuera del hombre, sino dentro de él.

1.3. El espacio sagrado como mediación

El espacio sagrado cumple una función esencial: mediar entre los planos de la existencia. No es solo un lugar donde el hombre rinde culto, sino el eje simbólico que une lo visible y lo invisible, lo terrenal y lo divino. En términos de Mircea Eliade, se trata de un axis mundi, un **"centro del mundo"**, punto desde el cual se organiza el universo y se orienta la experiencia humana del misterio. Como señala el propio autor:

"El espacio sagrado es un centro del mundo, lugar desde el cual se estructura la experiencia humana de lo divino".[3]

Esta noción del centro aparece de forma constante en las grandes tradiciones espirituales. Para el hombre religioso —dice Eliade—, el mundo tiene un centro real, y ese centro es el punto donde lo sagrado se ha manifestado. Desde allí se extiende el orden hacia las demás regiones del cosmos. Ese punto central es a la vez origen y destino, nacimiento y retorno; un eje invisible que sostiene el universo y lo comunica con los planos superiores.

En la tradición judeocristiana, el Tabernáculo del desierto y, más tarde, el Templo de Jerusalén fueron concebidos como la morada divina en medio de los hombres. El Santo de los Santos, protegido por el velo y orientado hacia el Oriente, representaba el punto de contacto entre el cielo y la tierra, el lugar donde el Dios trascendente se hacía presente en la historia. Allí, el altar, el arca y la nube de gloria constituían la manifestación visible de lo invisible.

Otras culturas expresaron la misma idea mediante símbolos diversos: las montañas sagradas del Himalaya, los ríos del Paraíso mesopotámico, el axis mundi que en las culturas amerindias se alzaba en forma de árbol cósmico, o los templos mesoamericanos construidos como pirámides ascendentes. En todos estos casos, el espacio consagrado actúa como puente vertical entre el cielo, la tierra y el inframundo, permitiendo la comunicación entre los distintos planos del ser.

En el ámbito masónico, este principio se refleja en la disposición simbólica del Templo y en la orientación de sus columnas. El Oriente representa la fuente de la Luz; el Occidente, el mundo de la manifestación; el mediodía, el equilibrio de las fuerzas; y el Norte, el lugar del silencio y del misterio. El Altar, situado en el centro, actúa como eje de comunión, recordando al iniciado que el verdadero centro del mundo se encuentra dentro de sí mismo. Cada vez que el masón se coloca "a cubierto", está trazando un límite simbólico entre lo profano y lo sagrado, entre el desorden del mundo exterior y el orden del cosmos interior.

Así entendido, el Espacio Sagrado no es una simple construcción cultural, sino una mediación ontológica: el lugar donde se reconcilian las dimensiones fragmentadas de la existencia. Es el punto donde el ser humano se reorienta, recuerda su origen y retoma su ascenso. En el centro del templo, como en el corazón del hombre, el cielo y la tierra se tocan, y el silencio se convierte en palabra creadora.

1.4.1. Función comunitaria y personal

El espacio sagrado cumple una doble función inseparable: la comunitaria y la personal. Ambas expresan dos modos de participación en lo divino, dos formas complementarias de la experiencia espiritual.

Ninguna puede existir sin la otra, porque lo sagrado une, a la vez, el alma del individuo y el cuerpo de la comunidad.

1.4.2. Dimensión comunitaria

Desde los albores de la historia, el espacio consagrado ha sido el punto de reunión de los pueblos, el escenario donde se celebran los ritos de paso, los sacrificios, las festividades y las conmemoraciones que reafirman la pertenencia colectiva. En torno al altar, la humanidad descubre su identidad más profunda: no la que nace del territorio o la sangre, sino la que se funda en el acto compartido de reconocer una trascendencia común.

Así, cada ceremonia, cada palabra ritual, cada orientación espacial, contribuyen a restaurar el equilibrio entre el mundo y su origen. Al reunirse, la comunidad recrea el momento fundacional en el que lo divino se manifestó por primera vez. Ese retorno al principio —que es también un retorno al sentido— renueva la vida colectiva y sostiene su continuidad en el tiempo.

1.4.3. Dimensión personal

El espacio sagrado es también un ámbito de recogimiento interior, donde el individuo se enfrenta al misterio en soledad reverente. Rudolf Otto, en su célebre análisis del fenómeno religioso, definió esta experiencia como el mysterium tremendum et fascinans:

"Lo santo se manifiesta como una realidad que suscita a la vez temor reverencial y atracción irresistible".[4]

Esa doble sensación —temor y fascinación— expresa la paradoja de lo sagrado: el hombre tiembla ante lo que lo sobrepasa, pero al mismo tiempo se siente atraído por ello, porque reconoce en esa fuerza su propia fuente. En el espacio sagrado, el ser humano percibe su pequeñez y su grandeza, su finitud y su destino eterno. Allí se experimenta la purificación del alma, el despojo del ego y la apertura a una realidad que lo transforma desde dentro.

1.4.4. La síntesis masónica

La Masonería integra ambas dimensiones en una sola experiencia iniciática. La Logia, como espacio sagrado consagrado al trabajo simbólico, es a la vez comunidad y santuario interior. En ella, los Hermanos se reúnen para participar de un rito común —expresión de la dimensión comunitaria— y, al mismo tiempo, cada uno realiza en silencio su propio trabajo de perfeccionamiento —expresión de la dimensión personal—. Lo colectivo y lo individual se reflejan como las dos columnas que sostienen el Templo: ninguna puede existir sin la otra.

El masón que cruza la puerta del Templo ingresa en un ámbito donde el tiempo se detiene y el alma se dispone a escuchar la voz interior. Cada trazo en el mosaico, cada palabra pronunciada, cada paso ritual lo conectan con una corriente universal de sentido. Así, la experiencia comunitaria de la Logia y la vivencia íntima del corazón se funden en un mismo acto de consagración: el encuentro con lo sagrado que habita tanto en el mundo como en el propio ser.

1.5. Proyección masónica

Para la Masonería, todo Templo masónico es, ante todo, un espacio sagrado. No lo es por su arquitectura ni por la solemnidad de sus símbolos, sino porque en él se recrea simbólicamente el Templo de Salomón y se dispone al iniciado para la transformación interior. El templo masónico es un microcosmos: un reflejo ordenado del universo y, al mismo tiempo, un espejo del alma del iniciado.

Albert G. Mackey lo expresó con claridad al afirmar:

"La Logia no es un mero salón de reuniones, sino un templo simbólico, consagrado y dedicado a altos fines morales y espirituales".[5]

Estas palabras resumen la esencia de la proyección masónica del espacio sagrado. Cuando los Hermanos se reúnen "a cubierto" y se abren los trabajos bajo la invocación del Gran Arquitecto del Universo, el recinto se separa del mundo profano y se convierte en un centro espiritual, un punto de convergencia entre lo humano y lo divino. Cada elemento del Templo —su orientación al Oriente, sus columnas, su pavimento mosaico, sus luces y sus herramientas— participa de un simbolismo ordenado que recuerda al iniciado el propósito de su labor: edificar el templo interior de la virtud y la verdad.

En este sentido, el Templo masónico no es solo el escenario del rito, sino la expresión viva de una pedagogía espiritual. Allí, el espacio se convierte en lenguaje: las formas enseñan, los símbolos comunican, el silencio instruye. Todo en la Logia está orientado a provocar en el iniciado una experiencia de conciencia: una ruptura con la dispersión profana y una apertura al trabajo interior. Por eso, el masón no "asiste" al Templo: lo habita, lo consagra con su presencia y con su pensamiento, convirtiéndose él mismo en piedra viva del edificio simbólico.

Aun en medio de la vida secular, el masón verdadero conserva en su interior la imagen del Templo. Sabe que el trabajo ritual no termina al cerrar los trabajos, sino que continúa en la vida cotidiana, donde cada acción puede ser reflejo del orden aprendido en la Logia. El Templo masónico es, entonces, una matriz del mundo moral, un recordatorio permanente de que lo sagrado no se abandona al salir del taller, sino que acompaña al Hermano como norma de conducta y como luz de conciencia.

Así, la Masonería reinterpreta el antiguo concepto del Espacio Sagrado a la luz de su método iniciático. En ella, el templo no es un refugio que separa al hombre del mundo, sino un laboratorio espiritual que lo prepara para iluminar el mundo desde dentro. En la soledad del Altar y en la fraternidad de los trabajos, el masón descubre que el verdadero Templo está en el corazón, y que toda piedra bien labrada contribuye al perfeccionamiento del edificio universal de la humanidad.

1.6. Conclusión

La introducción al estudio del Espacio Sagrado revela que no estamos ante una creación accidental ni ante una simple convención cultural, sino ante una necesidad ontológica del ser humano. Desde los tiempos más remotos, el hombre ha sentido la urgencia de separar, dentro del vasto horizonte del mundo, un lugar donde lo trascendente pueda manifestarse. Esa delimitación no responde a un gesto arbitrario, sino a un impulso interior que lo lleva a reconocer que existe algo más allá de sí mismo, algo que lo trasciende y le da sentido.

A lo largo de la historia, esta necesidad se ha expresado en múltiples formas: templos, altares, montañas, logias, catedrales o simples rincones de silencio. Cada cultura ha consagrado un espacio para encontrarse con lo sagrado y, en ese acto, ha reafirmado su vínculo con el cosmos. En todos los casos, el espacio sagrado ha cumplido la misma función: ordenar el mundo y orientar al espíritu. Allí, el hombre deja de ser un ser disperso para convertirse en un ser centrado; deja de habitar el tiempo fragmentado para entrar en el tiempo del misterio, donde pasado, presente y futuro se funden en una misma eternidad.

La Masonería, heredera de las antiguas tradiciones religiosas y simbólicas, recoge esa aspiración universal y la transforma en método iniciático. En ella, el Templo no es solo un recinto de trabajo ritual, sino un lugar consagrado a la construcción moral y espiritual del ser humano. Cada vez que los Hermanos abren los trabajos, reviven el gesto primordial de consagrar un espacio para la Luz. Allí, la geometría se convierte en lenguaje, el silencio en enseñanza y la fraternidad en puente entre la tierra y el cielo.

El Espacio Sagrado, por tanto, no debe entenderse únicamente como un lugar físico, sino como una experiencia interior que unifica al hombre con el principio del que proviene. Es centro, espejo y camino: centro, porque da orientación; espejo, porque refleja la divinidad en el alma; y camino, porque impulsa el retorno hacia la Fuente. Recordar su sentido es reconocer que lo divino no se ha retirado del mundo, sino que acompaña a la humanidad en su búsqueda de sentido, manifestándose allí donde el hombre consagra su corazón y trabaja con rectitud.

Así concluye este primer capítulo: con la certeza de que todo templo visible es símbolo del templo interior, y que todo espacio verdaderamente sagrado comienza cuando el ser humano —con humildad y conciencia— se dispone a convertir su propia vida en altar del Gran Arquitecto del Universo.

Notas y Referencias

1. Eliade, Mircea. Lo sagrado y lo profano. Barcelona: Paidós, 1998.
2. Roitman, Adolfo D. Del Tabernáculo al Templo: El espacio sagrado en el judaísmo antiguo (parte 1)», video de YouTube. Acceso: Diciembre 8, 2025, https://youtu.be/T0rS0nd6eVs?si=sjw7GqufdKvdIPH_
3. Eliade, Mircea. Tratado de historia de las religiones. Madrid: Ediciones Cristiandad, 2007.
4. Mackey, Albert G. Encyclopedia of Freemasonry. Nueva York: Clark & Maynard, 1873. Voz "Lodge".
5. Otto, Rudolf. Lo santo. Madrid: Alianza Editorial, 1999.

CAPÍTULO II

Concepto del Espacio Sagrado

2.1. Introducción

El espacio sagrado es un concepto transversal a las religiones y tradiciones espirituales de la humanidad. No se trata únicamente de un lugar físico, sino de un ámbito diferenciado que, en palabras de Mircea Eliade, rompe la homogeneidad del espacio profano y lo transforma en un punto de encuentro con lo trascendente.[1] En esa ruptura del espacio ordinario, el hombre redescubre la presencia de un orden invisible que sostiene y da sentido a la realidad.

Desde los tiempos más antiguos, el ser humano ha sentido la necesidad de separar un territorio del mundo profano para convertirlo en santuario, altar o templo. Tal separación no tiene como fin excluir, sino revelar: marcar un umbral donde el cielo toca la tierra, donde el misterio se deja entrever. El espacio sagrado es, por tanto, el punto donde el cosmos se organiza y el alma humana se orienta hacia su origen.

Tiene, por ello, un carácter simbólico y ritual. Simbólico, porque representa la unión de los planos —lo material y lo espiritual—; ritual, porque esa unión se reactualiza mediante gestos, palabras y ceremonias que renuevan la presencia de lo divino. Es el lugar donde el hombre busca comunión con lo trascendente, ya sea a través de la oración, el sacrificio, la meditación o la celebración comunitaria.

En la Masonería, este concepto alcanza una dimensión iniciática. La Logia, al abrir sus trabajos bajo la invocación del Gran Arquitecto del Universo, se convierte en un reflejo ordenado del cosmos. Lo que en el mundo exterior es dispersión y ruido, dentro del Templo se transforma en armonía y sentido. Allí, cada símbolo —la escuadra, el compás, la luz, las columnas— enseña al iniciado que el espacio sagrado no se limita al edificio que lo alberga, sino que debe ser reproducido dentro de su propio corazón.

De esta manera, el espacio sagrado masónico actúa como un espejo del alma: el taller es su representación exterior, y la conciencia iluminada, su realidad interior. En él, el trabajo ritual se convierte en una pedagogía del espíritu, y el tiempo profano se transforma en tiempo sagrado, orientado siempre hacia la Luz.

2.2. Definición

Podemos definir el espacio sagrado como un lugar —físico o simbólico— consagrado, delimitado y experimentado como ámbito de lo trascendente, en el cual se manifiesta lo divino y donde la comunidad establece contacto con lo sagrado. No se trata de un simple recinto geográfico, sino de una realidad cualitativamente distinta, cargada de sentido y de presencia. Allí, la vida cotidiana se suspende y el alma percibe la proximidad de una fuerza que la trasciende y, al mismo tiempo, la sostiene.

El teólogo Rudolf Otto lo describe como el lugar donde se experimenta lo numinoso, esa vivencia del mysterium tremendum et fascinans(**misterio tremendo y fascinante,** traducción del autor) que provoca simultáneamente temor reverencial y atracción irresistible hacia lo divino.[2] Esa doble experiencia, mezcla de sobrecogimiento y fascinación, constituye el núcleo de lo sagrado: el hombre se siente pequeño ante lo infinito, pero a la vez irresistiblemente llamado por él. En el espacio sagrado, la conciencia humana se abre a una dimensión que excede toda lógica y que, sin embargo, revela su propia razón de ser.

Por su parte, Adolfo D. Roitman afirmó en una intervención pública:

"El espacio sagrado no es igual que otros espacios. Todos los hombres necesitan espacios sagrados porque buscan trascender."[3]

Esta observación resume la necesidad universal del ser humano de delimitar un ámbito de comunión con lo divino. Desde las cavernas paleolíticas decoradas con signos hasta los templos orientales, las pirámides, las mezquitas o las catedrales, cada cultura ha creado lugares donde el cielo y la tierra se encuentran. Allí, el mundo profano se reordena y el caos se convierte en cosmos.

Adolfo D. Roitman —arqueólogo, antropólogo y destacado especialista en historia del culto israelita, y experto en religiones comparadas— fue durante tres décadas curador de los Rollos del Mar Muerto y director del Santuario del Libro en el Museo de Israel, institución que resguarda los Manuscritos del Mar Muerto. Su profunda labor académica y su visión sobre el espacio sagrado en la tradición bíblica han sido, para el autor, una gran fuente de inspiración en la elaboración de este libro, especialmente a través de su obra Del Tabernáculo al Templo, cuyo análisis ilumina la continuidad histórica del santuario como lugar de encuentro entre el hombre y lo divino.

El espacio sagrado, en consecuencia, no es una invención cultural, sino una respuesta estructural del espíritu humano ante la conciencia de lo eterno. Donde lo sagrado se manifiesta, el hombre halla orientación, sentido y centro. Esa necesidad explica por qué todas las civilizaciones han buscado construir templos, altares o logias: porque en ellos lo divino **"habita"** entre los hombres y les recuerda su origen y su destino.

En la Masonería, esta definición adquiere valor iniciático. La Logia representa ese espacio consagrado y simbólicamente delimitado donde los Hermanos suspenden lo profano para entrar en la esfera de la Luz. El templo físico es solo un reflejo del templo interior, que el iniciado edifica en su conciencia al trabajar su piedra bruta. De este modo, el espacio sagrado masónico no es un simple entorno ritual, sino una escuela de transfiguración, un lugar donde el hombre aprende que la verdadera consagración no pertenece a las paredes del edificio, sino al corazón que se ofrece con pureza ante el Gran Arquitecto del Universo.

2.3. Características esenciales

El concepto de espacio sagrado presenta una serie de rasgos universales que permiten distinguirlo del espacio ordinario. Estos rasgos, que se repiten con variaciones en todas las culturas y épocas, revelan una misma estructura simbólica: la voluntad de consagrar un punto del mundo para hacerlo morada de lo eterno.

2.3.1. Consagración y separación.

El espacio sagrado se distingue del espacio profano por un acto de consagración, que lo aparta del uso común y lo dedica a lo trascendente. Esta separación se establece mediante rituales, símbolos o límites físicos —muros, puertas, columnas, agua lustral o fuego— que marcan la frontera entre el mundo cotidiano y el ámbito divino. En ese momento de consagración, el lugar deja de pertenecer al dominio del hombre y pasa a ser dominio de lo sagrado. La frontera no excluye: revela. Señala el umbral donde la materia se espiritualiza y lo visible se abre a lo invisible.

2.3.2. Centralidad.

El espacio sagrado suele concebirse como un centro del mundo (axis mundi), punto en el que convergen cielo y tierra.[1] En ese eje simbólico se manifiesta la estructura del cosmos: el centro representa el orden, la orientación y el sentido. Todo templo auténtico es una réplica de ese centro primordial, una imagen del punto donde el Gran Arquitecto del Universo **"puso compás sobre el abismo"**. Desde allí, la vida se organiza y el caos encuentra forma. El ser humano que entra en el espacio sagrado se orienta espiritualmente: vuelve a su propio eje y recuerda su origen.

2.3.3. Presencia de lo divino.

El espacio sagrado es considerado la morada temporal o permanente de la divinidad. En él, lo sagrado **"desciende"** y se manifiesta, ya sea en un altar, una piedra, una llama o una palabra. La experiencia religiosa universal percibe ese espacio como un punto de encuentro entre el hombre y el Principio Supremo. Por eso, la presencia divina no se entiende como una ocupación física, sino como una epifanía: una revelación que transforma el lugar en símbolo viviente de comunión.

2.3.4. Función ritual.

El espacio sagrado cumple también una función ritual. Es el escenario donde se celebran los actos de culto, los sacrificios, las oraciones y las ceremonias que reafirman el vínculo entre el mundo humano y el mundo divino. En cada rito, el tiempo profano se suspende y se reactualiza el tiempo mítico del origen. Así, el templo se convierte en un teatro cósmico donde se representa, una y otra vez, el drama eterno de la creación, la caída y la redención.

2.3.5. Valor comunitario.

Finalmente, el espacio sagrado posee un valor comunitario fundamental. Es el lugar donde la comunidad se reconoce y se reconstituye; donde las diferencias se disuelven ante la presencia de lo eterno. En torno al templo, al altar o a la logia, se tejen los lazos de identidad y de fraternidad que dan cohesión al grupo. El espacio sagrado, por tanto, no solo orienta al individuo, sino que ordena a la sociedad, uniendo lo disperso en torno a un centro común.

Estas características se encuentran tanto en templos y catedrales como en montañas, ríos o bosques considerados sagrados. En todos los casos, el espacio sagrado señala el lugar donde lo divino irrumpe en el mundo y lo consagra, recordándole al ser humano que la tierra — cuando es mirada con reverencia— puede transformarse en cielo. En el ámbito masónico, esta comprensión se mantiene viva: la Logia, al abrir sus trabajos, reproduce el acto ancestral de separar lo profano de lo sagrado, de trazar un círculo de Luz donde el alma vuelve a encontrar su centro.

2.4. Dimensión simbólica

El espacio sagrado no se limita a las estructuras materiales ni a los lugares visibles del mundo. Su significado más profundo se revela en una dimensión simbólica e interior, accesible mediante la contemplación, la introspección o la meditación espiritual. Lo sagrado no depende, por tanto, del mármol o de la piedra, sino de la mirada que sabe reconocer en lo cotidiano la huella de lo eterno.

El filósofo Paul Tillich sostiene que lo sagrado no se limita a lo exterior ni a formas visibles, sino que remite a la experiencia de lo **"incondicional"** en la profundidad del ser humano. Con esta expresión, Tillich señala que la dimensión religiosa no depende solo de templos, ritos o espacios materiales, sino de esa realidad absoluta que otorga sentido a toda existencia. Lo incondicional se vive en la interioridad, allí donde la conciencia humana se abre a lo eterno y descubre el fundamento último de su ser. En esta perspectiva, el espacio sagrado no es únicamente un lugar geográfico, sino un ámbito interior revelado: un templo invisible donde la presencia divina se manifiesta en la intimidad del espíritu.

Esta comprensión transforma el significado del templo y de todo símbolo religioso. El edificio, la montaña o el altar dejan de ser fines en sí mismos para convertirse en llaves de acceso a lo trascendente. Cada elemento visible —la orientación, la forma, la luz, la palabra ritual— actúa como mediador entre el mundo exterior y la vida interior. Lo sagrado, por tanto, se vuelve un lenguaje: un conjunto de signos que no describen a Dios, sino que conducen hacia Él.

La Masonería, fiel a esta visión simbólica, concibe el Templo masónico como una representación viva del alma humana. En él, cada Hermano recrea interiormente la construcción del Templo de Salomón, no como una obra arquitectónica, sino como un proceso espiritual. Cada piedra colocada, cada herramienta empleada y cada gesto ritual reflejan etapas del trabajo interior: pulir la piedra bruta es dominar las pasiones; levantar columnas es afirmar la sabiduría y la fuerza; orientar el templo al Oriente es dirigir la conciencia hacia la Luz del Gran Arquitecto del Universo.

De esta manera, el Templo masónico se convierte en un espacio simbólico de transformación. Lo profano se transfigura en sagrado no por el lugar físico, sino por la disposición moral y espiritual de quienes trabajan en él. El ritual no es un acto externo, sino un método de interiorización; cada palabra pronunciada es un eco del verbo creador; cada silencio, una puerta que se abre hacia el misterio.

El espacio simbólico, entonces, enseña al masón a trascender la forma para alcanzar el significado, a reconocer que todo lo visible es reflejo de una realidad invisible. Comprender esta dimensión es comprender el propósito mismo de la iniciación: aprender a consagrar el corazón como templo vivo, donde el alma y el cosmos se reconcilian en la presencia del Eterno.

2.5. Proyección masónica

El Espacio Sagrado en la Masonería posee una doble dimensión complementaria, reflejo de la estructura dual del ser humano y del universo: una física, visible y ritual; y otra simbólica, invisible e interior. Ambas se funden en una misma realidad espiritual, pues el Templo material es imagen del Templo interior, y el trabajo exterior del masón corresponde al perfeccionamiento de su conciencia.

2.5. 1. Dimensión física.

El Templo masónico constituye el espacio tangible donde se desarrolla la vida iniciática. No es un recinto cualquiera, sino un lugar consagrado mediante rituales específicos que lo separan del mundo profano y lo transforman en santuario. En su interior se celebran los misterios de la Orden, bajo la invocación del Gran Arquitecto del Universo, y se perpetúa una cadena de tradición que une a los constructores de todos los tiempos. Su orientación al Oriente, las tres luces, las columnas del pórtico y el Altar central reproducen un orden cósmico que invita al recogimiento, al silencio y a la comunión espiritual.

Albert G. Mackey enfatiza que la Logia, en tanto espacio consagrado, se convierte en un lugar donde los masones se apartan del mundo profano para entrar en comunión con los principios eternos.[5] (Paráfrasis) En esa separación simbólica se encuentra la esencia del trabajo masónico: el Templo físico actúa como puerta entre dos mundos, donde el iniciado deja atrás la dispersión exterior y se dispone a escuchar la voz interior del espíritu.

2.5.2. Dimensión simbólica.

Más allá del edificio y del ritual visible, la Masonería enseña que el verdadero templo es el que cada iniciado construye dentro de sí mismo. Esa edificación interior comienza con el reconocimiento de la propia imperfección —la piedra bruta— y continúa con su pulimento progresivo mediante la práctica de las virtudes. Cada acto, cada palabra y cada silencio del masón se convierten en herramientas de labra espiritual. Así, el **"Templo interior"** no es una metáfora poética, sino una realidad iniciática: el lugar donde el alma, a fuerza de disciplina y reflexión, se transforma en morada digna de la Verdad.

La construcción del Templo interior es también una reconstrucción del ser. En ella, el masón aprende que la geometría del mundo visible refleja la armonía del cosmos espiritual. La escuadra, el compás y el nivel dejan de ser instrumentos materiales para convertirse en símbolos de rectitud, medida y equilibrio interior. Por medio de su trabajo constante, el iniciado levanta en su conciencia un santuario moral que reproduce, en miniatura, el orden universal dispuesto por el Gran Arquitecto del Universo.

2.5.3. La unidad de ambas dimensiones.

Estas dos dimensiones —la física y la simbólica— no se oponen: se complementan. El Templo material prepara y orienta al iniciado; el Templo interior lo consagra. Uno ofrece la forma, el otro otorga el sentido. En conjunto, constituyen el verdadero espacio sagrado de la Masonería, donde el rito externo y la meditación interna confluyen en una misma aspiración: elevar al hombre hacia lo divino mediante el trabajo moral y la luz del conocimiento.

Cada vez que el masón cruza la puerta de la Logia, no solo ingresa a un recinto físico, sino que atraviesa un umbral espiritual. En ese tránsito, el ruido del mundo queda atrás y comienza la obra silenciosa del espíritu. El espacio sagrado masónico, así entendido, no es solo un lugar de reunión, sino un laboratorio del alma, donde lo humano se purifica, lo profano se santifica y lo eterno se hace presente en el corazón del iniciado.

2.6. Conclusión

El concepto de espacio sagrado revela que lo esencial no reside en la forma arquitectónica ni en la materialidad del lugar, sino en la experiencia espiritual que allí se produce: la vivencia interior de una ruptura con lo profano y la apertura del alma hacia lo divino. Todo templo, catedral, altar o logia son, en el fondo, medios pedagógicos para despertar en el ser humano esa capacidad de percibir lo trascendente en medio de lo cotidiano.

En toda tradición auténtica, el espacio sagrado no se impone desde fuera: se revela desde dentro. Es el resultado de un acto de conciencia que reconoce la presencia de lo eterno en el mundo efímero. En el instante en que el hombre se abre al misterio, el lugar en que se encuentra —por humilde que sea— se transforma en santuario. Lo sagrado no depende, entonces, de la magnificencia de la construcción, sino de la pureza de la intención con que se habita.

En la Masonería, esta noción se convierte en una clave simbólica de profundo alcance. El Templo masónico no es un edificio cualquiera, sino la representación visible del espacio sagrado universal, donde lo humano se dispone a elevarse hacia lo trascendente. Allí, cada elemento —las luces, las columnas, el Altar, el Oriente— tiene un significado que orienta al iniciado en su camino interior. El Templo visible refleja el orden del cosmos, y el trabajo ritual permite al Hermano descubrir en sí mismo ese mismo orden reflejado en la conciencia.

El masón comprende, así, que el espacio sagrado no es una evasión del mundo, sino una forma de transformar el mundo desde la conciencia iluminada. Al abrir los trabajos, separa lo profano para consagrar el tiempo; al cerrarlos, lleva consigo la Luz que ha recibido para proyectarla en su vida diaria. El Templo, entonces, se prolonga en su pensamiento, en su palabra y en sus actos convirtiendo la existencia entera en extensión del espacio sagrado.

De esta manera, el estudio del Espacio Sagrado nos conduce a una certeza profunda: el verdadero templo es el ser humano mismo, cuando su corazón se convierte en morada de la Verdad y su vida se alinea con el orden del Gran Arquitecto del Universo. En ese punto, lo sagrado deja de ser un lugar y se vuelve una presencia; deja de ser una construcción y se convierte en un estado del alma.

Notas y Referencias

1. Eliade, M. (1998). Lo sagrado y lo profano. Barcelona: Paidós.
2. Otto, R. (1999). Lo santo. Madrid: Alianza Editorial.
3. Cita oral de Adolfo D. Roitman en una intervención pública disponible en video en YouTube. Roitman, Adolfo D. Del Tabernáculo al Templo: El espacio sagrado en el judaísmo antiguo (parte 1)», video de YouTube. Acceso: Diciembre 8, 2025, https://youtu.be/T0rS0nd6eVs?si=sjw7GqufdKvdIPH_
4. Paráfrasis basada en el pensamiento de Paul Tillich sobre lo "incondicional" y la dimensión interior de lo sagrado, especialmente en Systematic Theology. Véase: Paul Tillich, Systematic Theology, vol. 1 (Chicago: University of Chicago Press, 1951), cap. 1–2.
5. Mackey, A. G. (1873). Encyclopedia of Freemasonry. Nueva York. Voz: "Lodge". (Paráfrasis)

CAPÍTULO III

Historia del Espacio Sagrado

3.1. Introducción

La noción de Espacio Sagrado no pertenece a una sola tradición ni a un período histórico particular. Atraviesa la totalidad de la experiencia humana como una constante espiritual que adopta distintas formas según la cultura, la época y la sensibilidad del pueblo que la encarna. Desde los albores de la humanidad, los hombres han sentido la necesidad de delimitar lugares donde pudieran entrar en contacto con lo trascendente, donde el misterio se hiciera visible y el mundo adquiriera un centro.

Las primeras huellas de lo sagrado aparecen ya en el arte rupestre de las cavernas paleolíticas, donde las imágenes de animales y símbolos abstractos no solo expresaban destreza artística, sino también un gesto ritual de comunión con las fuerzas invisibles de la naturaleza. Aquellas cavernas eran templos primordiales, espacios donde el fuego, la oscuridad y la imagen se combinaban para abrir una puerta al misterio.

Con el avance de las civilizaciones, ese impulso se tradujo en nuevas formas arquitectónicas: los zigurats mesopotámicos se levantaron como montañas artificiales que unían el cielo y la tierra; las pirámides egipcias orientaron su geometría hacia las estrellas para guiar el alma en su ascenso; los templos griegos y romanos establecieron la armonía entre proporción y divinidad; y las catedrales medievales, con su verticalidad luminosa, expresaron el anhelo de elevar la materia hacia la luz espiritual. A través de todas estas manifestaciones, el hombre buscó cristalizar en piedra la idea del orden cósmico.

Sin embargo, más allá de sus formas externas, todos estos lugares comparten un denominador común: son centros simbólicos donde la comunidad experimenta la presencia de lo sagrado. En torno a ellos se estructura la vida social, se ordena el tiempo y se transmite la tradición. El templo no es solo un edificio: es una prolongación de la cosmogonía, una representación visible del equilibrio entre el cielo, la tierra y el alma humana.

Esta necesidad de fijar un centro y consagrar un lugar perdura hasta nuestros días. En un mundo marcado por la movilidad y la fragmentación, el hombre moderno —aunque lo ignore— sigue buscando espacios de silencio y de significado donde su espíritu pueda reencontrar reposo. Las iglesias, las sinagogas, las mezquitas, los templos orientales y aun los lugares naturales venerados por su belleza o su misterio, continúan cumpliendo la misma función que los santuarios primitivos: reunir lo disperso y devolver al ser humano el sentido de totalidad.

En la Masonería, esta herencia universal se preserva bajo una forma simbólica. Cada Logia representa la continuidad de esa historia milenaria: un lugar consagrado al estudio, al silencio y a la elevación moral, donde el trabajo del iniciado actualiza la antigua búsqueda de comunión con el principio de la vida. Así, el Templo masónico no se aísla del devenir de las culturas, sino que las resume; no imita los templos antiguos, sino que los sintetiza en su significado. En él, la piedra, la luz y la palabra retoman su función original: revelar el orden oculto del universo y convertir el espacio en manifestación de la Luz eterna.

3.2. Primeras manifestaciones: Religiones arcaicas

Las primeras huellas de espacios sagrados se encuentran en las culturas paleolíticas y neolíticas, cuando el hombre comenzó a distinguir entre los lugares ordinarios de la vida diaria y aquellos en los que sentía la presencia de fuerzas superiores. Las cuevas decoradas con pinturas rupestres —como las de Lascaux, en Francia, o Altamira, en la península ibérica— no eran simples "galerías de arte primitivo", sino ámbitos rituales donde el ser humano buscaba comunicarse con los poderes invisibles de la naturaleza.[1] (Paráfrasis del autor a partir de Bahn & Vertut, Journey through the Ice Age) En ellas, la oscuridad, el fuego y la imagen se combinaban para crear una atmósfera de misterio que suspendía la realidad profana y permitía un acceso simbólico al más allá.

En estos espacios, las figuras de animales, signos geométricos y manos estampadas no eran meras representaciones decorativas, sino actos de participación mística en la vida del cosmos. Cada imagen servía de puente entre lo visible y lo invisible, entre la acción humana y las fuerzas divinas que regían la fertilidad, la caza o el destino. De este modo, el arte rupestre constituye una de las primeras expresiones del impulso religioso que busca reproducir ritualmente el orden del universo.

El historiador de las religiones Mircea Eliade afirma con precisión que para las sociedades arcaicas, el espacio no es homogéneo: hay una fractura entre el espacio profano y el espacio sagrado, y este último se revela siempre como un punto fijo, un centro.[2] (Paráfrasis del autor a partir de las obras citadas)

Esta afirmación condensa una verdad fundamental: para el hombre arcaico, el mundo no era una extensión uniforme, sino un tejido atravesado por presencias. En el momento en que se revelaba lo sagrado, el espacio adquiría una calidad distinta, se volvía centro y medida de todas las cosas. A partir de ese punto se organizaba la vida social, el calendario, los ritos y la jerarquía espiritual.

Estas primeras delimitaciones del espacio sagrado simbolizan la intuición originaria de la humanidad: lo divino requiere un lugar separado de lo común, un punto donde la realidad se abre hacia lo trascendente. Esa separación no implicaba distancia, sino reconocimiento. El hombre no apartaba a los dioses del mundo, sino que les concedía un ámbito para manifestarse. En las culturas arcaicas, esa consciencia de límite y centro dio origen a los primeros altares, menhires, círculos de piedra y montículos sagrados: lugares que unían tierra y cielo, tiempo y eternidad.

Desde una perspectiva iniciática, este gesto de consagrar el espacio constituye el acto fundacional de toda tradición espiritual. En la Masonería, su eco permanece vivo cada vez que se abren los trabajos y se proclama que el Templo está **"a cubierto"**. Ese acto ritual repite, en clave simbólica, la antigua fractura del mundo arcaico: separar lo profano para permitir que la Luz descienda. Así como el hombre primitivo trazó el primer círculo sagrado en torno al fuego, el masón delimita su Logia como centro de orden y verdad, donde el universo se reconstruye mediante el trabajo consciente y la palabra justa.

3.3. Antiguo Oriente: Mesopotamia y Egipto

En el antiguo Oriente, las civilizaciones de Mesopotamia y Egipto ofrecieron algunas de las manifestaciones más tempranas y elaboradas del espacio sagrado como centro del mundo y morada de lo divino. En ambos casos, la arquitectura religiosa no fue una mera obra de ingeniería, sino la materialización del orden cósmico, el intento de reproducir en la tierra el modelo del cielo.

En Mesopotamia, las zigurat —torres escalonadas de ladrillo— fueron concebidas como auténticos ejes cósmicos (axis mundi), estructuras que unían simbólicamente el cielo, la tierra y el inframundo. Cada uno de sus niveles representaba un plano del universo, y su cumbre albergaba el santuario donde el dios descendía para encontrarse con los hombres. La más célebre, la Etemenanki de Babilonia, inspiró probablemente la narración bíblica de la "Torre de Babel" (Génesis 11). Aquella torre, más que una empresa de soberbia humana, encarnaba el deseo ancestral de reconectar los reinos de lo alto y de lo bajo, de restablecer la comunicación perdida entre el hombre y lo divino.

La zigurat simbolizaba así el puente vertical entre los mundos, el camino de ascenso espiritual que toda iniciación reproduce interiormente. Cada escalón representaba una etapa de purificación o de conocimiento, un grado de aproximación a la divinidad. Por eso, en la cosmovisión mesopotámica, el templo era también un observatorio celeste: su geometría y su orientación reflejaban las constelaciones, mostrando que la arquitectura sagrada era una ciencia del orden universal.

En Egipto, la noción de espacio sagrado alcanzó una expresión igualmente majestuosa. Los templos —como los de Karnak, Luxor o Abu Simbel— fueron concebidos como "casas de los dioses" y, al mismo tiempo, como modelos simbólicos del cosmos. No eran simples edificaciones, sino itinerarios iniciáticos: el recorrido desde el pílono de acceso, bañado por la luz exterior, hasta el santuario interior o naos, representaba el tránsito del mundo profano hacia el ámbito de lo sagrado. Allí, en la penumbra del sanctasanctórum, la estatua divina recibía el soplo ritual de la vida, símbolo de la presencia eterna del principio creador.[3] (Paráfrasis)

El espacio egipcio no solo ordenaba el territorio, sino también el alma. Cada sala del templo correspondía a una fase del proceso iniciático: el patio abierto simbolizaba la purificación; la sala hipóstila, el conocimiento; el santuario oculto, la unión con lo divino. Las inscripciones jeroglíficas en los muros no eran meras decoraciones, sino fórmulas de poder que transformaban la piedra en palabra viva. Así, el templo se convertía en libro de piedra, donde el iniciado aprendía el lenguaje de los dioses mediante la contemplación del orden.

Ambas civilizaciones entendieron que construir un templo era recrear el cosmos. Tanto en Mesopotamia como en Egipto, el acto de edificar equivalía a un gesto teúrgico: restablecer el equilibrio del mundo y participar del acto creador. El espacio sagrado era, entonces, el punto donde la eternidad se encarnaba en la materia y donde la materia se elevaba hacia lo eterno.

En la Masonería, este principio se conserva en su forma simbólica más pura. El Templo masónico reproduce la idea de eje y de recorrido iniciático: del Occidente —el mundo profano— al Oriente —la fuente de la Luz—. Como el iniciado egipcio o mesopotámico, el masón avanza paso a paso hacia el centro sagrado, que no está al final del camino, sino en el interior de su propia conciencia. Así, la Logia se convierte en una nueva zigurat espiritual, un espacio donde el trabajo moral y el rito reconstruyen la antigua conexión entre el hombre y el Principio Supremo.

3.4. Grecia y Roma

En la Grecia clásica, el espacio sagrado alcanzó una de sus expresiones más elevadas y armónicas. Los templos dedicados a los dioses —como el Partenón en Atenas, consagrado a Atenea Parthenos— no solo eran obras de arte, sino manifestaciones visibles del orden cósmico y moral. Cada elemento de su arquitectura respondía a proporciones geométricas que encarnaban la armonía del universo, lo que hoy se conoce como geometría sagrada. En la mente helénica, el templo no era un simple refugio de la divinidad, sino su imagen terrestre: un microcosmos perfecto donde el número, la simetría y la proporción reflejaban la inteligencia del cosmos.

La arquitectura griega unía así la ciencia y el culto. Las columnas dóricas, jónicas o corintias no eran únicamente ornamento: representaban fuerzas cósmicas y principios de equilibrio. El edificio entero era una transposición simbólica del cuerpo humano y del orden universal; su planta, una afirmación de que la belleza es expresión de la verdad. En su interior, el naos —donde se encontraba la estatua divina— no era un espacio de congregación pública, sino un ámbito reservado a la presencia del dios, accesible solo a los sacerdotes. Los fieles se reunían en el exterior, en los alrededores del templo, lo que demuestra que el espacio sagrado griego no dependía del recinto cerrado, sino de la relación entre lo visible y lo invisible, entre la luz y la medida.

El templo griego expresaba la visión filosófica de un universo ordenado y racional, donde la divinidad se revelaba a través de la armonía. Por eso, en su mismo diseño, el hombre encontraba una lección ética: habitar en la proporción, buscar la justa medida (sophrosyne), elevar la mente a la contemplación del Bien.

En Roma, esta concepción se amplió y se volvió más universal. Los templos —como el majestuoso Panteón, reconstruido bajo el emperador Adriano— simbolizaban la universalidad del poder divino y del propio Imperio, acogiendo bajo su cúpula a todas las deidades conocidas. Su inmensa bóveda hemisférica, coronada por el oculus que dejaba entrar la luz solar, representaba el cielo y el principio de la unidad divina que sostiene la multiplicidad del mundo. En ese rayo de luz que descendía desde lo alto, los romanos veían la presencia del numen, el espíritu divino que animaba la ciudad y el cosmos.

Pero más allá de la magnificencia arquitectónica, Roma introdujo una distinción conceptual de enorme importancia simbólica. Los augures —sacerdotes encargados de interpretar los signos divinos— delimitaban ritualmente el templum, el espacio consagrado, mediante gestos y fórmulas precisas. Solo dentro de ese perímetro sagrado podían realizarse los actos religiosos o los augurios legítimos. Así, el templum no era el edificio material, sino el espacio simbólicamente trazado por la voluntad sacerdotal: un recorte dentro del mundo profano donde se restablecía la comunicación con los dioses.[4] (Paráfrasis del autor a partir de Beard, North & Price, Religions of Rome)

Esta distinción entre templum y espacio común fue decisiva: estableció la idea de que lo sagrado no depende de la materia, sino de la consagración y del sentido. El acto de separar, de definir un límite, era ya una forma de sacralización. En el mundo romano, como en la Masonería, la sacralidad nace del gesto consciente que convierte un lugar cualquiera en un centro de orden espiritual.

Desde una perspectiva iniciática, tanto Grecia como Roma enseñaron que el espacio sagrado no es solo un ámbito religioso, sino un modelo del cosmos y del alma. La geometría de sus templos, la orientación de sus ejes, la proporción de sus columnas y la luz que los atraviesa son símbolos permanentes de la aspiración humana a la armonía. En ellos, la arquitectura se convierte en filosofía visible; y el rito, en geometría viva.

En la Masonería, esta herencia se perpetúa en el diseño del Templo: orientado al Oriente, gobernado por la proporción, animado por la Luz.

Así como el Partenón expresaba la medida perfecta y el Panteón la totalidad del cosmos, el Templo masónico expresa la búsqueda de equilibrio entre el microcosmos del hombre y el macrocosmos del universo. En su forma simbólica se funden las lecciones de Grecia, Roma y de todas las civilizaciones: que el orden del mundo comienza en el orden del espíritu, y que toda piedra bien labrada es una oración silenciosa al Gran Arquitecto del Universo.

3.5. Judaísmo y cristianismo primitivo

Para Israel, el Tabernáculo primero y, más tarde, el Templo de Jerusalén fueron el corazón espiritual y el eje de toda la vida religiosa del pueblo elegido. Ambos representaban la presencia viva de Dios en medio de los hombres, la morada de lo divino en la tierra. Según la tradición bíblica, Moisés recibió en el Sinaí las instrucciones precisas para construir el Tabernáculo como una réplica terrestre del orden celestial. En su estructura —el atrio, el Santo y el Santo de los Santos— se reflejaba la jerarquía cósmica, desde el mundo visible hasta la esfera inaccesible del Espíritu.

En el Santo de los Santos, protegido por el velo y custodiado por los querubines, reposaba el Arca de la Alianza, símbolo de la presencia divina. Ese recinto, inaccesible salvo al Sumo Sacerdote en el día del Yom Kippur representaba el centro absoluto del espacio sagrado: el punto de unión entre el cielo y la tierra, entre el Creador y su pueblo.[5] (Paráfrasis) Todo el culto hebreo se organizaba en torno a ese centro: las peregrinaciones, los sacrificios, las fiestas y los cantos del Templo constituían la expresión más alta de la alianza entre Dios e Israel.

La concepción hebrea del espacio sagrado se basaba, por tanto, en la idea de santificación progresiva. Desde el mundo exterior hacia el sanctasanctórum, cada recinto simbolizaba un grado de pureza, un acercamiento a la Presencia divina (Shejiná). El Templo no era solo un lugar de culto, sino un mapa espiritual de la creación y del alma humana: un camino que conducía de lo profano a lo sagrado, del exilio a la comunión.

El cristianismo primitivo heredó esta visión del espacio sagrado, pero le dio un nuevo significado. Al reconocer en Cristo la encarnación del Verbo divino, el templo material pasó a entenderse como figura del cuerpo de Cristo y de la comunidad de los fieles. El Evangelio de Juan afirma: "Destruid este templo y en tres días lo levantaré", refiriéndose al templo de su cuerpo (Juan 2:19-21). De este modo, el lugar sagrado dejó de ser exclusivamente físico para convertirse en realidad espiritual y comunitaria.

Las primeras comunidades cristianas transformaron las antiguas basílicas romanas en iglesias, conservando la orientación y la axialidad simbólica del templo antiguo. El altar se convirtió en el nuevo centro, símbolo del sacrificio de Cristo y del banquete eucarístico. Su disposición mantenía la idea del axis mundi, pero ahora orientada hacia la Parusía, la espera de la plenitud divina en la historia. El espacio eclesial, iluminado por la luz del Oriente, era imagen del mundo redimido por la gracia.

San Agustín desarrolló esta noción en La Ciudad de Dios, donde explica que el verdadero templo no es solo material, sino la comunidad de los fieles reunidos como Cuerpo de Cristo.[6] (Paráfrasis del autor a partir de La Ciudad de Dios) Para él, el espacio sagrado ya no se mide por muros o altares, sino por la unión espiritual de los creyentes en la caridad y en la verdad. Esta interiorización del templo marcó un giro decisivo en la historia de lo sagrado: la morada de Dios se desplazó del edificio de piedra al corazón de los hombres.

Desde una perspectiva iniciática, este paso del templo exterior al templo interior anuncia el mismo principio que más tarde recogerá la Masonería: el verdadero santuario del Espíritu no se encuentra en la materia, sino en la conciencia iluminada. El masón, al igual que el antiguo sacerdote o el primer cristiano, busca entrar en el Santo de los Santos de su propio ser, allí donde habita la Luz que no se apaga. La Logia, con su altar central, su orientación al Oriente y su carácter de fraternidad universal, perpetúa ese legado bíblico y cristiano en clave simbólica: un lugar donde la comunidad se convierte en templo y donde cada Hermano es piedra viva del edificio espiritual de la humanidad.

3.6. Edad Media: Catedrales y peregrinaciones

La Edad Media occidental vio en las catedrales su expresión más sublime del espacio sagrado como reflejo del cosmos. Estas majestuosas construcciones —como Chartres, Notre Dame de París, Canterbury o Santiago de Compostela— no fueron concebidas solo como templos de culto, sino como símbolos vivos del universo ordenado por Dios. Su arquitectura unía la fe, la ciencia y el arte en una síntesis espiritual sin precedentes: piedra, luz y proporción se combinaban para hacer visible el misterio.

Las catedrales eran auténticas **biblias de piedra**, donde cada elemento —columnas, arcos, gárgolas, capiteles o vitrales— transmitía una enseñanza sagrada al pueblo, en su mayoría analfabeto.[7] (Paráfrasis del autor a partir de Panofsky, Gothic Architecture and Scholasticism) Los muros narraban episodios bíblicos, los vitrales filtraban la luz como si fuera la gracia divina, y el sonido del órgano o de los cantos gregorianos convertía el aire mismo en plegaria. Todo estaba concebido para educar la mirada y elevar el alma.

El interior del templo reproducía, simbólicamente, el recorrido del alma hacia la salvación. Desde el pórtico —imagen del mundo exterior— hasta el altar mayor, el peregrino atravesaba un itinerario espiritual de purificación y ascenso. La planta cruciforme simbolizaba la unión de los dos ejes del mundo —horizontal y vertical—, mientras que la orientación al Oriente recordaba el retorno de la Luz divina al final de los tiempos. La verticalidad de las torres y de las bóvedas apuntaba hacia el cielo, expresando en piedra el anhelo del espíritu de elevarse por encima de la materia.

Cada catedral era también una enciclopedia simbólica. Los maestros constructores —herederos de la tradición de los Collegia Fabrorum romanos y precursores de las cofradías masónicas— codificaban en su obra conocimientos de geometría, astronomía, alquimia y teología. Las proporciones se calculaban siguiendo principios pitagóricos y herméticos: la arquitectura se convertía así en oración matemática, en liturgia petrificada. Los constructores medievales no solo edificaban muros: edificaban significados, y veían su arte como una participación en la obra creadora del Gran Arquitecto del Universo.

Junto a la monumentalidad de las catedrales, la Edad Media conoció otro fenómeno espiritual igualmente decisivo: las peregrinaciones. Caminos como el de Santiago de Compostela, Roma o Jerusalén se convirtieron en verdaderos ejes de conexión entre pueblos, culturas y tradiciones. En ellos, lo sagrado no se reducía al santuario final, sino que se vivía también en el trayecto, en el esfuerzo y en la transformación interior del caminante. El peregrino medieval no buscaba solo reliquias, sino sentido; no solo indulgencias, sino conversión.

Los caminos de peregrinación transformaron el paisaje europeo en un mapa espiritual, donde ciudades, monasterios y hospicios formaban una red de nodos sagrados. En cada parada se repetía el mismo gesto ancestral de consagrar el espacio: encender una vela, dejar una piedra, orar en silencio. De este modo, el viaje se convirtió en metáfora de la vida: el desplazamiento físico era, al mismo tiempo, un recorrido del alma.

Desde la perspectiva masónica, la Edad Media representa el punto de unión entre el arte de construir y el arte de elevarse espiritualmente. Las catedrales fueron los templos donde el trabajo manual se hizo rito, y las peregrinaciones, los caminos donde el movimiento se hizo meditación. Ambos son símbolos del proceso iniciático: construir y caminar, labrar y avanzar, transformar la materia y transformarse a uno mismo.

Por eso, cuando la Masonería especulativa heredó el legado de los antiguos constructores, no heredó solo su técnica, sino su visión del mundo: que toda piedra puede ser sagrada si se coloca con conciencia, y todo camino puede ser templo si se recorre con propósito. Las catedrales y los caminos medievales siguen recordando al iniciado que la fe se expresa en la obra, y que cada paso —como cada golpe de cincel— acerca un poco más al alma hacia su verdadero Oriente.

3.7. Espacios sagrados en Oriente

En el vasto horizonte espiritual del Oriente, el espacio sagrado se concibe no sólo como un lugar de culto, sino como una representación total del cosmos y del orden divino. Allí, la arquitectura, la naturaleza y la meditación convergen en una misma experiencia: la del ser humano reencontrando su unidad con el principio universal.

En la India, los templos hindúes (mandir) fueron concebidos como auténticos microcosmos. Su estructura refleja el universo en miniatura: la base representa la tierra, el cuerpo central la esfera intermedia, y la torre o shikhara el monte cósmico Meru, eje del mundo y morada de los dioses. Este monte, descrito en los textos védicos y puránicos, es el centro del universo y el punto donde confluyen todos los planos de la existencia. Así, el templo hindú no solo alberga la imagen del dios, sino que reproduce en piedra la geografía del cosmos y el itinerario del alma hacia la liberación.

El fiel que atraviesa el umbral del mandir se adentra en un recorrido iniciático. Desde la puerta exterior, que simboliza el mundo de la ilusión (maya), hasta el garbhagriha —el santuario oscuro donde habita la divinidad—, el visitante experimenta una transición del mundo profano al mundo divino. La penumbra del sanctasanctórum representa la inmersión en lo absoluto: allí, la imagen del dios brilla como la chispa de conciencia que disipa la ignorancia. El espacio sagrado se convierte, entonces, en un camino interior hacia la iluminación, donde cada paso corresponde a un grado de purificación.

En el budismo, la estupa cumple una función semejante. Aunque exteriormente es una estructura cerrada y aparentemente simple, su forma encierra un simbolismo profundo. La cúpula hemisférica representa el universo, y el eje central, el camino hacia el despertar. Los distintos niveles de la estupa corresponden a las etapas del sendero espiritual: el cuadrado simboliza la tierra, el círculo el agua, el triángulo el fuego, la media luna el aire y la espiral la conciencia pura. Caminar en torno a la estupa —práctica conocida como pradakshina— equivale a recorrer el ciclo de la existencia con el fin de trascenderlo. Cada vuelta es una oración en movimiento, una meditación dinámica sobre la impermanencia y la unidad del todo.

En Japón, los santuarios shinto (como el de Ise, consagrado a la diosa solar Amaterasu) manifiestan una comprensión radicalmente distinta, pero complementaria, del espacio sagrado. En ellos no predomina la monumentalidad, sino la simplicidad y la pureza, reflejo de la sacralidad inherente a la naturaleza misma.[8] (Paráfrasis del autor a partir de la obra citada) El kami —la divinidad o espíritu— no se oculta tras muros de piedra, sino que se revela en el bosque, en el agua, en la roca o en el árbol consagrado. El santuario no es una frontera que separa lo humano de lo divino, sino una presencia que los une.

El Shinto enseña que la pureza ritual (harae) y la armonía con el entorno son condiciones esenciales para percibir lo sagrado. Por ello, los templos se reconstruyen periódicamente, siguiendo una tradición milenaria: lo sagrado no se conserva por la permanencia material, sino por la renovación del gesto consagrante. En el santuario de Ise, por ejemplo, el templo se demuele y se reconstruye cada veinte años, en un acto que reafirma la continuidad de la vida y la impermanencia de las formas.

Todas estas tradiciones orientales coinciden en un mismo principio: el espacio sagrado no es un lugar fijo, sino una vibración del espíritu. Ya sea la torre del Meru, la cúpula de la estupa o el bosque shinto, el mensaje es el mismo: el universo entero es templo, y el hombre, al reconocerlo, se convierte en su sacerdote.

Desde la perspectiva masónica, esta visión se hermana con la enseñanza del Templo interior: el iniciado, al igual que el devoto oriental, aprende que lo sagrado no depende de la forma externa, sino de la conciencia que la habita. Cada rito, cada símbolo y cada piedra colocada en orden son una forma de reproducir el cosmos y de reencontrar la armonía entre el microcosmos del hombre y el macrocosmos del universo. Así, Oriente y Occidente convergen en un mismo propósito: recordar que el Templo verdadero está tanto en el cielo como en el corazón del hombre que trabaja en la Luz.

3.8. Conclusión

La historia del Espacio Sagrado revela una continuidad sorprendente y universal: desde las cuevas prehistóricas hasta los templos modernos, el ser humano ha sentido la necesidad de señalar un punto, de consagrar un centro donde lo divino se manifieste y el mundo adquiera orden y sentido. Esa necesidad no responde a una moda ni a una cultura específica; brota del impulso más profundo del espíritu humano: dar forma visible a lo invisible, hacer presente lo eterno en el tiempo.

A lo largo de las civilizaciones, el hombre ha repetido el mismo gesto primordial: separar un lugar del resto del mundo, consagrarlo, orientarlo y elevarlo. Las cuevas del Paleolítico, las zigurats mesopotámicas, las pirámides egipcias, los templos griegos, las basílicas cristianas, las catedrales medievales, las estupas budistas y los santuarios shinto conforman una misma corriente de búsqueda: la voluntad de restablecer la conexión entre el cielo y la tierra, entre el principio creador y su reflejo humano. En cada cultura, el espacio sagrado ha sido el corazón simbólico de la comunidad, el punto donde la vida se ordena, el tiempo se detiene y el alma reconoce su destino.

Pero más allá de sus diferencias formales, todas las tradiciones coinciden en un principio esencial: lo sagrado no depende de la materia, sino de la conciencia que consagra la materia. El templo, la catedral o la montaña se vuelven sagrados porque el hombre los mira con reverencia, porque en ellos despierta el sentido de lo trascendente. Así, el espacio sagrado no es una construcción exterior, sino un estado del alma que reconoce en el mundo un reflejo del orden divino.

Para la Masonería, esta herencia universal converge en el Templo Masónico, heredero de múltiples símbolos históricos y espirituales. En él se reencuentran las antiguas intuiciones del Oriente y del Occidente, la geometría del cosmos y la ética del corazón. El Templo masónico no es una simple sala de reuniones: es un espacio consagrado donde lo profano se suspende para dar lugar a la obra iniciática. Cada piedra, cada luz, cada palabra y cada silencio tienen un significado profundo que reproduce, en escala simbólica, la arquitectura del universo.

Cuando el masón cruza la puerta de la Logia, repite el gesto ancestral de todos los constructores del espíritu: marcar un centro y encender una Luz. En ese momento, el espacio se transforma; deja de ser un lugar físico para convertirse en un reflejo del Templo eterno. Así, la Masonería actualiza en cada reunión el antiguo misterio del espacio sagrado: hacer visible lo invisible, unir lo humano con lo divino, y recordar que el verdadero templo —el más perfecto, el más perdurable— no se levanta con manos humanas, sino en el corazón iluminado del iniciado.

Notas y Referencias

1. Bahn, P., & Vertut, J. (1997). Journey through the Ice Age. Berkeley: University of California Press.
2. Eliade, M. (1998). Lo sagrado y lo profano. Barcelona: Paidós.
3. Wilkinson, R. H. (2000). The Complete Temples of Ancient Egypt. Londres: Thames & Hudson.
4. Beard, M., North, J., & Price, S. (1998). Religions of Rome. Cambridge: Cambridge University Press.
5. Adolfo D. Roitman, Del Tabernáculo al Templo: El Espacio Sagrado en el judaismo antiguo(Salamanca: Ediciones Sígueme 2016).
6. Agustín de Hipona. (2007). La Ciudad de Dios. Madrid: Biblioteca de Autores Cristianos.
7. Panofsky, E. (1951). Gothic Architecture and Scholasticism. Nueva York: Meridian Books.
8. Smyers, K. M. (1999). The Fox and the Jewel: Shared and Private Meanings in Contemporary Japanese Inari Worship. Honolulu: University of Hawai'i Press.

CAPÍTULO IV

Importancia del Tabernáculo en la Historia de los Israelitas

4.1. Introducción

El Tabernáculo —mishkán en hebreo, que significa literalmente "morada" o "habitación"— fue la primera institución cultual establecida por los israelitas tras su salida de Egipto. Más que una simple tienda de campaña, constituyó el espacio sagrado móvil que acompañó al pueblo durante el éxodo y la travesía por el desierto hacia la Tierra Prometida. Su estructura, cuidadosamente descrita en el Éxodo, no respondía únicamente a necesidades prácticas, sino a un profundo significado simbólico: el mishkán representaba la presencia permanente de Dios en medio de su pueblo, el signo visible de una alianza espiritual que trascendía el tiempo y el lugar.

Históricamente, el Tabernáculo fue el centro religioso y social del Israel nómada. Allí se ofrecían los sacrificios, se consultaba la voluntad divina y se preservaba el Arca de la Alianza, depositaria de las Tablas de la Ley. Su misma movilidad expresaba una verdad teológica fundamental: que el Dios de Israel no estaba limitado por templos ni territorios, sino que acompañaba a su pueblo en el camino. En ese sentido, el Tabernáculo fue más que un santuario; fue una presencia caminante, una arquitectura del espíritu adaptada a la historia.

La disposición del Tabernáculo reproducía una visión ordenada del universo y de la sociedad. Dividido en tres recintos —el atrio, el Santo y el Santo de los Santos—, simbolizaba los distintos grados de acceso a lo divino, desde lo visible hasta lo oculto. Cada elemento —el altar, el candelabro, el propiciatorio, el Arca— estaba cargado de significado espiritual y pedagógico. Su orientación hacia el Oriente recordaba al pueblo el origen de la Luz y la dirección de toda adoración.

La importancia histórica y religiosa del Tabernáculo radica, por tanto, en que fue el precursor del Templo de Jerusalén, el modelo sobre el cual Salomón edificaría el santuario definitivo del pueblo de Israel. Pero, además, su función fue modelar la identidad espiritual de Israel como pueblo elegido, consciente de que su destino no era únicamente político o territorial, sino esencialmente religioso: ser portador de la Presencia divina en el mundo.

El mishkán se convirtió, así, en símbolo de una verdad universal: que lo sagrado no necesita de la inmovilidad de la piedra para revelarse, sino que puede manifestarse en el movimiento, en el viaje, en la tienda levantada bajo las estrellas. El Dios del Tabernáculo es el Dios que camina con los suyos, el que mora en el corazón de su pueblo y en el centro de su historia.

Desde una lectura masónica, el Tabernáculo representa el arquetipo del templo interior. Su estructura tripartita anticipa la organización simbólica del Templo de Salomón y, por extensión, la del Templo masónico. Del mismo modo que el pueblo de Israel llevaba consigo su santuario portátil, el iniciado lleva dentro de sí su templo espiritual, que debe edificar y mantener puro dondequiera que esté. Así, el Tabernáculo enseña al masón que la verdadera morada de lo divino no está fija en el espacio, sino viva en la conciencia, y que la fe se manifiesta no solo en la permanencia, sino también en el camino.

4.2. El Tabernáculo como morada de Dios

Según el relato bíblico, Dios ordenó a Moisés la construcción del Tabernáculo en el monte Sinaí, durante la travesía del desierto (Éxodo 25–31). La revelación divina fue acompañada de una instrucción precisa: debía edificarse "conforme al modelo que te fue mostrado en el monte" (Éxodo 25:40). Este detalle, aparentemente técnico, encierra un significado teológico profundo: el Tabernáculo no era una creación humana, sino una imagen terrestre del santuario celestial, un reflejo del orden divino manifestado en la tierra.[1]

Este principio —la correspondencia entre lo celestial y lo terrestre— atraviesa toda la tradición bíblica y marca el punto de encuentro entre la teología hebrea y la simbología universal de los templos antiguos. Así como los zigurats mesopotámicos o las pirámides egipcias representaban el eje cósmico que une el cielo y la tierra, el Tabernáculo israelita cumplía la misma función en clave espiritual: servir como mediador entre lo divino y lo humano, entre el Creador y su pueblo.

El diseño del mishkán respondía a un orden sagrado. Cada detalle, desde la estructura general hasta los materiales empleados, tenía una finalidad simbólica: el oro representaba la pureza divina, el bronce la fuerza de la justicia, el lino la pureza ritual, y el azul celeste la trascendencia del espíritu. El Arca, situada en el Santo de los Santos, simbolizaba el trono invisible de Dios, sostenido por los querubines, y el espacio entre sus alas era considerado el punto de máxima presencia divina, el Kappóret, donde la voz del Eterno se hacía oír.

El Tabernáculo, en este sentido, no era solo un lugar de culto: era la manifestación visible de una realidad invisible. Era la morada de la Shejiná, la Presencia divina que acompañaba a Israel en su peregrinar. Cada vez que la nube cubría el santuario, el pueblo sabía que Dios habitaba entre ellos; cuando la nube se alzaba, emprendían nuevamente la marcha. Este dinamismo revela que el Dios del Éxodo no es un dios estático, sino un Dios en movimiento, solidario con la historia humana y con el destino de su pueblo.

El investigador Adolfo D. Roitman lo explica con claridad al mostrar que el Tabernáculo funcionaba precisamente como signo de la presencia de Dios en medio de Israel, no como un lugar cualquiera, sino como el centro espiritual que expresaba la alianza divina.[2] (Paráfrasis del autor a partir de las obras citadas)

Esa alianza no consistía solo en un pacto moral o legal, sino en una presencia continua. El Tabernáculo recordaba a los israelitas que su identidad no dependía del territorio ni del poder político, sino de la comunión con el Dios que camina con ellos. Era, por tanto, un espacio de revelación, donde la historia y lo eterno se encontraban.

Desde una lectura simbólica, el Tabernáculo representa el arquetipo del templo perfecto, construido no según el capricho del hombre, sino conforme a un modelo celestial. En la Masonería, esta idea se refleja en la enseñanza del Templo de Salomón, edificado también "según un plan divino", que el masón reproduce en su propio interior. El iniciado, al igual que Moisés, recibe en el monte de su conciencia el modelo espiritual del templo que debe construir en su alma.

De este modo, el Tabernáculo enseña que toda obra verdadera debe reflejar un orden superior, que lo humano encuentra su plenitud cuando se convierte en instrumento de lo divino. Así, el mishkán no fue solo una tienda de adoración, sino un símbolo eterno: la imagen del cosmos ordenado por la presencia de Dios, y la promesa de que lo sagrado puede habitar en medio del mundo, siempre que el corazón del hombre permanezca dispuesto a recibirlo.

4.3. Simbolismo histórico y religioso

El Tabernáculo ocupó un lugar central en la espiritualidad y la historia de Israel, pero su significado trascendía la función ritual. En él se condensaba una visión completa del mundo, una teología del espacio y del tiempo, y una pedagogía del espíritu. Más que una simple tienda de adoración, el mishkán fue el símbolo visible de la presencia invisible, una síntesis entre lo histórico y lo eterno.

Sus múltiples significados pueden comprenderse en cinco dimensiones fundamentales:

4.3.1. Presencia divina.

El Arca de la Alianza, ubicada en el Santo de los Santos, representaba el trono invisible de Yahvé (Éxodo 25:22). Allí, entre los querubines, se manifestaba la Shejiná, la presencia luminosa de Dios. Este centro sacral era el corazón espiritual del Tabernáculo, y en torno a él se organizaba toda la vida religiosa de Israel. En ese pequeño recinto se concentraba la idea de que el Dios trascendente del cielo había decidido habitar entre los hombres, no como ídolo visible, sino como presencia que se revela en el silencio y la luz.

4.3.2. Identidad nacional.

El Tabernáculo no solo tenía valor teológico, sino también político y social. Al erigirlo en el desierto, Israel afirmaba su diferencia frente a las naciones vecinas y consolidaba su identidad como pueblo del pacto. No era un imperio ni una tribu cualquiera: era una comunidad consagrada. El Tabernáculo era, pues, el símbolo de unidad que articulaba el vínculo entre las doce tribus y les recordaba que su fuerza no residía en la espada, sino en la alianza con Dios. Su campamento, organizado en torno al santuario, expresaba un orden teocrático: la vida entera del pueblo giraba en torno al espacio donde habitaba lo sagrado.

4.3.3. Guía en el desierto.

Durante la travesía, la nube y el fuego que acompañaban al Tabernáculo fueron signos visibles de la dirección divina (Éxodo 40:34–38). La nube cubría el santuario durante el día, y el fuego lo iluminaba por la noche, manifestando que Dios conducía personalmente el destino de Israel. Este símbolo posee un profundo sentido espiritual: el creyente —como el pueblo en el desierto— debe aprender a avanzar o detenerse siguiendo la "nube" de la voluntad divina. El Tabernáculo, por tanto, no era un templo inmóvil, sino un santuario en camino, que enseñaba que la fidelidad se mide no en la estabilidad, sino en la obediencia.

4.3.4. Rito de expiación.

Los sacrificios ofrecidos en el Tabernáculo constituían el medio de reconciliación entre Dios y su pueblo. El altar de los holocaustos, las ofrendas de incienso y los ritos del Yom Kippur expresaban la necesidad de purificación moral y de retorno al orden divino. La liturgia del Tabernáculo no era un mero ritual externo, sino una pedagogía del arrepentimiento: cada sacrificio representaba el deseo de restablecer la armonía perdida. Desde una perspectiva espiritual, el Tabernáculo enseñaba que la redención comienza en el reconocimiento de la propia imperfección, y que todo acercamiento a lo divino requiere purificación interior.

4.3.5. Transición hacia el Templo.

El Tabernáculo fue también una etapa transitoria en la historia del culto israelita, un puente entre el desierto y la estabilidad del reino. Representaba un estadio provisional de la morada divina, anticipando el futuro Templo de Salomón, donde la presencia de Dios hallaría su sede definitiva.[3] En esa transición se encierra un simbolismo iniciático: toda construcción espiritual comienza en la movilidad, en la tienda del aprendizaje, y culmina en el templo de la sabiduría.

En su conjunto, estos cinco aspectos revelan que el Tabernáculo fue mucho más que una institución religiosa: fue una escuela espiritual para un pueblo en formación, un espejo del alma colectiva de Israel. En él, la historia se convirtió en teología y el camino en santuario.

Desde la óptica masónica, el mishkán puede interpretarse como la primera Logia de la humanidad, un espacio consagrado donde lo material se ordena conforme a un plan divino. El Arca corresponde al Oriente, la nube a la Luz que guía, y el pueblo peregrino al aprendiz que busca su iniciación. Así, el Tabernáculo anticipa la enseñanza eterna de la Masonería: que el verdadero templo es aquel que se levanta en obediencia a un modelo superior, y que cada viaje hacia la Luz comienza siempre en un espacio consagrado por la fe y el trabajo interior.

4.4. Transición hacia el Templo.

El Tabernáculo introdujo un modelo arquitectónico del espacio sagrado que marcó profundamente la historia religiosa de Israel y ejerció una influencia duradera en las tradiciones posteriores. Su diseño, minuciosamente revelado a Moisés, no fue fruto de la invención humana, sino la materialización de un arquetipo divino, una imagen de la morada celestial proyectada sobre la tierra.

El modelo tabernacular puede resumirse en tres elementos fundamentales:

4.4.1. Estructura tripartita:

El Tabernáculo estaba dividido en atrio, Lugar Santo y Santo de los Santos, reproduciendo la jerarquía del cosmos y del alma humana. Esta estructura tripartita expresaba grados de santidad progresiva: el atrio representaba el ámbito de lo visible y de la acción; el Lugar Santo, el de la oración y la intercesión; y el Santo de los Santos, el de la unión con lo divino. Este esquema se convirtió en el paradigma de toda arquitectura sagrada posterior. Desde el Templo de Jerusalén hasta las iglesias cristianas o las logias masónicas, la disposición del espacio ha conservado la misma lógica espiritual: un recorrido del exterior al interior, de la luz natural a la Luz espiritual, que simboliza la ascensión del alma desde el mundo profano hacia el misterio.

4.4.2. Orientación simbólica:

El acceso al Tabernáculo estaba dispuesto hacia el Oriente, dirección asociada con la Luz, el nacimiento del día y la manifestación del espíritu. Esta orientación no era casual, sino que seguía los patrones comunes de la arquitectura sagrada del Antiguo Oriente, donde el sol naciente era símbolo de la presencia divina y del renacimiento perpetuo de la vida. En la tradición israelita, el Oriente representa el punto de encuentro entre el hombre y Dios, el lugar de la revelación y de la esperanza. La Masonería conserva esta herencia: el Oriente sigue siendo el símbolo del conocimiento y de la autoridad espiritual, donde reside la Luz que guía los trabajos.

4.4.3. Movilidad:

A diferencia de los templos fijos de las civilizaciones vecinas, el Tabernáculo era portátil, construido con materiales ligeros que podían desmontarse y trasladarse fácilmente. Esta característica reflejaba la condición de Israel como pueblo en tránsito, guiado por Dios a través del desierto. Lo sagrado, en el contexto del mishkán, no estaba vinculado a un territorio, sino a la presencia. La movilidad del

Tabernáculo enseña que la santidad no depende del lugar, sino del acompañamiento de la divinidad: Dios camina con su pueblo, y donde Él está, allí está el templo.

Este modelo arquitectónico influyó decisivamente no solo en el Templo de Jerusalén, sino también en la concepción posterior del espacio sagrado en las tradiciones judeocristianas. El esquema de triple división —atrio, nave y santuario— persistió en la arquitectura bizantina, románica y gótica, mientras que la orientación al Oriente se mantuvo como principio simbólico de la liturgia. En todos los casos, el Tabernáculo fue el modelo fundacional que articuló la idea de que la arquitectura no solo protege un rito, sino que expresa una teología del orden y de la presencia.

Desde la perspectiva masónica, el Tabernáculo puede considerarse la primera gran "trazadura" del espacio sagrado. Su estructura, orientada al Oriente y centrada en un Sancta Sanctorum, prefigura el diseño del Templo masónico. Allí, como en el mishkán, cada elemento tiene una función simbólica: el Oriente corresponde al lugar de la sabiduría; el Occidente, al del trabajo y la experiencia; y el centro, al altar donde el masón busca su unión con el Principio Supremo.

Así, el Tabernáculo no solo pertenece al pasado: es un modelo eterno. Enseña que la arquitectura sagrada no consiste en levantar muros, sino en ordenar el espacio para que la Luz encuentre morada. Cada Templo, cada Logia y cada alma que se abre al Gran Arquitecto del Universo continúan esa misma obra: transformar lo temporal en símbolo de lo eterno, y lo material en reflejo del espíritu.

4.5. Proyección masónica

La Masonería recoge la simbología del Tabernáculo en múltiples niveles, asumiéndola como herencia espiritual y como modelo arquitectónico del alma. En el simbolismo masónico, el Tabernáculo no es una reliquia del pasado, sino un arquetipo vivo que enseña al iniciado cómo construir su propio templo interior conforme al orden del cosmos y a la voluntad del Gran Arquitecto del Universo.

• La estructura tripartita (atrio, Lugar Santo y Santo de los Santos) se refleja en la disposición del Templo masónico, con sus espacios diferenciados y su acceso gradual hacia la Luz. Cada nivel representa un estado de conciencia: el atrio corresponde al trabajo y a la acción; el

Lugar Santo, al estudio y la contemplación; y el Santo de los Santos, al silencio y la unión espiritual. Este modelo, heredado del Tabernáculo, se perpetúa en la enseñanza masónica como un itinerario de perfeccionamiento: del mundo exterior al interior, de la multiplicidad a la unidad, de lo humano a lo divino.

• El Arca de la Alianza, situada en el Santo de los Santos, inspira la centralidad del Altar en la Logia. En torno a él se dispone el trabajo ritual y simbólico, recordando que el altar no es un objeto, sino un punto de encuentro entre lo visible y lo invisible. Allí, donde el masón pronuncia sus compromisos más solemnes, se reproduce el sentido antiguo del Arca: un trono sin imagen, donde mora el Principio Supremo. La presencia del Volumen de la Ley Sagrada sobre el altar prolonga esa tradición: la palabra revelada ocupa el lugar del fuego divino, iluminando el corazón del templo y del iniciado.

• El carácter de **"espacio móvil"** del Tabernáculo resuena en la idea masónica de que el verdadero templo se construye en el interior de cada Hermano. Así como el pueblo de Israel llevaba consigo la morada divina en su peregrinar por el desierto, el masón aprende que el espacio sagrado lo acompaña en todo momento y lugar. Su templo no depende de paredes ni de columnas físicas, sino del esfuerzo constante por edificar su alma con las virtudes que aprendió en la Logia. La portabilidad del Tabernáculo es, por tanto, símbolo de la universalidad de la Masonería: el masón puede trabajar en la Luz dondequiera que esté, porque su templo está dentro de él.

Albert G. Mackey, al referirse a la importancia del Tabernáculo, lo describe como el germen de toda la arquitectura sagrada de Israel y un símbolo de la presencia divina en la historia.[4] (Paráfrasis del autor a partir de las obras citadas)En esta afirmación se resume el espíritu mismo del arte masónico: toda construcción verdadera, ya sea de piedra o de conciencia, reproduce en escala humana la arquitectura de lo eterno.

La Masonería ve en el Tabernáculo el primer intento consciente del hombre de dar forma visible al orden divino, y en ello reconoce su propia misión simbólica. Así como los antiguos israelitas levantaron un santuario siguiendo un modelo celestial, el iniciado masón trabaja cada día sobre su piedra bruta conforme a las leyes de la proporción y de la verdad. El compás y la escuadra son sus herramientas de armonía, el

Oriente su dirección, y el silencio de su interior el Santo de los Santos donde el alma puede escuchar la voz del Gran Arquitecto.

Por eso, el Tabernáculo no solo pertenece a la historia sagrada de Israel: pertenece también al linaje simbólico de todos los que buscan la Luz. Su estructura enseña el orden; su movilidad, la libertad espiritual; y su altar, la presencia. En el Tabernáculo, como en el Templo masónico, se perpetúa la gran enseñanza: que lo divino habita entre los hombres cuando éstos edifican con pureza, trabajan con justicia y consagran su vida a la verdad.

4.6. Conclusión

El Tabernáculo fue mucho más que un santuario portátil: constituyó el signo tangible de la alianza entre Dios e Israel, la manifestación visible de una Presencia que acompañó al pueblo en su travesía histórica y espiritual. Su tienda itinerante no era una estructura provisional en el sentido material, sino una escuela de trascendencia, donde el pueblo aprendió que lo sagrado no depende de la estabilidad de las piedras, sino de la fidelidad del corazón. En él, la divinidad no se encerraba; caminaba. No se limitaba a un espacio, sino que se manifestaba en el movimiento, en el viaje, en el tiempo compartido entre el cielo y la tierra.

El Tabernáculo enseñó a Israel una verdad profunda: que Dios habita en medio de su pueblo y que la historia misma puede convertirse en templo cuando se recorre con fe. Su estructura, su orientación y su orden interior eran más que prescripciones rituales: eran símbolos de una pedagogía espiritual. Cada vez que el pueblo lo erigía, repetía el gesto creador: separar lo sagrado de lo profano, iluminar el centro, renovar la alianza. Así, el mishkán fue, en el corazón del desierto, una catedral de tela y silencio donde la eternidad se hacía presente en lo efímero.

En la Masonería, este símbolo conserva su fuerza viva y universal. Cada Logia es un Tabernáculo espiritual, un espacio consagrado donde el alma del masón se encuentra con el principio que la anima. No importa el lugar geográfico ni la forma del edificio: lo que lo convierte en templo es la intención consagrante de los Hermanos que lo habitan. Cuando se abren los trabajos, se repite el mismo misterio del Sinaí: una asamblea humana se transforma en morada divina, el verbo se eleva en plegaria, y el orden simbólico restablece la armonía del cosmos.

En ese sentido, cada Logia es un Tabernáculo vivo, un santuario donde el tiempo profano se detiene para dar lugar al tiempo de lo eterno, donde el trabajo manual se convierte en obra espiritual. Allí, cada iniciado, como un obrero de la Luz, levanta en su interior la morada del Gran Arquitecto del Universo, siguiendo el modelo que se le ha mostrado en el monte de su conciencia.

El Tabernáculo, símbolo de la presencia divina en el camino, enseña al masón que la obra iniciática no concluye en el taller, sino que continúa en la vida. El Templo interior debe acompañar al Hermano en su peregrinar por el mundo, recordándole que lo sagrado no está en los muros, sino en el alma que los ilumina. Así, el antiguo Tabernáculo de Israel encuentra su eco en el Templo masónico: ambos son lugares de encuentro entre el hombre y lo divino, ambos proclaman que la verdadera morada de Dios está en el corazón del justo y en la obra del constructor de Luz.

Notas y Referencias

1. Milgrom, J. (1991). Leviticus 1–16: A New Translation with Introduction and Commentary. Anchor Yale Bible. Nueva York: Doubleday.
2. Roitman, A. D. (2012). Del Tabernáculo al Templo: La historia del culto en Israel. Madrid: Ediciones Istmo. **(Paráfrasis)**
3. Levine, B. A. (1993). The Tabernacle: Its Structure and Function. Biblical Archaeologist, 56(1), 2–18.
4. Mackey, A. G. (1873). Encyclopedia of Freemasonry. Nueva York. Voz: "Tabernacle". **(Paráfrasis)**

CAPÍTULO V

Dimensiones del Espacio Sagrado

5.1. Introducción

El espacio sagrado no puede entenderse únicamente como una localización física. Su esencia no se reduce a la extensión geográfica ni al límite arquitectónico, sino que se despliega como una realidad multidimensional, donde convergen la materia, el símbolo y el espíritu. Su riqueza reside precisamente en esa pluralidad de niveles —físico, simbólico y espiritual— que lo constituyen como ámbito de encuentro con lo divino y como reflejo visible del orden invisible.

Desde los albores de la humanidad, el ser humano ha percibido ciertos lugares como portadores de una presencia especial, donde lo eterno se filtra en lo temporal y lo invisible se hace perceptible. Pero lo que convierte a un espacio en sagrado no es la materia de sus muros, sino la energía espiritual que lo habita y la intención con que se lo consagra. Cada templo, altar, montaña o logia responde a esta misma estructura profunda: un punto de unión entre el cielo y la tierra, un centro donde el alma se orienta hacia su origen.

Las tres dimensiones del espacio sagrado son inseparables y complementarias.

La dimensión física es la forma visible que acoge el rito, el soporte tangible donde el espíritu se manifiesta. La dimensión simbólica traduce esa realidad material en lenguaje espiritual: las orientaciones, los colores, los números y las formas no son meros adornos, sino signos que conducen a lo trascendente. Finalmente, la dimensión espiritual es la más alta, aquella en la que el espacio deja de ser lugar y se convierte en estado interior, donde el hombre y lo divino se reconocen mutuamente.

Comprender estas dimensiones es comprender el sentido total de lo sagrado. Si se contempla solo lo material, se reduce el misterio a geometría; si se olvida lo simbólico, se pierde el puente entre lo humano y lo divino; si se descuida lo espiritual, se apaga la luz que da vida al templo. Por eso, el espacio sagrado no es un objeto, sino un proceso de revelación: cada nivel conduce al siguiente, como peldaños de una escalera que asciende desde la tierra hasta el espíritu.

En la Masonería, estas dimensiones se reflejan en el propio Templo, que no es únicamente un recinto de reunión, sino una escuela viva de espiritualidad y de simbolismo. Su estructura física reproduce el orden cósmico; su simbología enseña la ciencia de los principios; y su dimensión espiritual ofrece al iniciado el camino de ascenso hacia la Luz. Así, el espacio masónico encarna el modelo perfecto del espacio sagrado: una unión armoniosa entre forma, sentido y trascendencia.

Por eso, el estudio de las dimensiones del espacio sagrado no busca una descripción arquitectónica, sino una comprensión integral del misterio de la Presencia. En cada piedra, en cada símbolo, en cada palabra del ritual se halla la huella del mismo principio creador. Y quien aprende a reconocer esa huella descubre que lo sagrado no es un lugar al que se llega, sino un estado que se despierta.

5.2. Dimensión física

La dimensión física del espacio sagrado corresponde a su materialidad visible: la arquitectura, la orientación, los límites, los materiales y la disposición ritual que lo definen. Es la forma concreta que permite al espíritu manifestarse en el mundo. Pero esta materialidad no se reduce a lo técnico o estético; es una teología en piedra, una expresión tangible de una concepción del cosmos y del orden divino.

En las religiones del Antiguo Oriente, como Egipto o Mesopotamia, los templos fueron diseñados siguiendo patrones cósmicos, de manera que cada detalle constructivo reflejaba la estructura del universo.[1] (Paráfrasis del autor a partir de las obras citadas)La literatura egiptológica y mesopotámica muestra que la arquitectura sagrada obedecía a principios simbólicos de correspondencia entre el cielo y la tierra. Lo que aquí expongo —que esos principios funcionaban como **"leyes"** de proporción y armonía reveladas— constituye una lectura hermenéutica coherente con esa tradición, no una cita textual de los autores mencionados.

En Egipto, la orientación de los templos hacia el sol naciente o hacia ciertas estrellas simbolizaba la unión entre la tierra y el cielo. En Mesopotamia, las zigurats escalonadas reproducían los distintos niveles del cosmos, y sus cimas eran los puntos donde los dioses descendían para encontrarse con los hombres. En ambos casos, la arquitectura cumplía una función mediadora: convertir el espacio en puente entre lo visible y lo invisible.

En Israel, tanto el Tabernáculo como el Templo de Jerusalén estaban organizados en un esquema tripartito —atrio, Lugar Santo y Santo de los Santos—, reflejando grados de acceso progresivo a lo divino.[2] Este modelo, inspirado en el mismo orden revelado a Moisés, expresaba la pedagogía espiritual de la fe hebrea: el acercamiento a Dios debía ser gradual, fruto de la purificación y la obediencia. La estructura material del Templo, su orientación al Oriente, su proporción geométrica y la disposición del altar central eran manifestaciones visibles de un principio invisible: que la santidad aumenta a medida que se penetra en el misterio.

En el cristianismo, la disposición de las iglesias en forma de cruz latina o griega y su orientación hacia el Oriente conservan ese mismo sentido de correspondencia cósmica[3] La cruz, eje vertical y horizontal del universo, une el cielo y la tierra, lo divino y lo humano, el tiempo y la eternidad. El altar, situado en el presbiterio oriental, recuerda la luz de la Resurrección y la venida de Cristo desde el Este, **"como el sol que nace de lo alto"**. La estructura física de la iglesia, por tanto, no es solo un recinto litúrgico, sino una imagen del cuerpo místico de Cristo, donde cada parte —desde el atrio hasta el santuario— cumple una función simbólica y espiritual.

Esta dimensión física del espacio sagrado no es un fin en sí misma, sino el soporte visible de significados más profundos. La materia, en el contexto sagrado, se convierte en instrumento de revelación: las proporciones reflejan la armonía universal, la orientación expresa la dirección espiritual, y la forma encarna la doctrina. En toda tradición, la arquitectura del templo es una enseñanza silenciosa, una escritura sin palabras que traduce la sabiduría del cielo en geometría terrestre.

Desde una perspectiva masónica, esta dimensión física corresponde a la arquitectura simbólica del Templo masónico, que, aun siendo un espacio material, está diseñado para inducir al recogimiento y a la contemplación. La orientación hacia el Oriente, las tres luces mayores, las columnas del pórtico y el altar central reproducen las leyes de orden, proporción y correspondencia heredadas de los templos antiguos. El masón, al ingresar en ese espacio, comprende que la materia no se opone al espíritu, sino que lo sirve; que el templo visible es un espejo del invisible, y que toda forma, cuando está consagrada, se convierte en signo de la Luz.

5.3. Dimensión simbólica

El espacio sagrado posee una dimensión simbólica que le otorga su verdadero poder de revelación. Cada elemento arquitectónico, cada orientación, cada disposición ritual encierra significados que trascienden su función práctica y que, al ser comprendidos, permiten al ser humano orientarse en el misterio. En el ámbito de lo sagrado, nada es puramente decorativo: todo comunica, todo enseña, todo recuerda una realidad superior.

El símbolo —según la interpretación general de Mircea Eliade acerca de la estructura de lo sagrado— funciona como lenguaje revelador: permite que una realidad invisible se exprese mediante una forma visible.[4] Esta lectura que presento es paráfrasis, coherente con su pensamiento sobre el símbolo y el axis mundi, no una cita textual.

Según él, la sacralización de un lugar convierte el espacio en un "centro", un axis mundi que conecta el cielo y la tierra.[4] Allí donde se erige un templo, un altar o una piedra consagrada, el caos se transforma en cosmos, y el hombre recobra su orientación espiritual. Ese "centro" no es solo una coordenada geográfica: es el punto en el que la existencia encuentra sentido, el punto donde lo divino desciende y el hombre asciende.

Así, en todas las culturas y religiones, los templos, montañas o altares funcionan como símbolos cósmicos de la unión entre lo divino y lo humano. Cada cultura traduce ese misterio con sus propios signos, pero todos comparten la misma estructura simbólica: el deseo de unir los planos separados, de reconciliar el cielo y la tierra.

5.3.1. Ejemplos universales ilustran esta realidad:

• La cúpula en una iglesia no es simplemente un techo: simboliza el cielo y la bóveda celeste que cubre la creación. Su forma circular evoca la perfección divina, y su luz cenital representa la iluminación que desciende desde lo alto. Al contemplarla, el creyente eleva su mirada, y en ese gesto se eleva también su alma.

• El río Ganges, en la India, no es solo un curso de agua, sino la presencia purificadora de lo divino en la naturaleza. Bañarse en sus aguas equivale a una regeneración espiritual; su fluir perpetuo simboliza el movimiento incesante de la vida que retorna a su fuente.

• En el islam, la Kaaba en La Meca constituye el centro simbólico del mundo, hacia el cual se orienta la oración de millones de fieles. Ese gesto cotidiano —volver el rostro hacia un punto común— expresa la unidad de la comunidad creyente y la centralidad de lo divino en la existencia humana.

En todos estos ejemplos, el espacio se transforma en signo, y el signo en experiencia. El símbolo no reemplaza la realidad: la revela. Su función no es explicar, sino despertar la conciencia. Por ello, el espacio simbólico es siempre una invitación a la trascendencia: al cruzar un pórtico, encender una lámpara o mirar hacia el Oriente, el alma reconoce en lo visible una huella de lo invisible.

En la Masonería, esta dimensión simbólica alcanza un significado esencial. El Templo masónico es un libro de símbolos abierto al iniciado: cada herramienta, cada luz y cada posición en la Logia es una palabra del lenguaje sagrado. La orientación hacia el Oriente recuerda el nacimiento de la Luz espiritual; el pavimento mosaico simboliza la dualidad del mundo visible y la armonía que el iniciado debe alcanzar; el Altar central representa el corazón del cosmos y del hombre, punto de equilibrio entre la razón y la fe.

El masón aprende, como el sacerdote antiguo, a leer en el templo las leyes del universo. Cada gesto, cada palabra y cada silencio tienen un sentido oculto. Así, la Logia no es solo un lugar físico, sino un espacio simbólico de revelación, donde el alma se educa para ver en lo visible el reflejo de lo eterno.

El símbolo, en definitiva, es el puente entre lo material y lo espiritual, entre el conocimiento racional y la sabiduría del alma. Por eso, el espacio sagrado —ya sea una cúpula, un río, una montaña o una Logia— actúa como un espejo cósmico: refleja el orden divino y lo inscribe en la conciencia del hombre. Quien comprende su lenguaje no necesita salir del mundo para hallar a Dios; le basta aprender a leer lo eterno en las formas del tiempo.

5.4. Dimensión espiritual

La dimensión espiritual constituye la esencia última del espacio sagrado, el nivel en el que todas las formas visibles y todos los símbolos encuentran su cumplimiento interior. No depende de la arquitectura, ni del rito, ni del ornamento, sino de la experiencia interior que el espacio suscita en el alma humana. Allí, el templo deja de ser una construcción y se convierte en estado de conciencia; el santuario deja de ser un recinto y se vuelve presencia viva.

El teólogo Rudolf Otto describió esta experiencia como vivencia de lo numinoso, marcada por el mysterium tremendum et fascinans, categorías que desarrolla en su obra clásica Lo santo.[5] Lo que aquí expongo constituye paráfrasis fiel de su planteamiento, sin reproducción literal del texto.

En esa vivencia se entrelazan dos movimientos complementarios: el mysterium tremendum, que hace temblar ante la majestad divina, y el mysterium fascinans, que atrae con irresistible dulzura hacia el misterio. Lo sagrado, en este nivel, deja de ser concepto o símbolo y se convierte en una presencia que transforma.

La experiencia espiritual del espacio sagrado trasciende la materialidad y el signo. Puede acontecer en un templo majestuoso o en un lugar humilde: una cueva, un altar improvisado, un rincón silencioso para la oración. Lo que consagra el lugar no es su forma, sino la intensidad de la presencia percibida. Allí donde el hombre se abre sinceramente al misterio, allí donde el alma se aquieta para escuchar, el espacio se llena de lo divino. Por eso, la historia de las religiones testimonia innumerables formas de espacios sagrados que no fueron construidos por manos humanas, sino descubiertos por el espíritu: una fuente, un árbol, una montaña o el propio corazón.

Esta dimensión espiritual constituye, por tanto, la cima de la jerarquía del espacio sagrado. Si la dimensión física da la forma y la simbólica el significado, la espiritual otorga el alma. Es la que convierte el rito en encuentro, la arquitectura en plegaria y el símbolo en luz interior. En este nivel, el espacio sagrado no es ya un medio, sino un fin: el lugar donde el alma y el Principio Supremo se reconocen mutuamente en silencio.

En la Masonería, esta dimensión espiritual alcanza su expresión más elevada. El Templo masónico, más allá de su disposición material y de su lenguaje simbólico, busca generar una experiencia interior de comunión con la Luz. Cuando se abren los trabajos, el espacio visible se transfigura; la Logia se llena de sentido, y los Hermanos se convierten en co-creadores de un templo invisible donde reina la armonía. Cada silencio, cada palabra ritual, cada desplazamiento en el taller adquiere valor espiritual cuando el masón toma conciencia de que el verdadero santuario está dentro de sí.

En esa comprensión, el iniciado descubre que todo espacio puede volverse sagrado si en él habita la conciencia iluminada. El pavimento mosaico bajo sus pies se convierte en reflejo del universo; el altar, en símbolo del corazón encendido por la Verdad; y el Oriente, en la dirección interior hacia la cual se eleva la plegaria silenciosa del alma. Así, la Masonería enseña que la dimensión espiritual del templo no se busca fuera, sino dentro: es la chispa de la Presencia divina encendida en el interior del hombre.

De este modo, el estudio de la dimensión espiritual del espacio sagrado nos conduce al umbral de la experiencia mística. Más allá de toda forma y de todo símbolo, queda la conciencia pura, el centro silencioso donde se oye la voz que no necesita palabras. En ese punto culmina la obra iniciática: cuando el masón, habiendo comprendido las dimensiones física y simbólica del templo, descubre que el verdadero Tabernáculo de Dios es su propio corazón.

5.5. Proyección masónica

La Masonería recoge las tres dimensiones del espacio sagrado —física, simbólica y espiritual— y las integra armónicamente en la concepción del Templo Masónico, que constituye, al mismo tiempo, una representación del cosmos, una escuela moral y una vía de ascenso interior. En él, lo visible y lo invisible se entrelazan para enseñar al iniciado que la verdadera arquitectura es la del alma y que todo templo construido con orden y proporción es reflejo del Gran Arquitecto del Universo.

5.5.1. Dimensión física:

La Logia es, ante todo, un espacio arquitectónicamente dispuesto y consagrado, un recinto que obedece a leyes precisas de orientación, medida y armonía. Su forma rectangular, su disposición hacia el Oriente, sus columnas y su altar central reproducen el orden del cosmos y las proporciones del Templo de Salomón. Pero más allá de la geometría y la técnica, esta dimensión física tiene un propósito pedagógico: situar al iniciado en un entorno que, por su belleza y orden, predispone al recogimiento y a la reverencia. En la Logia, cada piedra, cada luz y cada herramienta material sirven de soporte al espíritu.

5.5.2. Dimensión simbólica:

Cada elemento del Templo Masónico —el Oriente, las columnas J. y B., el Altar, el pavimento mosaico, las Tres Grandes Luces— remite a significados esotéricos y morales. El Oriente representa la fuente de la Sabiduría; las columnas, la Fuerza y la Estabilidad; el pavimento, la dualidad del mundo que el iniciado debe armonizar; y el Altar, el centro del universo y del corazón humano. En conjunto, estos símbolos constituyen un lenguaje que enseña al masón a leer el mundo como un templo y la vida como un proceso de construcción interior. El espacio simbólico de la Logia, por tanto, no es meramente decorativo: es una cartografía espiritual donde cada signo conduce a un principio y cada forma a una verdad.

5.5.3. Dimensión espiritual:

Finalmente, la más alta de las tres dimensiones es la espiritual, aquella en la que el Iniciado, al participar en los rituales y trabajos de la Logia, transfigura el espacio externo en templo interior. En ese instante, lo ritual se vuelve real: la palabra pronunciada se convierte en plegaria, el movimiento en meditación, el silencio en presencia. El masón comprende que el verdadero templo no se edifica con piedra ni con madera, sino con virtudes; y que la consagración más importante no es la del edificio, sino la del alma. El Templo Masónico es, así, el espejo del cosmos y, al mismo tiempo, el mapa de la conciencia humana.

El Ilustre y Querido Hermano Dr. Albert G. Mackey, al analizar la naturaleza de la Logia en su Encyclopedia of Freemasonry, describe su triple dimensión como recinto físico, espacio simbólico y ámbito espiritual.[6] La formulación que presento aquí es paráfrasis interpretativa, basada en su exposición general sobre la Logia, y no corresponde a una cita literal.(Paráfrasis) En esta triple condición se sintetiza la esencia del espacio sagrado masónico: el equilibrio entre la forma, el sentido y la vivencia interior.

En la Masonería, estas tres dimensiones no se oponen: se complementan y se iluminan mutuamente. La arquitectura prepara el alma; el símbolo orienta la mente; el espíritu consagra el conjunto. Cada Tenida, cada apertura ritual, cada palabra pronunciada en el silencio del Templo renueva el misterio del espacio sagrado: que lo divino habita entre los hombres cuando éstos trabajan en armonía, en verdad y en fraternidad.

Así, el Templo Masónico es la continuidad viva del Tabernáculo y del Templo de Salomón, pero también su superación simbólica. Es el lugar donde el masón, a través del trabajo, el estudio y la introspección, reconstruye en sí mismo la morada del Gran Arquitecto del Universo. En él se unen el orden del cosmos, la enseñanza del símbolo y la luz del espíritu. Y en esa unión se revela la verdad última de toda iniciación: que el hombre mismo es el espacio sagrado cuando su corazón se convierte en altar y su vida en templo de la Verdad.

5.6. Conclusión

Las dimensiones del espacio sagrado muestran que no estamos ante un fenómeno exclusivamente arquitectónico, sino ante una realidad integral y compleja, que une en un mismo acto la materia, el símbolo y el espíritu. Cada templo, cada altar, cada logia o santuario son expresiones diversas de una misma verdad: que lo divino puede manifestarse en lo visible, siempre que el hombre ordene su entorno según las leyes de la armonía interior.

La dimensión física aporta la forma y el orden: el espacio consagrado, las proporciones y la orientación que reflejan el cosmos. La simbólica comunica el sentido profundo de esa forma, traduciéndola en un lenguaje de signos que despiertan la conciencia. Y la espiritual lleva ambas a su plenitud, haciendo que lo material y lo simbólico se unan en la experiencia viva de lo sagrado. Estas tres dimensiones no se superponen como estratos, sino que coexisten en unidad: la piedra, el símbolo y el espíritu se necesitan mutuamente para que el templo sea verdaderamente templo.

Desde esta perspectiva, el espacio sagrado no puede entenderse como un lugar aislado del mundo, sino como un modo de presencia. Es la manifestación visible de una relación invisible entre el hombre y el Principio Supremo. Por eso, su estudio no busca solo describir construcciones, sino comprender cómo la humanidad ha traducido, en lenguaje de arquitectura, su anhelo de eternidad.

Para el Masón, esta triple dimensión encuentra su expresión perfecta en el trabajo de la Logia. En el plano físico, el Templo es el recinto consagrado donde el orden exterior refleja la armonía universal; en el plano simbólico, los emblemas y herramientas se convierten en alfabetos del alma, enseñando al iniciado a leer los principios de la Verdad; y en el plano espiritual, el ritual transforma el espacio externo en un camino interior de perfeccionamiento personal. Así, el templo se convierte en laboratorio del espíritu, donde el hombre aprende a construir dentro de sí lo que contempla fuera de sí.

En la Logia, estas tres dimensiones convergen en una sola experiencia: la del trabajo iniciático como acto de consagración continua. Cada apertura y cierre de los trabajos, cada palabra pronunciada en el silencio ritual, cada símbolo contemplado con atención, renueva la antigua sabiduría del espacio sagrado: que lo divino no se busca en otro mundo, sino que se revela en el interior del que trabaja en la Luz.

De este modo, la Masonería no solo hereda el legado arquitectónico de los antiguos templos, sino que lo espiritualiza y lo universaliza. El templo ya no está hecho de piedra, sino de conciencia; no se eleva hacia el cielo, sino hacia el espíritu; no alberga ídolos, sino principios. En el corazón del masón que ha comprendido esta triple dimensión se cumple la verdad eterna de todo espacio sagrado: que el hombre mismo es el templo vivo del Gran Arquitecto del Universo, y que en su interior arde la llama que ilumina, purifica y une a toda la creación.

Notas y Referencias

1. Wilkinson, R. H. (2000). The Complete Temples of Ancient Egypt. Londres: Thames & Hudson.
2. **Paráfrasis** basada en Adolfo D. Roitman, Del Tabernáculo al Templo: El espacio sagrado en el judaísmo antiguo (Salamanca: Ediciones Sígueme, 2016).
3. Krautheimer, R. (1986). Early Christian and Byzantine Architecture. Nueva Haven: Yale University Press.
4. Eliade, M. (1998). Lo sagrado y lo profano. Barcelona: Paidós.
5. Otto, R. (1999). Lo santo. Madrid: Alianza Editorial.
6. Mackey, A. G. (1873). Encyclopedia of Freemasonry. Nueva York. Voz: "Lodge". **(Paráfrasis)**

CAPÍTULO VI

El Espacio Sagrado en Diferentes Tradiciones Religiosas

6.1. Panorama comparado

En las religiones históricas, el espacio sagrado se reconoce por una serie de características que lo distinguen del espacio común: su separación, su centralidad simbólica (axis mundi), y su función ritual y comunitaria.[1] (Paráfrasis del autor a partir de las obras citadas)A través de estas constantes, la humanidad ha plasmado en formas diversas una misma intuición espiritual: que lo divino requiere un lugar donde hacerse presente y donde el hombre pueda experimentar su cercanía.

Aunque la materialidad del espacio sagrado varía —ya sea templo, mezquita, iglesia, pagoda o santuario natural—, el patrón simbólico se repite con sorprendente coherencia. En todas las culturas, el templo se erige como centro del mundo, punto donde se cruzan las dimensiones de lo alto y lo bajo, del cielo y de la tierra. En ese centro, la comunidad se reúne, el rito se realiza, y el tiempo profano se suspende para dar paso al tiempo sagrado.

En el hinduismo, los templos (mandir) son microcosmos del universo: su torre central simboliza el monte Meru, eje del cosmos, y sus recintos concéntricos reproducen los planos de la creación. Entrar en el templo equivale a recorrer el camino desde el mundo exterior hasta el corazón de lo divino. En el budismo, las estupas y los monasterios ordenan el espacio conforme a los principios del Dharma: la circularidad, la orientación y la simetría reflejan el equilibrio universal y el camino hacia la iluminación.

En el judaísmo, el Templo de Jerusalén y la sinagoga constituyen el punto de encuentro entre la comunidad y Dios. La orientación hacia Jerusalén recuerda que lo sagrado tiene una dirección; el Arca de la Torá perpetúa la presencia de la Palabra en medio del pueblo. En el cristianismo, la iglesia es el espacio donde lo eterno se encarna: su estructura cruciforme, su altar orientado al Oriente y su liturgia expresan la unión de lo humano y lo divino en el misterio de Cristo.

En el islam, la mezquita es una geometría de la oración. Su mihrab, orientado hacia La Meca, señala el centro invisible de la comunidad de los creyentes, mientras que la cúpula simboliza el cielo que cobija al mundo. El acto de orar en dirección a un mismo punto convierte el espacio en un vínculo universal: cada creyente se vuelve parte del mismo templo cósmico, sin fronteras ni distancias.

En las tradiciones orientales y animistas, el espacio sagrado suele encontrarse en la naturaleza misma: montañas, fuentes, bosques y cuevas son considerados moradas de los espíritus o manifestaciones del principio vital. Allí, la sacralidad no se construye, se descubre. Estos lugares recuerdan al hombre que el universo entero es templo cuando se contempla con reverencia.

Pese a sus diferencias doctrinales y culturales, todas las religiones coinciden en un mismo esquema simbólico: la existencia de un centro, un punto donde lo divino irrumpe en lo humano y donde el caos se transforma en orden. Ese centro da forma al espacio, pero también al alma; organiza el culto, pero también la conciencia.

Desde la perspectiva masónica, esta universalidad no es casual. La Masonería reconoce en cada tradición un reflejo del mismo principio: el impulso eterno del ser humano por consagrar el mundo, por hallar en la materia un espejo del espíritu. Así, el masón contempla con respeto todos los templos del hombre, sabiendo que en cada uno arde una chispa del Fuego primordial. El Templo Masónico, en su sencillez y profundidad, resume esa aspiración universal: ser un centro de Luz donde convergen las formas, los símbolos y las búsquedas de toda la humanidad.

En este sentido, el espacio sagrado comparado no separa, sino que une: revela que, bajo las diversas arquitecturas, liturgias y lenguajes, toda religión construye una misma morada para la Verdad, y que el espíritu del iniciado —ya sea sacerdote, monje o masón— participa en la misma tarea de levantar el templo interior donde el hombre y Dios pueden encontrarse en silencio.

6.2. Judaísmo

En el judaísmo bíblico, el Tabernáculo y, más tarde, el Templo de Jerusalén, encarnaron la morada de Dios entre los hombres (Éxodo 25–40). Ambos fueron concebidos no como construcciones humanas ordinarias, sino como espacios revelados, edificados conforme a un modelo celestial y destinados a contener la Shejiná, la Presencia divina que acompaña al pueblo de Israel. Su estructura tripartita —atrio, Lugar Santo y Santo de los Santos— expresaba grados de proximidad a lo sagrado y de purificación espiritual, hasta la unión con el misterio.[2] [3] (Paráfrasis)

En el Santo de los Santos, inaccesible salvo al Sumo Sacerdote en el Día de la Expiación, reposaba el Arca de la Alianza, símbolo del trono invisible de Yahvé y del pacto eterno entre Dios e Israel. Ese centro, oculto tras el velo, representaba el punto de unión entre cielo y tierra, el eje espiritual del mundo y el corazón teológico del pueblo elegido. De este modo, el templo no era un mero santuario: era la manifestación del orden divino en el cosmos y en la historia.

El Templo de Jerusalén se convirtió, así, en el símbolo supremo de la presencia de Dios y en el foco de toda la vida religiosa y política de Israel. La peregrinación a Sion, la ofrenda de sacrificios y la recitación de los Salmos eran actos que no solo expresaban devoción, sino también participación en un orden sagrado universal. La arquitectura del templo y su liturgia recordaban al pueblo su vocación sacerdotal: ser mediador entre el Creador y la creación, reflejar en su vida el equilibrio, la justicia y la santidad del Dios que habita en medio de ellos.

Tras la destrucción del Segundo Templo en el año 70 d. C., el judaísmo experimentó una transformación espiritual profunda. Privado del santuario material, el pueblo hebreo trasladó el centro de la sacralidad a la vida cotidiana, manteniendo viva la presencia divina en la sinagoga, en el hogar y en el estudio de la Torá. La sinagoga se convirtió en el nuevo espacio de reunión, oración y enseñanza; el hogar, en pequeño santuario donde la mesa familiar sustituyó al altar, y la Torá, en templo espiritual que contenía en sus palabras la misma santidad que antes habitaba entre las piedras del Monte Sion.

Este desplazamiento del templo físico al espiritual no significó una pérdida, sino una interiorización de lo sagrado. Lo que antes se encontraba en Jerusalén, ahora se hallaba en cada comunidad, en cada familia y en cada corazón que guardaba la Ley. Así, el judaísmo preservó la centralidad de la Presencia divina en la historia, demostrando que lo sagrado no puede ser destruido mientras exista un hombre que estudie, ore y practique la justicia.

Desde la óptica masónica, esta evolución revela un principio esencial: la traslación del templo exterior al templo interior. Del mismo modo que Israel aprendió a mantener viva la Presencia sin muros ni altares, el masón aprende que el Templo no está solo en la Logia, sino también en su alma. El ritual, la meditación y la práctica de la virtud son las nuevas formas del sacrificio espiritual, y la observancia de los principios masónicos equivale a mantener encendida la lámpara eterna del Santuario.

En este sentido, la Masonería reconoce en el judaísmo una de sus raíces simbólicas más profundas. El Tabernáculo y el Templo de Jerusalén son los arquetipos sobre los cuales se erige el Templo masónico: orientado al Oriente, dividido en grados de acceso y consagrado a la Sabiduría, la Fuerza y la Belleza. Así como los antiguos sacerdotes ministraban ante el Arca, el masón trabaja ante el Altar de la Verdad, sabiendo que el mismo Dios que habitó en el Santo de los Santos permanece también en el corazón de todo hombre que busca la Luz.

6.3. Cristianismo

El cristianismo adopta y transforma el modelo del templo hebreo, reinterpretándolo a la luz del misterio pascual y de la encarnación del Verbo. Las basílicas y catedrales orientadas al oriente, con su eje nave–presbiterio–altar, manifiestan teológicamente el misterio de la resurrección y la reunión eucarística de la comunidad.[4](Paráfrasis) En ellas, el espacio se convierte en un símbolo de tránsito: desde el mundo profano hacia el Reino de Dios, desde la oscuridad de la muerte hacia la luz del Cristo resucitado.

En la tradición cristiana primitiva, el templo dejó de ser un espacio reservado a una élite sacerdotal para convertirse en el lugar de encuentro del pueblo de Dios. La comunidad reunida en torno al altar se comprendía como el nuevo cuerpo místico de Cristo, prolongación visible de su presencia en el mundo. La orientación hacia el Oriente —dirección del amanecer— no respondía solo a una costumbre arquitectónica, sino a una convicción teológica: el sol naciente simbolizaba a Cristo como Lux Mundi, la Luz que vence a las tinieblas. De esta manera, toda iglesia se erigía como una imagen del cosmos redimido, iluminado por la gloria de Dios.

La arquitectura paleocristiana y bizantina evolucionó desde las antiguas basílicas romanas hacia estructuras progresivamente más simbólicas. Los martyria, erigidos sobre las tumbas de los mártires, expresaban el triunfo de la vida sobre la muerte, anticipando la esperanza de la resurrección. Más tarde, la planta centralizada con cúpula —característica del arte bizantino— introdujo una visión teológica aún más elevada: la cúpula representaba el cielo, el ámbito de lo divino que se abre sobre la asamblea terrenal, mientras que el altar, situado en el centro, simbolizaba el cosmos reconciliado en torno a Cristo, punto de unión entre lo celestial y lo humano.[4](Paráfrasis)

En las catedrales medievales, este simbolismo alcanzó su máxima expresión. Las naves alargadas guiaban al peregrino hacia la luz del ábside oriental, mientras que los vitrales, inundando el espacio de color, transformaban la luz solar en metáfora de la gracia. La verticalidad de las torres apuntaba hacia Dios, y el sonido de los cantos y los órganos envolvía al alma en una experiencia sensorial total del misterio. En su conjunto, el templo cristiano se concebía como una imagen del universo redimido, una Jerusalén celestial edificada con piedra y con fe.

En el cristianismo, por tanto, el espacio sagrado no se limita a ser escenario del rito: es una teología hecha arquitectura, una catequesis en piedra. Cada proporción, cada arco, cada línea de luz enseña el mensaje esencial de la fe: que el Verbo se hizo carne y habitó entre los hombres. Por eso, todo templo cristiano reproduce la dinámica de la encarnación: lo invisible se hace visible, lo eterno se hace presente, lo divino se manifiesta en la historia.

Desde la visión masónica, el Templo cristiano hereda y universaliza el ideal del Tabernáculo: se convierte en símbolo del alma iluminada por la Verdad. El masón, al contemplar una iglesia orientada al Oriente, reconoce la misma ley que rige su Logia: la búsqueda de la Luz. La estructura tripartita —nave, presbiterio y altar— corresponde a los tres grados simbólicos del trabajo iniciático: el Aprendiz que se adentra, el Compañero que comprende y el Maestro que contempla. La cúpula, imagen del cielo, recuerda el principio eterno que cubre toda obra humana, y el altar, centro del templo, representa el corazón del iniciado, donde la materia y el espíritu se reconcilian.

Así, el cristianismo prolonga y transforma la idea universal del espacio sagrado. El templo ya no es únicamente la morada de la divinidad, sino el signo de una presencia interior. En su estructura visible se esconde una enseñanza eterna: que el mundo entero puede ser santificado, y que el hombre mismo puede convertirse en templo vivo cuando su alma se orienta hacia la Luz del Oriente eterno.

6.4. Islam

En el islam, el Haram de La Meca, con la Kaaba en su centro, constituye el punto orante universal del umma —la comunidad de los creyentes—, conforme a las enseñanzas del Corán (Q 2:125; 3:96–97). Este recinto sagrado, considerado "la primera casa establecida para la humanidad", simboliza el eje espiritual del mundo y la unidad de todos los fieles en la adoración al Dios único, Allāh. Al circunvalar la Kaaba durante la peregrinación (tawaf), el creyente no solo cumple un rito ancestral: reproduce el movimiento del cosmos en torno a su centro, manifestando en su gesto la armonía universal de la creación.[5],[6](Paráfrasis)

La mezquita (masjid) prolonga en cada ciudad el sentido cósmico y teológico del Haram. Su estructura no busca la monumentalidad, sino la proporción y la pureza del orden, reflejo de la unicidad divina (tawḥīd). Cada mezquita ordena el espacio en torno al mihrab, nicho que indica la qibla, es decir, la dirección hacia la Kaaba; al minbar, púlpito desde el cual se proclama la khutba o sermón; y al patio central (ṣaḥn), donde se realizan las abluciones rituales antes de la oración. Estos tres elementos conforman un equilibrio perfecto entre orientación, palabra y purificación: el espacio sagrado se hace espejo del alma que se prepara, escucha y se orienta hacia Dios.

La geometría y la caligrafía que decoran los muros de la mezquita constituyen una auténtica teología visual de la unicidad divina. La geometría, mediante el uso de la simetría, el ritmo y la repetición infinita, expresa la idea de que toda multiplicidad se ordena en torno a un centro invisible: Dios, único y sin forma. La caligrafía, al reproducir los versículos del Corán en trazos fluidos, convierte la palabra revelada en forma contemplativa. En ausencia de imágenes, la escritura se transforma en presencia espiritual, y la belleza misma se vuelve vehículo de fe. Cada línea caligráfica es una oración silenciosa, un recordatorio de que lo divino no se representa, sino que se invoca y se percibe en el orden del mundo.

El espacio islámico no separa lo humano de lo divino; los une a través de la armonía del movimiento y la proporción. La oración (salat), repetida cinco veces al día, convierte cada instante y cada lugar en santuario. De este modo, la mezquita no es solo el edificio donde se ora, sino el modelo de todo espacio transformado por la presencia de lo sagrado. Cualquier lugar donde el hombre se incline con pureza de intención puede volverse un templo: "Toda la tierra ha sido hecha para mí un lugar de oración", dice una tradición profética.

Desde una lectura masónica, la arquitectura islámica ofrece una lección de orden y trascendencia. Su geometría revela el principio universal de que la belleza es expresión de la verdad, y su orientación constante hacia un centro invisible recuerda al masón que toda búsqueda espiritual requiere dirección. La qibla del musulmán se corresponde con el Oriente del masón, ambos símbolos de la Luz hacia la cual se eleva la plegaria y el pensamiento.

Asimismo, la ausencia de imágenes en la mezquita encierra una enseñanza iniciática: que lo divino no puede reducirse a figura ni concepto, sino que debe experimentarse en la pureza del vacío interior, allí donde el alma, despojada de todo, puede reflejar la Presencia como un espejo sin mancha. Esta idea resuena profundamente con la enseñanza masónica: el verdadero templo es aquel que, despojado de adornos superfluos, permite la manifestación de la Luz en el silencio del corazón.

Así, el espacio sagrado del islam no es un lugar cerrado, sino una vibración de unidad. Su arquitectura, su ritmo y su plegaria diaria transforman el mundo en una inmensa mezquita donde cada corazón que busca la verdad participa del mismo acto universal: orientarse hacia el centro invisible, símbolo del Dios único, principio y fin de toda existencia.

6.5. Hinduismo

En el hinduismo, el mandir —templo hindú— se concibe como un microcosmos del universo, una representación tangible del orden cósmico y de la presencia divina que permea toda la creación. Lejos de ser un simple edificio destinado al culto, el mandir es, en esencia, un cosmos en miniatura, donde cada piedra, cada medida y cada orientación reproducen la estructura metafísica del universo. Su eje vertical, formado por la shikhara (torre o cúpula principal) o el vimāna (estructura superior del santuario), remite simbólicamente al Monte Meru, eje del cosmos y morada de los dioses.[7,8] (Paráfrasis)

La planta del templo sigue los diagramas del Vāstu Purusha Maṇḍala, un diseño geométrico sagrado que traduce en proporciones matemáticas la armonía del universo. Este mandala —cuadrado perfecto dividido en secciones que representan deidades, direcciones y fuerzas cósmicas— expresa la idea fundamental de que el espacio, cuando se ordena conforme a principios divinos, se transforma en morada del Absoluto. Así, el templo no se "construye" en sentido profano, sino que se "manifiesta": emerge de la conjunción entre la tierra y el espíritu, entre la materia y la inteligencia divina que la organiza.

El recorrido devocional (pradakshina), en el que el creyente circunvala el santuario en sentido horario, representa la participación consciente en el movimiento del cosmos. Cada vuelta en torno al centro no es mera peregrinación física, sino una danza simbólica que imita la rotación de los planetas alrededor del sol y del alma alrededor del Principio Supremo. Este acto enseña que la vida misma, como el universo, encuentra su sentido cuando gira en torno a un centro de estabilidad espiritual.

El santuario interior, o garbhagriha —literalmente, "la cámara del útero"—, es el núcleo del templo y el lugar donde se manifiesta la presencia viva de la divinidad. Este recinto oscuro y silencioso, apenas iluminado por la llama de la lámpara ritual, representa el origen de la creación, el punto donde lo invisible se encarna. En su interior se venera la imagen o murti, no como un ídolo material, sino como epifanía de lo divino. A través de ella, el devoto experimenta el darśan, es decir, la "visión recíproca" entre la deidad y el adorador. [7], [8] (Paráfrasis) En ese instante, la mirada del fiel y la del dios se encuentran, y el acto de ver se convierte en comunión espiritual: el alma se reconoce mirada por lo eterno.

En la simbología hindú, esta interacción entre forma y espíritu constituye el núcleo del espacio sagrado. El templo no es solo el lugar donde se honra a la divinidad, sino el proceso mismo de su manifestación. Desde el mandala del suelo hasta la cúspide del vimāna, todo el edificio describe un ascenso gradual desde la materia hasta la conciencia, desde el plano terrenal hasta la liberación (moksha). Cada nivel es una etapa del alma en su retorno hacia la Fuente, y cada piedra, una sílaba de un mantra cósmico que se eleva en silencio.

Desde una lectura masónica, el templo hindú enseña que el verdadero arte de construir consiste en armonizar la forma con el espíritu. El Vāstu

Purusha Maṇḍala corresponde, en el plano iniciático, al diseño del Templo interior: el cuadrado perfecto donde el iniciado dispone sus pensamientos, pasiones y obras conforme al orden universal. La shikhara, que se eleva hacia el cielo, recuerda la aspiración del masón hacia la Luz; el garbhagriha, oculto en el centro, simboliza el corazón iluminado donde mora el Gran Arquitecto del Universo.

El mandir, como el Templo Masónico, enseña que lo divino no está fuera, sino en el centro; que el orden exterior solo cobra sentido cuando refleja la armonía interior; y que toda construcción, si está guiada por la proporción, la pureza y la intención recta, puede convertirse en una manifestación del Uno. Así, el templo hindú y el templo del iniciado comparten la misma vocación: ser moradas del principio eterno, erigidas con piedra, símbolo y espíritu en perfecta unidad.

6.6. Budismo

En el budismo, el espacio sagrado asume formas diversas, pero todas ellas remiten al mismo principio: la manifestación del camino hacia el despertar. Entre estas formas, la estupa ocupa un lugar central, pues no es solo un monumento religioso, sino un símbolo cósmico y espiritual del propio Buda, de su cuerpo, su mente y su enseñanza. La estupa condensa en su estructura la totalidad del Dharma, siendo al mismo tiempo reliquia, templo y representación del universo en su orden iluminado.

Su forma tradicional —basamento cuadrado, cúpula (anda), eje central (yaṣṭi) y parasoles o coronas (chatras)— reúne cosmología y mística del despertar.[9](Paráfrasis) El basamento representa la tierra y los cuatro elementos que sostienen la existencia; la cúpula simboliza el cuerpo del Buda y la bóveda celeste; el eje vertical conecta el mundo terrestre con el plano de la iluminación, constituyendo un auténtico axis mundi; y los parasoles que coronan el conjunto evocan los distintos niveles de conciencia hasta llegar al Nirvana. Así, cada parte del monumento expresa una enseñanza: el ascenso desde la multiplicidad hasta la Unidad, desde la impermanencia hasta la liberación.

Más que un objeto de veneración, la estupa es una meditación en piedra. Su recorrido circular (pradakṣiṇā), realizado en sentido horario, reproduce el movimiento del cosmos y del pensamiento iluminado. Cada vuelta simboliza un ciclo de purificación, un acto de concentración que orienta la mente hacia el centro, donde reside el silencio del despertar. Por eso, la estupa no es estática: invita al movimiento, a la interiorización y a la práctica. Su geometría, perfecta en proporción, conduce a la mente hacia la calma, recordando que la armonía exterior es reflejo de la serenidad interior.

En los grandes complejos monásticos (vihāras) y salones de asamblea (chaitya halls), el espacio se organiza en torno a la estupa o a la imagen del Buda, creando un ambiente propicio para la meditación, el culto y la enseñanza.[9](Paráfrasis) En ellos, el espacio no separa, sino que integra: el templo se convierte en un vehículo soteriológico, un medio que conduce al ser hacia su propia liberación. La disposición circular o concéntrica, la simetría y la orientación responden a una pedagogía espiritual: guiar la mente hacia el centro, hacia la vacuidad plena (śūnyatā) donde cesa toda dualidad.

El budismo, al carecer de un dios creador y personal, sustituye la idea de "morada de la divinidad" por la de espacio de iluminación. En lugar de contener una presencia trascendente, el templo budista refleja la posibilidad de que la mente humana, al despertar, se transforme en templo de la sabiduría. La sacralidad, en este sentido, no proviene de la imposición divina, sino del reconocimiento del ser: todo lugar puede ser sagrado si en él se manifiesta la compasión, la atención plena y la sabiduría.

Desde una lectura masónica, la estupa encierra una enseñanza iniciática profunda. Su eje central corresponde al pilar de la conciencia que une lo terrenal y lo espiritual; su basamento cuadrado recuerda el fundamento moral sobre el cual debe edificarse toda vida iniciática; y su cúpula evoca la plenitud de la Luz alcanzada tras el trabajo interior. El recorrido circular en torno a ella puede interpretarse como el camino del aprendizaje continuo, donde el iniciado, al girar simbólicamente en torno al centro de la Verdad, refina su pensamiento, equilibra sus pasiones y asciende hacia la serenidad del espíritu.

El espacio budista, por tanto, no es únicamente un recinto para el culto, sino una escuela de transformación interior. Su propósito no es impresionar los sentidos, sino educar la mente. Cada piedra tallada, cada relieve narrativo, cada jardín silencioso invita al recogimiento y al despertar. El templo budista enseña que el espacio sagrado no se conquista desde fuera, sino que se alcanza desde dentro: el Nirvana no es un lugar al que se llega, sino una conciencia que se despierta.

Así, el budismo, como la Masonería, reconoce que el verdadero templo del espíritu se edifica en la conciencia iluminada del hombre. La estupa y la Logia son reflejos distintos de una misma realidad: la búsqueda del centro interior, donde el iniciado, habiendo recorrido los caminos de la experiencia, descubre que la paz que buscaba en el mundo exterior estaba desde siempre en el corazón del propio ser.

6.7. Shinto (Japón)

En la tradición japonesa del Shintō, los jinja o santuarios constituyen expresiones puras de la sacralidad de la naturaleza y de la pureza ritual que une al hombre con los kami, las fuerzas espirituales o presencias divinas que habitan en los elementos del mundo: árboles, ríos, montañas, vientos o antepasados. El Shintō no concibe lo sagrado como algo separado de la naturaleza, sino como su trascendencia inmanente, una energía divina que impregna toda forma de vida.

Los santuarios shintō, como el célebre Santuario de Ise, destacan por su sencillez arquitectónica y su armonía con el entorno natural. En ellos no se busca la magnificencia monumental, sino la transparencia espiritual: cada elemento del recinto tiene por finalidad revelar la pureza del espíritu a través de la pureza de la forma. A la entrada, el torii —el característico pórtico de madera o piedra— marca el umbral entre el mundo profano y el espacio sagrado, señalando el tránsito de un plano a otro.[10](Paráfrasis) Pasar bajo el torii equivale a un acto de purificación simbólica, un recordatorio de que el acceso a lo sagrado exige un cambio interior, una actitud de reverencia y vacío mental.

Más allá del torii se encuentra el haiden, o oratorio, donde los fieles se reúnen para ofrecer plegarias, y tras él, el honden, o santuario principal, espacio reservado a la morada invisible del kami. Este esquema axial, simple y perfectamente ordenado, expresa la progresión del acercamiento espiritual: del mundo exterior de la acción al mundo interior de la contemplación. El fiel no entra en el honden, pues lo divino no se posee ni se toca; se venera desde la distancia, con humildad y silencio. En esa distancia ritual se encuentra el respeto esencial del Shintō: reconocer la santidad del mundo y la limitación del hombre.

Uno de los rasgos más notables del santuario de Ise y de otros templos mayores del Japón es el rito periódico de reconstrucción (Shikinen Sengū), mediante el cual cada veinte años el templo es demolido y vuelto a edificar con materiales nuevos. Este acto, aparentemente paradójico, encierra un simbolismo profundo: la continuidad de lo sagrado más allá de la materia. La divinidad no depende de la permanencia de las formas, sino de la fidelidad del rito; la pureza del acto de construir vale más que la duración de la obra. Así, la renovación del templo expresa la impermanencia fecunda del mundo y la eternidad del espíritu que lo anima.[10](Paráfrasis)

La arquitectura shintō es, en sí misma, una teología de la simplicidad. Los materiales naturales —madera sin barnizar, techumbres de paja o corteza, piedra y arena— manifiestan la idea de que lo divino se revela en lo elemental. La luz del sol filtrándose entre los árboles, el sonido del agua y el viento, el silencio del recinto: todos estos elementos actúan como signos de una presencia que no necesita artificios para ser sentida. El espacio sagrado, en el Shintō, no se construye contra la naturaleza, sino con ella.

Desde la perspectiva masónica, esta espiritualidad japonesa ofrece una lección profunda sobre la naturaleza del templo y del rito. El torii corresponde al umbral iniciático que separa lo profano de lo sagrado; el haiden representa el espacio del trabajo compartido, donde los Hermanos elevan sus pensamientos y oraciones; y el honden simboliza el Santo de los Santos, inaccesible, donde mora el Principio Supremo. Los ritos de reconstrucción periódica evocan la enseñanza masónica de que cada iniciación es una reconstrucción del templo interior, un renacer de la conciencia, una purificación de la obra anterior.

El Shintō enseña, como la Masonería, que la pureza es la condición de la presencia. No se trata de una pureza ritual externa, sino de una disposición interior que permite percibir lo sagrado en lo cotidiano. Así, el bosque del santuario y la Logia masónica comparten el mismo ideal: ser lugares donde el silencio, la medida y la reverencia permiten al alma experimentar el misterio de la unidad.

En definitiva, el espacio sagrado shintō revela que la divinidad no habita en lo permanente, sino en el acto continuo de renovación y equilibrio. Cada reconstrucción, cada plegaria, cada paso bajo el torii renueva la alianza entre el hombre y la naturaleza, recordándole que lo sagrado no se hereda, se recrea; no se posee, se celebra. Esa es también la lección del iniciado: que el templo más perfecto no es el que perdura, sino el que se reconstruye en el corazón con pureza, humildad y armonía.

6.8. Religión griega y Roma clásica

En el mundo antiguo, tanto en Grecia como en Roma, el espacio sagrado no se entendía únicamente como ámbito de culto, sino como una manifestación del orden cósmico y de la armonía entre los dioses, la ciudad y la naturaleza. La arquitectura religiosa expresaba un ideal de belleza y de proporción que unía lo humano con lo divino, lo racional con lo espiritual.

En Grecia, los grandes santuarios —como Delphi y Eleusis— y los templos —como el Partenón— fueron concebidos como síntesis del cosmos y de la polis, lugares donde la geometría, la luz y el mito se encontraban en un mismo lenguaje simbólico. Cada templo se edificaba sobre una base cuidadosamente orientada, en comunión con el paisaje circundante: las montañas, el mar y el cielo eran parte del conjunto ritual. Allí, el arte arquitectónico no imitaba la naturaleza, sino que la revelaba como orden divino.[11] (Paráfrasis)

El templo griego albergaba en su interior la imagen de culto —la estatua de la divinidad—, mientras que los sacrificios y actos rituales se realizaban en el altar exterior, bajo la luz del día. Esta disposición expresaba una profunda enseñanza teológica: lo divino habita en el centro interior, pero el contacto con él requiere el movimiento y la ofrenda del hombre en el espacio abierto del mundo. El templo, por tanto, no era un recinto cerrado, sino un umbral entre lo humano y lo divino, entre el silencio de la divinidad y la palabra del ciudadano.

Los santuarios panhelénicos, como el de Delphi, con su oráculo y su eje axial alineado con las montañas, representaban los puntos de conexión entre el cielo y la tierra, verdaderos axis mundi del mundo helénico. En Eleusis, los misterios dedicados a Deméter y Perséfone transformaban el templo en escenario de iniciación, donde el mito del retorno de la hija simbolizaba la inmortalidad del alma y el ciclo eterno de la vida. El espacio sagrado, en este contexto, no solo servía al culto, sino también a la revelación espiritual del iniciado, que participaba del drama divino a través del rito.

En Roma, esta concepción del espacio sagrado fue heredada y ritualmente codificada. Los augures, sacerdotes encargados de interpretar la voluntad de los dioses, delimitaban con precisión el templum, espacio consagrado mediante fórmulas augurales y orientaciones astronómicas. Este templum no era solo el edificio material, sino la porción de cielo y tierra consagrada por el rito, donde el mundo profano se suspendía y la divinidad se manifestaba.[12] (Paráfrasis) En su origen, la palabra "templo" designaba precisamente esta delimitación simbólica del espacio, mucho antes de referirse a una estructura arquitectónica.

La arquitectura romana llevó esta visión a su culminación con obras como el Panteón, donde la forma circular de la cúpula y el óculo abierto hacia el cielo traducen una auténtica cosmografía arquitectónica. La luz solar, penetrando por el óculo y desplazándose lentamente por el interior del edificio, marcaba el paso del tiempo y recordaba la presencia inmutable de lo divino en el devenir del mundo.

Este monumento, consagrado a **"todos los dioses"**, sintetiza la universalidad del culto romano, que aspiraba a integrar las divinidades locales y extranjeras bajo el orden del imperio.[12] (Paráfrasis)

Tanto en Grecia como en Roma, el templo no era solo lugar de adoración, sino símbolo de la ciudad misma: reflejo del orden moral, político y espiritual de la comunidad. Su proporción era espejo del alma ciudadana, y su armonía, imagen de la justicia y del equilibrio que regían la polis. Lo sagrado, así, no se oponía a lo cívico: lo fundaba.

Desde una lectura masónica, el legado grecorromano conserva un valor iniciático profundo. El templo de mármol y proporciones perfectas es figura del Templo interior del alma, donde el iniciado busca la armonía de los contrarios. La distinción entre el altar exterior —espacio de acción y ofrenda— y el sanctasanctórum interior —espacio de contemplación— refleja la dialéctica masónica entre el trabajo operativo y la meditación simbólica.

El Panteón romano, con su cúpula abierta hacia el cielo, recuerda la aspiración del iniciado: edificar un templo sin techo, donde la Luz pueda entrar sin obstáculo. Esa Luz es el Principio que ilumina la conciencia del masón, el mismo que los antiguos griegos llamaron nous, y que los romanos veneraron como genius mundi.

Así, el espacio sagrado clásico enseña que la verdadera perfección no está en la permanencia de la piedra, sino en la armonía entre razón, belleza y trascendencia: la triada que inspira toda obra digna del Gran Arquitecto del Universo.

6.9. Naturaleza sacralizada

Desde los albores de la humanidad, la naturaleza ha sido el primer y más vasto templo del espíritu. Antes de que existieran los altares tallados o las cúpulas consagradas, el hombre sintió la presencia de lo divino en la grandeza de los montes, en el murmullo de los ríos, en la quietud de los bosques y en la firmeza de las piedras. Estas manifestaciones naturales no fueron vistas como meros escenarios, sino como signos vivientes de una presencia trascendente.

En todas las culturas —del Ganges en la India a los montes sagrados del Asia y del Mediterráneo, o los círculos megalíticos de Europa—, los hombres han marcado lugares donde el mundo ordinario parecía abrirse hacia otra realidad. Estos espacios, consagrados por el rito o la contemplación, se convirtieron en centros y umbrales: puntos de contacto entre lo visible y lo invisible, entre el tiempo humano y la eternidad. [1], [13] (Paráfrasis) En ellos, el paisaje se transformaba en mensaje, y la naturaleza en lenguaje simbólico.

En términos fenomenológicos, siguiendo la interpretación de Mircea Eliade, estas manifestaciones son hierofanías, es decir, irrupciones de lo sagrado en el espacio profano. Cada hierofanía marca un quiebre en la homogeneidad del espacio, revelando un centro y reordenando el mundo alrededor de sí. Allí donde lo sagrado se manifiesta, surge el cosmos: el caos se estructura, el desierto se vuelve tierra habitable, el hombre encuentra orientación. La montaña, el árbol, la fuente o la piedra sagrada no son en sí mismas divinas, pero participan de la sacralidad que las atraviesa, convirtiéndose en símbolos permanentes del vínculo entre cielo y tierra.

Así, los montes sagrados, desde el Olimpo griego hasta el Kailāsa tibetano, han representado el axis mundi, la columna que une los tres planos del universo: cielo, tierra e inframundo. Los ríos —como el Nilo, el Tíber o el Ganges— simbolizan el fluir de la vida, la purificación y el retorno al origen. Los bosques sagrados, presentes en tradiciones célticas, africanas u orientales, expresan el misterio de la multiplicidad contenida en la unidad, la morada de los espíritus que habitan la naturaleza. Y las piedras erigidas, desde los menhires hasta los obeliscos, son testimonios del impulso humano de alinear la tierra con el cielo, de fijar en la materia un reflejo del orden eterno.

El reconocimiento de la sacralidad de la naturaleza no implica idolatría, sino reverencia ante el misterio del ser. En este sentido, toda la tierra puede considerarse un templo, y cada fenómeno natural, un signo de la presencia divina. En muchas culturas, el acto de cruzar un bosque, ascender una montaña o beber de una fuente sagrada equivalía a un rito de paso, a una iniciación simbólica en la comprensión del mundo. La naturaleza se convierte así en la primera maestra de la espiritualidad humana, enseñando a través del silencio, del ritmo y de la armonía.

Desde una lectura masónica, esta percepción primordial se conserva en la idea de que el universo entero es el templo del Gran Arquitecto del Universo. El masón, al contemplar la naturaleza, no ve materia inerte, sino la obra viva de la Sabiduría divina. Los montes le hablan del esfuerzo y la ascensión; los ríos, del movimiento perpetuo y de la purificación; los bosques, del misterio de la multiplicidad en la unidad; y las piedras, del trabajo de la construcción espiritual. En cada uno de estos elementos naturales reconoce un símbolo de su propio camino iniciático.

Así, la naturaleza sacralizada no pertenece solo al pasado: es una experiencia continua que se renueva cada vez que el ser humano contempla el mundo con conciencia reverente. Lo sagrado sigue manifestándose en la forma de una montaña, en el resplandor del amanecer o en el orden de las estrellas. Todo lo creado, cuando es mirado con ojos iluminados, revela la huella del Creador. Y en ese reconocimiento se cumple la enseñanza masónica más profunda: que el verdadero templo no está hecho por manos humanas, sino que late en el corazón del mundo, donde cada piedra, cada árbol y cada rayo de luz son signos de la misma Luz que guía al Iniciado en su búsqueda de la Verdad.

6.10. Síntesis comparada y proyección masónica

En todas las tradiciones estudiadas —desde los templos de piedra del Antiguo Oriente hasta las catedrales, las mezquitas, las estupas, los santuarios naturales o las logias contemporáneas—, el espacio sagrado se manifiesta como una mediación entre lo humano y lo divino. Aunque varíen las formas, los materiales o los lenguajes rituales, persisten tres rasgos fundamentales: la separación, la centralidad y la ritualidad. Estos tres principios estructuran la experiencia universal de lo sagrado y revelan una misma intuición espiritual: que el mundo profano necesita un centro donde el hombre pueda orientarse hacia lo eterno.

En primer lugar, el espacio sagrado es separado: delimitado, consagrado, purificado. Este acto de separación no implica exclusión, sino revelación. Al trazar un límite, el hombre declara que hay en el mundo algo que trasciende su uso ordinario: un lugar donde no se trabaja ni se comercia, sino donde se invoca, se contempla y se celebra. La frontera del templo, de la mezquita o del santuario marca el punto en que el tiempo lineal se detiene y comienza el tiempo sagrado.

En segundo lugar, el espacio sagrado posee centralidad. Sea la Kaaba en el islam, el Monte Meru del hinduismo, el Santo de los Santos en Jerusalén o el altar de una catedral, todos los espacios consagrados reproducen el mismo arquetipo: el centro del mundo. Este centro no es solo geográfico, sino existencial; es el punto donde el cielo toca la tierra y donde el hombre recobra su eje. Mircea Eliade lo llamó axis mundi, la columna invisible que une los planos del ser. El espacio sagrado es, así, el espejo del orden cósmico, un microcosmos donde se actualiza la armonía perdida.

En tercer lugar, el espacio sagrado es ritual. Los ritos que en él se celebran no son simples repeticiones ceremoniales, sino actos creadores que reactivan el orden primordial. Al realizar un sacrificio, encender una lámpara o pronunciar una fórmula consagratoria, el ser humano restablece simbólicamente el vínculo entre el cielo y la tierra, entre la divinidad y la comunidad. El rito es el puente que mantiene abierta la comunicación entre ambos mundos, y el templo, su escenario y su garante.

La Masonería hereda este mismo patrón simbólico y lo reinterpreta en clave iniciática. El Templo Masónico se erige como un espacio sagrado contemporáneo, donde la arquitectura, el símbolo y el rito se combinan para conducir al Iniciado desde el mundo exterior hacia su centro interior. Como en las antiguas tradiciones, el Templo Masónico se consagra, se orienta simbólicamente y se estructura en grados de acceso, reflejando los niveles de purificación y de conocimiento. El Oriente representa la fuente de la Luz; el pavimento mosaico, la dualidad del mundo; las columnas, la sabiduría y la estabilidad; y el Altar central, el corazón donde el espíritu y la razón se reconcilian.

Pero el templo masónico, como todos los templos verdaderos, no es un fin en sí mismo: es una mediación para despertar la conciencia. A través de la ritualidad, la Logia transforma el espacio exterior en un templo interior, y el silencio del taller en una experiencia espiritual. Así, el rito masónico reitera el gesto universal de todas las religiones: separar, centrar y elevar. La diferencia es que, en Masonería, la divinidad se busca no en una figura externa, sino en el principio luminoso que habita en el hombre.

Albert G. Mackey, en su célebre voz "Lodge", presenta la Logia como, al mismo tiempo, un lugar físico de reunión, un santuario simbólico y un ámbito espiritual de perfeccionamiento moral.[14] (Paráfrasis) En esa triple naturaleza se refleja la continuidad del arquetipo universal del espacio sagrado. Lo que fue el Templo de Jerusalén para Israel, la Kaaba para el islam o el Mandir para el hinduismo, lo es la Logia para el masón: un microcosmos donde convergen el orden, la medida y la trascendencia.

En última instancia, el espacio sagrado no pertenece a una religión ni a una cultura; es un lenguaje del espíritu, una gramática de la Luz. La Masonería, como síntesis y heredera de esa tradición universal, enseña al iniciado a reconocer en todos los templos —de piedra o de silencio— la misma estructura divina, y a comprender que el centro del mundo no está en un lugar, sino en el corazón purificado del hombre que busca la Verdad.

Notas y Referencias

1. Eliade, M. (1998). Lo sagrado y lo profano. Barcelona: Paidós.
2. Haran, M. Temples and Temple-Service in Ancient Israel (Oxford: Clarendon Press, 1978).
3. Adolfo D. Roitman, Del Tabernáculo al Templo: El espacio sagrado en el judaísmo antiguo (Salamanca: Ediciones Sígueme, 2016). A. D. (2012). Del Tabernáculo al Templo: La historia del culto en Israel. Madrid: Ediciones Istmo.
4. Krautheimer, R. (1986). Early Christian and Byzantine Architecture (4ª ed.). New Haven: Yale University Press.
5. Grabar, O. (1987). The Formation of Islamic Art (rev. ed.). New Haven: Yale University Press.
6. Bloom, J., & Blair, S. (1994). The Art and Architecture of Islam: 1250–1800. New Haven: Yale University Press.
7. Kramrisch, S. (1946). The Hindu Temple (2 vols.). Calcutta: University of Calcutta / (ed. reimp. Delhi: Motilal Banarsidass).
8. Michell, G. (1988). The Hindu Temple: An Introduction to Its Meaning and Forms. Chicago: University of Chicago Press.
9. Snodgrass, A. (1985). The Symbolism of the Stupa. Ithaca: Southeast Asia Program, Cornell University.

10. Breen, J., & Teeuwen, M. (2010). A New History of Shinto. Chichester: Wiley–Blackwell.
11. Burkert, W. (1985). Greek Religion. Cambridge, MA: Harvard University Press.
12. Beard, M., North, J., & Price, S. (1998). Religions of Rome (Vols. 1–2). Cambridge: Cambridge University Press.
13. Parker Pearson, M. (2012). Stonehenge: Exploring the Greatest Stone Age Mystery. London: Simon & Schuster.
14. Mackey, A. G. (1873). Encyclopedia of Freemasonry. New York. Voz: "Lodge". **(Paráfrasis)**

CAPÍTULO VII

Características del Espacio Sagrado

7.1. Introducción

El espacio sagrado se reconoce por una constelación de rasgos recurrentes que, aunque expresados de manera diversa en las distintas religiones y culturas, revelan una estructura común subyacente. Estos elementos, repetidos de forma casi arquetípica, lo distinguen del espacio ordinario y le confieren su cualidad trascendente. La separación o consagración, la centralidad y orientación, la presencia de lo divino, la ritualidad, la temporalidad sacralizada, las normas de pureza y acceso, el valor comunitario y la renovación periódica constituyen los signos esenciales que definen su naturaleza. Cada uno de estos rasgos refleja la forma en que la humanidad ha comprendido y representado la relación entre lo terreno y lo trascendente.[1,4] (Paráfrasis del autor a partir de las obras citadas)

Desde la perspectiva de la fenomenología de la religión, autores como Mircea Eliade y Rudolf Otto señalaron que el espacio sagrado no es simplemente un lugar geográfico, sino una experiencia de ruptura ontológica: el punto en el cual lo sagrado irrumpe en la homogeneidad del espacio profano y lo reordena en torno a un centro. Eliade denominó a este fenómeno hierofanía, es decir, la manifestación de lo sagrado en el mundo, mientras que Otto lo describió como la vivencia del numinoso, mezcla de temor reverente y fascinación ante la presencia divina. En ambos casos, el espacio sagrado es el resultado de un encuentro: no se fabrica, sino que se revela; no se inventa, sino que se descubre.

La teoría del ritual, desarrollada posteriormente por estudiosos como Catherine Bell y Victor Turner, amplió esta comprensión al subrayar que el espacio sagrado no existe de forma permanente, sino que se actualiza mediante el rito. El acto ritual crea un tiempo y un lugar distintos, en los que la comunidad se reúne, se separa del mundo profano y accede a una dimensión simbólica. Turner denominó a este estado liminalidad: el umbral entre dos mundos, donde las jerarquías se suspenden y los participantes se transforman. El espacio sagrado, por tanto, no solo es un recinto físico o simbólico, sino también un proceso dinámico de re-creación espiritual.

A través de esta doble perspectiva —fenomenológica y ritual— se comprende que el espacio sagrado es una forma de ordenar el mundo. Su existencia introduce una diferencia, una dirección y un sentido. Donde antes había caos o dispersión, el espacio consagrado establece orientación (hacia el Oriente o hacia el centro), jerarquía (lo interior y lo exterior, lo profano y lo santo) y ritmo (el tiempo ordinario interrumpido por la liturgia). En este sentido, el espacio sagrado no es estático: es un campo de fuerzas donde convergen la memoria, el mito y la acción ritual.

Sin embargo, aunque estos rasgos son universales, su manifestación histórica y cultural varía profundamente. Cada tradición imprime en ellos su sello particular: en el judaísmo, el Tabernáculo y el Templo; en el cristianismo, la iglesia orientada hacia la luz del amanecer; en el islam, la mezquita centrada en la dirección de la Kaaba; en el hinduismo y el budismo, los templos que reproducen el orden del cosmos; y en el Shintō japonés, la pureza natural de los santuarios en madera renovados cíclicamente. La diversidad de las formas no contradice la unidad del principio: en todos los casos, el espacio sagrado es el lugar donde el ser humano toma conciencia de lo eterno en medio del tiempo.

Desde la óptica masónica, esta convergencia universal adquiere una resonancia profunda. La Masonería, heredera de las tradiciones constructivas y simbólicas del pasado, reconoce en su Templo una síntesis viva de estos elementos. El acto de abrir la Logia separa lo profano de lo sagrado; la orientación hacia el Oriente expresa la búsqueda de la Luz; la presencia del Altar central establece el eje del cosmos interior; la ritualidad transforma el tiempo y el espacio; y la renovación periódica de los trabajos reproduce el ciclo de muerte y renacimiento espiritual.

Así, al igual que los antiguos constructores, el Masón no levanta un templo solo de piedra o de símbolos, sino de presencia y de conciencia. En cada reunión ritual, el espacio común se consagra; el silencio se vuelve oración; el movimiento se hace gesto iniciático. En ese instante, la Logia se convierte en el microcosmos perfecto donde convergen orden, medida y trascendencia, manifestando en su arquitectura interior la armonía universal del Gran Arquitecto del Universo.

7.2. Separación y consagración

Todo espacio sagrado comienza por un acto de separación: un gesto ritual que lo distingue del entorno profano y lo sustrae de la indiferenciación del mundo ordinario. Esta separación puede materializarse mediante ritos de consagración, marcadores liminales —umbrales, cercas, torii, tapices, cortinas o columnas—, o mediante prohibiciones de uso común, que establecen claramente que dentro de ese recinto rigen otras leyes, otro tiempo y otro orden [1,5] (Paráfrasis) No se trata de una mera frontera arquitectónica o jurídica, sino de una fractura ontológica: un cambio de estado del espacio mismo. Allí donde el rito consagra, lo común se vuelve extraordinario; el suelo, antes profano, se transforma en morada del misterio.

Como señaló Mircea Eliade, "no todo espacio es equivalente" —paráfrasis que expresa su convicción de que el acto fundacional de toda religiosidad consiste precisamente en distinguir un lugar donde lo sagrado se manifiesta del resto del mundo.[1] Esa distinción no nace de la materia, sino del significado que el rito le confiere. El acto de consagrar es, por tanto, un acto de cosmización: el ser humano impone orden sobre el caos, establece un centro, traza una frontera y llama a la divinidad a habitar en medio de él. A partir de ese momento, el espacio consagrado se convierte en punto de referencia para la comunidad: el lugar donde el cielo toca la tierra, donde la palabra humana se vuelve eficaz y donde el tiempo ordinario se transforma en tiempo litúrgico.

La antropóloga Mary Douglas, desde una perspectiva sociológica, mostró que las distinciones entre puro e impuro organizan no solo la religión, sino toda la estructura social. Lo sagrado, al establecer fronteras, ordena y delimita; separa lo que puede ser tocado de lo que debe permanecer intocado; distribuye los lugares, los gestos y los tiempos de cada función.[5] (Paráfrasis) En este sentido, la pureza no se reduce a higiene ni moralidad, sino que es un principio de organización simbólica: la afirmación de que el mundo tiene jerarquías, niveles y correspondencias. Allí donde todo se confunde, lo sagrado desaparece; donde se restablece el límite, lo sagrado retorna.

El rito de consagración es, por tanto, una operación creadora. En el plano religioso, implica invocar la presencia divina y dedicarle un espacio; en el plano simbólico, significa separar la conciencia de la dispersión profana para orientarla hacia el centro espiritual. En la consagración del templo, del altar o de la Logia, se reproduce el gesto arquetípico de los orígenes: delimitar, centrar y santificar. Cada vez que un recinto es purificado, perfumado o circundado con signos, se repite el acto primordial de creación, mediante el cual el caos se convierte en cosmos.

Desde una lectura masónica, esta distinción entre lo profano y lo sagrado adquiere un significado iniciático de primer orden. Cuando el Venerable Maestro ordena "cerrar las puertas del Templo" o "abrir los trabajos en el nombre del Gran Arquitecto del Universo", está repitiendo el mismo gesto universal de consagración. En ese instante, el espacio profano de reunión se transfigura en Logia: la geometría del salón se llena de sentido, las luces adquieren función simbólica y el silencio se convierte en lenguaje espiritual. El paso del mundo exterior al interior del Templo es, en sí mismo, una ceremonia de separación, un tránsito liminal comparable al que marcaban los torii japoneses, los atrios cristianos o los patios de las mezquitas.

Asimismo, las prohibiciones rituales que rigen en la Logia —el respeto al orden, el silencio, la igualdad y la concentración— son formas simbólicas de pureza. No se trata de imposiciones externas, sino de condiciones interiores que preservan el carácter sagrado del espacio. La Logia deja de ser un lugar más en el mundo para convertirse en el centro simbólico del universo moral del Iniciado, donde el desorden exterior no puede penetrar.

En definitiva, la separación y la consagración son los dos pilares del nacimiento de lo sagrado. Allí donde el hombre establece un límite y dedica un lugar a lo trascendente, el espacio adquiere una cualidad nueva: se vuelve imagen del cosmos, espejo del orden divino y escenario de la transformación interior. En la Masonería, como en todas las tradiciones espirituales, consagrar el Templo significa consagrar también la conciencia, porque solo quien ha aprendido a separar lo profano de lo sagrado puede edificar dentro de sí el verdadero santuario del espíritu.

7.3. Centralidad (axis mundi) y orientación

Todo espacio sagrado posee un centro, un punto privilegiado donde el cielo y la tierra se encuentran y donde lo invisible se hace presente. Ese centro —llamado en la fenomenología de la religión axis mundi— constituye el eje del mundo, el punto de intersección entre los planos cósmico, humano y divino. Allí se produce la hierofanía del orden, es decir, la manifestación de un principio que confiere sentido, estructura y estabilidad al universo.[1] (Paráfrasis)

Desde los mitos más antiguos, la humanidad ha reconocido en ciertos lugares —montañas, columnas, árboles, torres o templos— la imagen visible de este eje invisible. Para Mircea Eliade, el axis mundi no es solo un símbolo, sino una experiencia existencial: es el centro donde el hombre, al orientar su vida, encuentra su propio lugar en el cosmos. Todo templo, altar o santuario reproduce, en escala humana, el orden universal que conecta el cielo con la tierra. Establecer un centro equivale a construir el mundo; perderlo, a caer en el caos.

La orientación simbólica de los templos responde a esta misma concepción. En numerosas culturas, el eje principal del recinto sagrado se alinea con los puntos cardinales o con fenómenos celestes significativos: el Oriente, donde nace el sol, símbolo de la vida y de la revelación; los solsticios y equinoccios, que marcan los ciclos del tiempo; o las constelaciones que guían las estaciones y las ceremonias agrícolas. De este modo, la arquitectura sagrada se convierte en un instrumento de armonización cósmica, un calendario hecho piedra que recuerda la dependencia del hombre respecto al orden celeste.[1,6] (Paráfrasis)

La geometría del templo no es arbitraria: sus proporciones obedecen a leyes simbólicas que reflejan la estructura del universo. En Oriente, los mandalas y los planos vastu de la India reproducen diagramas del cosmos, en los que el centro representa la morada divina y las direcciones cardinales, las fuerzas que sostienen el mundo. En Egipto y Mesopotamia, las zigurat escalonadas ascendían hacia el cielo, expresando el deseo de unir los planos de la existencia. En el mundo cristiano, las catedrales góticas, orientadas hacia el este, traducen el mismo principio: el edificio como microcosmos ordenado según la Luz. Como señaló Stella Kramrisch, estudiosa de la arquitectura hindú, el templo puede enetenderse como una forma visible de lo invisible, un modelo cósmico que permite pensar la relacion entre la presencia divina y el secenso del hombre hacia ella.[6] (Paráfrasis)

El centro del espacio sagrado es, por tanto, una presencia activa, no una simple localización. Es el punto desde el cual el hombre se orienta física y espiritualmente. En el ámbito ritual, esa centralidad define la jerarquía del lugar: el altar, la estupa, la Kaaba o el garbhagriha ocupan el núcleo donde se concentra la energía divina. Quien se acerca a ese centro atraviesa un proceso de purificación y ascenso simbólico, aproximándose al Principio Supremo.

Desde una lectura masónica, esta doctrina de la centralidad adquiere una resonancia profunda. El Templo Masónico está cuidadosamente dispuesto según este principio. Su Oriente representa el punto de donde emana la Luz, el lugar del conocimiento y de la revelación; el Occidente, el término del camino; el Centro, donde se erige el Altar de los Juramentos, simboliza el eje del mundo masónico. Todo trabajo iniciado en el templo parte de este centro invisible, pues allí se unen la Sabiduría del Oriente, la Fuerza del Sur y la Belleza del Norte.

El axis mundi del Templo Masónico no se mide en coordenadas espaciales, sino en grados de conciencia. En la medida en que el Iniciado avanza en el conocimiento de sí mismo y en la purificación de su obra, asciende simbólicamente por ese eje interior, elevando su alma desde la base terrenal hasta la cúpula espiritual donde brilla la Luz del Gran Arquitecto del Universo. De igual modo, la orientación ritual hacia el Oriente —constante en todos los ritos regulares— recuerda que el verdadero trabajo del mason es buscar la Luz de la verdad, del mismo modo en que el sol ilumina el horizonte del mundo cada amanecer.

En definitiva, la centralidad y la orientación son los fundamentos estructurales del espacio sagrado. Donde hay un centro, hay cosmos; donde hay orientación, hay sentido. En el plano iniciático, hallar el centro equivale a reconstruir el eje del propio ser, y orientarse hacia el Oriente simboliza el retorno consciente hacia la Fuente. Por eso, en la Masonería como en las religiones antiguas, el Templo no es solo un edificio: es el mapa espiritual del universo, trazado a escala humana, donde cada Hermano aprende a descubrir en su corazón el punto inmóvil desde el cual todo adquiere orden, medida y trascendencia.

7.4. Presencia de lo divino

El rasgo decisivo de todo espacio sagrado es la presencia. No basta con delimitar o orientar un lugar: lo que lo convierte en sagrado es la convicción —y la experiencia— de que lo divino habita o se manifiesta allí con mayor intensidad. La sacralidad no proviene de la forma, sino de la presencia viva que el creyente percibe en ese espacio. Rudolf Otto denominó a esta experiencia el "numinoso", palabra que designa la sensación de estar ante una realidad totalmente distinta, fascinante y temible a la vez, cuya irrupción despierta reverencia, asombro y humildad.[2] (Paráfrasis)

Para Otto, el numinosum no es un concepto ni una doctrina, sino una vivencia inmediata del misterio: el mysterium tremendum et fascinans. Esa presencia se reconoce por sus efectos: el temblor del alma ante lo infinito, la atracción irresistible hacia lo trascendente, y la conciencia de una alteridad absoluta. De este modo, el espacio sagrado se convierte en morada del misterio, un recinto donde el ser humano siente que el mundo visible se abre a la presencia invisible del Absoluto.

Esta experiencia de presencia adopta formas diversas en las religiones históricas. En Israel, el Tabernáculo y luego el Templo de Jerusalén representaban la morada de YHWH, el Dios que **"habita en medio de su pueblo"**. En el Santo de los Santos, oculto tras el velo, reposaba el Arca de la Alianza, trono invisible del Altísimo. Allí se concentraba la Shejiná, la gloria divina, y el sumo sacerdote, al ingresar una vez al año, no solo penetraba en un recinto, sino en una dimensión espiritual, donde el tiempo se suspendía y la historia se reconciliaba con la eternidad.[7] (Paráfrasis)

En el islam, la Kaaba constituye el centro del mundo espiritual y el eje de la oración universal. Su simplicidad cúbica simboliza la perfección de lo creado y la absoluta unidad de Dios (tawḥīd). Al orientarse hacia ella en la oración, el creyente no adora una forma material, sino que participa del mismo acto de orientación que unifica a toda la comunidad de los fieles. La presencia divina en el islam no se concibe como encarnación, sino como proximidad inefable: "Estamos más cerca de él que su vena yugular" (Q 50:16). Así, la Kaaba no "contiene" a Dios, sino que señala el punto desde el cual toda dirección adquiere sentido.[9] (Paráfrasis)

En el hinduismo, la presencia divina se hace tangible a través de la murti, la imagen de la deidad colocada en el garbhagriha, el santuario interior del templo. Esa imagen no se considera una simple representación, sino una encarnación simbólica del principio divino, activada mediante ritos de consagración (prāṇa pratiṣṭhā). El dios "entra" en la imagen, y el devoto, al contemplarla, experimenta el darśan —la "visión recíproca" entre el adorador y la divinidad—. En ese encuentro de miradas se manifiesta la presencia: el fiel no solo ve al dios, sino que se siente visto por él, y esa conciencia transforma el acto de ver en comunión espiritual.[6] (Paráfrasis)

En todas estas formas, la presencia divina no se reduce a una ocupación física del espacio, sino a una epifanía interior: el instante en que la conciencia reconoce lo absoluto en lo inmediato. La montaña, el altar, la estupa o el templo se convierten en espejos donde la Luz eterna se refleja en el alma del creyente. El lugar sagrado es, por tanto, el punto donde la divinidad se hace accesible sin dejar de ser trascendente.

Desde la óptica masónica, esta noción de presencia encuentra su correspondencia en el Templo Masónico y en el trabajo iniciático que allí se realiza. Cuando los Hermanos se reúnen "en el nombre del Gran Arquitecto del Universo", el espacio ordinario se transfigura: las paredes se convierten en símbolos, las luces se vuelven principios, y el silencio mismo se llena de sentido. El masón no busca a Dios en una imagen ni en una reliquia, sino en el acto vivo de la presencia, en la conciencia iluminada que percibe la unidad de todas las cosas bajo la Sabiduría del Creador.

Esa presencia no es impuesta, sino evocada. Se manifiesta cuando reina el orden, cuando las palabras son verdaderas, cuando los corazones están en concordia. En ese instante, el Templo deja de ser un recinto de piedra y se convierte en un santuario espiritual, donde el Gran Arquitecto habita no como figura, sino como principio de Luz, Armonía y Verdad. Así, la Masonería prolonga la intuición universal de todas las religiones: que lo sagrado no reside en los objetos, sino en la presencia invisible que los llena de sentido, y que cada vez que el hombre levanta su alma en silencio y pureza, el Eterno vuelve a habitar entre los hombres.

7.5. Ritualidad y performatividad

El espacio sagrado no existe en reposo: se actualiza en acto. Su existencia depende de la ritualidad, del conjunto de gestos, palabras, movimientos y silencios que lo reactivan y lo mantienen vivo. En ausencia de rito, el espacio sagrado se adormece y se disuelve en el tiempo profano; con el rito, en cambio, vuelve a nacer, como si cada celebración repitiera el instante primordial de la creación. Por eso puede afirmarse que lo sagrado no es una propiedad del lugar, sino una energía que se manifiesta cuando el hombre actúa conforme al orden simbólico.[3,10] (Paráfrasis)

Las teorías contemporáneas han subrayado la naturaleza performativa del ritual. Autores como Catherine Bell y Jonathan Z. Smith sostienen que los ritos no se limitan a "expresar" creencias preexistentes, sino que "constituyen" el espacio mismo como sagrado.[3,10] (Paráfrasis) Es decir, el acto ritual no representa lo sagrado: lo crea. Cada gesto litúrgico —el encendido de una lámpara, la invocación de un nombre, la delimitación de un círculo— no remite a una realidad trascendente ya dada, sino que la actualiza en el aquí y el ahora. El rito, en tanto acción cargada de intención y de forma, convierte el espacio profano en un escenario ordenado donde puede desplegarse la presencia divina.

De modo semejante, Victor Turner señaló que el rito genera un estado de liminalidad, un umbral donde el orden ordinario se suspende y la comunidad accede a un nivel distinto de conciencia.[4] (Paráfrasis) En ese intervalo entre lo cotidiano y lo trascendente, el tiempo se espesa, el cuerpo se purifica y el lenguaje se vuelve símbolo. Procesiones, sacrificios, liturgias, abluciones, plegarias y silencios reglados organizan el ritmo del espacio y del alma, regulando la posición de los cuerpos, la orientación de las miradas y la secuencia de los movimientos. A través del rito, la comunidad se reordena en torno al centro, reproduciendo a escala humana la armonía del cosmos.

La performatividad del rito significa también que lo sagrado se conserva solo mientras se practica. En el instante en que cesa el gesto, el espacio vuelve a su neutralidad. Por eso, los templos, las logias y los santuarios no son museos de lo divino, sino escenarios del acontecimiento sagrado: cada apertura, cada invocación, cada plegaria renueva el vínculo con la fuente trascendente. El espacio sagrado es, así, una coreografía del espíritu, en la que cada palabra, cada movimiento y cada pausa son notas de una misma sinfonía invisible.

Desde la óptica masónica, la ritualidad posee un valor central y una resonancia exacta con este principio. El Templo Masónico no es sagrado por sus muros ni por su decoración, sino porque en él se actúa ritualmente. Cuando los Hermanos se colocan en sus estaciones, cuando se encienden las luces, cuando el Venerable abre los trabajos en el nombre del Gran Arquitecto del Universo, el salón ordinario se transfigura. Ese instante performativo convierte el espacio en Logia, y el tiempo profano en tiempo simbólico.

En el rito, cada detalle posee función creadora: el trazado del pavimento mosaico ordena la dualidad; el recorrido del sol por las luces del Oriente, Sur y Occidente marca la progresión del alma; y el silencio ritual, lejos de ser ausencia, se convierte en el lenguaje de la Presencia.

Así, la Logia —como el templo antiguo, la mezquita o la catedral— no se limita a representar el cosmos: lo reactiva en su dimensión espiritual.

La ritualidad masónica ilustra de manera ejemplar lo que Bell y Smith describen como performatividad: no se "habla de la Luz", sino que se hace aparecer la Luz; no se "invoca" el orden, sino que se establece el orden; no se "explica" el misterio, sino que se participa en él. El rito transforma a quienes lo celebran tanto como al lugar que lo acoge. Por eso, para el masón, participar en el trabajo ritual es participar en la obra misma de la creación: colaborar con el Gran Arquitecto en la edificación del universo interior.

En síntesis, la ritualidad y la performatividad son el corazón del espacio sagrado. Sin el rito, no hay centro ni jerarquía ni presencia; con él, todo se reordena y cobra sentido. Cada acción ritual es una piedra colocada en el templo invisible, una afirmación de que el cosmos aún vibra con la palabra creadora. Y en la Masonería, cada ceremonia, cada cadena de unión, cada silencio compartido es la prueba viva de que el espacio se santifica en el acto de construirlo, y de que el hombre, al obrar con conciencia y reverencia, recrea el mundo en el interior de sí mismo.

7.6. Temporalidad sacralizada

Así como el espacio puede consagrarse, también el tiempo se sacraliza. En toda tradición religiosa o iniciática, el tiempo sagrado se distingue del tiempo ordinario porque no fluye de manera lineal ni irreversible: se repite, se renueva y se reactiva. A través de fiestas, ciclos litúrgicos, conmemoraciones y reconstrucciones rituales, el ser humano interrumpe la continuidad del tiempo profano y reabre el acceso a la fuente primordial. En palabras de Mircea Eliade, toda celebración ritual implica un **"retorno al tiempo original"**, una reactualización del instante mítico de los orígenes.[1] (Paráfrasis)

Este retorno no es un viaje simbólico hacia el pasado, sino una reintegración del presente en la eternidad. En el rito, el tiempo se anula: el "entonces" del mito y el "ahora" de la acción coinciden. Cada fiesta sagrada repite el acto fundador, haciendo que lo ocurrido una vez ab aeterno se repita hic et nunc. De este modo, el tiempo sagrado no progresa, sino que gira en círculo, como el movimiento de los astros o la danza de las estaciones. Su propósito no es medir la duración, sino restablecer la presencia de lo divino en el mundo.

Las fiestas religiosas, los ciclos agrícolas y las celebraciones iniciáticas obedecen a esta estructura de retorno. En ellas, el mundo es regenerado periódicamente: el caos se disuelve y el orden se restablece. Así como el año se renueva en el solsticio y el día en el amanecer, la comunidad renueva su alianza con lo sagrado en cada rito conmemorativo. El tiempo sagrado es, por tanto, un tiempo circular y reversible, en el que el pasado mítico se actualiza para sostener la vida presente.

Entre los ejemplos más claros de esta concepción se encuentra el rito de reconstrucción periódica del Santuario de Ise en el Japón shintō, donde cada veinte años el templo es demolido y reconstruido conforme a un diseño inmutable. Este acto no busca reemplazar lo viejo por lo nuevo, sino reactivar el principio eterno que sostiene al templo más allá de su materia perecedera.[11] (Paráfrasis) La renovación física se convierte en un sacramento del tiempo: el edificio renace como si fuera el primero, y en ese renacer, la divinidad se manifiesta de nuevo. El espacio se consagra una y otra vez, y con él, el tiempo mismo.

De manera semejante, las peregrinaciones —ya sea a La Meca, al Ganges o a Santiago de Compostela— expresan el mismo dinamismo de la temporalidad sagrada. El recorrido no es solo geográfico: es existencial. Cada paso del peregrino reactiva el sentido fundacional del camino, repitiendo los gestos de los antepasados que lo iniciaron. Llegar al destino no significa alcanzar un lugar nuevo, sino reencontrar el origen; el fin del viaje coincide con el principio del sentido.[12] (Paráfrasis) Así, el peregrino y el iniciado comparten una misma experiencia: la de saberse inmersos en un ciclo de retorno que no anula la historia, sino que la trasciende.

Desde una lectura masónica, la temporalidad sacralizada se manifiesta en la estructura misma del trabajo ritual. Cada apertura y cierre de los trabajos constituye un renacimiento del tiempo sagrado. Cuando el Venerable Maestro declara que los trabajos se abren **"en el nombre del Gran Arquitecto del Universo"**, el tiempo lineal se suspende, y el Taller entra en una dimensión donde los minutos dejan de medirse y el alma se concentra en el acto eterno del construir. Al cerrar los trabajos, el tiempo profano retorna, pero el Iniciado conserva en sí la impronta del tiempo eterno.

Cada reunión masónica repite, de modo simbólico, el gesto original de los constructores del Templo de Salomón: un acto que no pertenece al pasado histórico, sino al presente continuo de la Tradición viva. Así como en Ise se reconstruye el santuario para mantener la pureza del origen, en cada Logia el rito renueva el lazo con la Luz primordial. Los ciclos masónicos —iniciación, silencio, ascenso, perfeccionamiento— reproducen la respiración misma del tiempo sagrado: destrucción y reconstrucción, oscuridad y amanecer, muerte y renacimiento.

En este sentido, el tiempo sagrado enseña al Iniciado que todo instante puede ser un comienzo si se vive con conciencia y reverencia. El reloj del mundo gira sin cesar, pero el reloj del espíritu se detiene en cada rito, recordando que lo eterno no está después del tiempo, sino dentro del instante en que el alma reconoce la presencia de lo divino.

7.7. Normas de pureza, acceso y jerarquía interna

Toda forma de espacio sagrado está regida por normas precisas que determinan quién puede entrar, cómo puede hacerlo y hasta dónde puede avanzar. Estas reglas no son simples mecanismos de exclusión, sino expresiones simbólicas del orden cósmico que el recinto representa. Lo sagrado no admite confusión: para preservar su integridad, el acceso debe ser preparado, controlado y progresivo. De ahí que casi todas las tradiciones establezcan zonas concéntricas o niveles jerárquicos de proximidad al centro divino.

En los templos del mundo antiguo, estas zonas delimitaban grados de santidad: el atrio, abierto a todos; la nave o sala de oración, reservada a los fieles; y el santuario, accesible solo a los oficiantes o iniciados. En el judaísmo, el Tabernáculo y el Templo de Jerusalén distinguían el Lugar Santo del Santo de los Santos, al que únicamente el Sumo Sacerdote podía ingresar, y solo una vez al año, tras purificarse. En el cristianismo, esta gradación persiste en la separación entre el atrio, la nave y el presbiterio. En el islam, el patio (ṣaḥn), la sala de oración y el mihrab mantienen esa progresión hacia el centro simbólico donde se orienta la plegaria. Cada cultura, con su propio lenguaje, traduce la misma estructura espiritual: la aproximación gradual al Misterio.[7] (Paráfrasis)

La antropóloga Mary Douglas mostró que la noción de pureza no se reduce a higiene física, sino que constituye un sistema de orden simbólico. En toda sociedad, lo puro es aquello que está en su lugar correcto; lo impuro, lo que transgrede un límite. Aplicado al espacio sagrado, esto significa que la pureza ritual —mediante abluciones, vestimenta apropiada, ayuno o silencio— no tiene por finalidad moralizar al creyente, sino preparar su conciencia para el encuentro con lo divino.[5] (Paráfrasis) Las abluciones en el islam, los baños rituales hindúes, la inmersión en el mikvé judío o el uso de vestiduras blancas en ceremonias iniciáticas son manifestaciones universales de una misma verdad: el acceso al santuario exige una transformación interior.

La pureza es, pues, un lenguaje simbólico del orden. Quien cruza el umbral del templo debe dejar atrás no solo el polvo del camino, sino también las impurezas de la mente: la dispersión, la violencia, la vanidad. No basta con lavarse las manos; es preciso purificar la intención. Por eso, las normas que rigen el acceso no buscan discriminar, sino preservar el equilibrio del lugar donde lo sagrado se manifiesta. Si el caos penetra en el templo, el templo deja de ser sagrado.

Las jerarquías internas del espacio reflejan, además, las jerarquías espirituales del alma. Cada zona del templo representa un grado de proximidad a la Luz. El atrio simboliza el mundo exterior, la multiplicidad; la nave, el espacio del aprendizaje y la comunión; el santuario, el silencio del conocimiento interior; y el Santo de los Santos, la unión con el Principio. Avanzar hacia el centro implica, por tanto, un proceso iniciático: abandonar la exterioridad y acercarse a la fuente.

Desde la lectura masónica, estas normas adquieren pleno sentido simbólico. El Templo Masónico está igualmente estructurado según una jerarquía interior: el Occidente, donde se inicia el trabajo; el Centro, donde se alza el Altar de los Juramentos; y el Oriente, donde reside la Luz. Nadie accede directamente al Oriente sin haber recorrido antes el camino de la preparación. Cada grado masónico, como cada recinto del templo antiguo, supone una nueva purificación y una ampliación de conciencia.

El ritual de apertura de la Logia constituye, en este sentido, una verdadera ceremonia de acceso. Las palabras pronunciadas, las posiciones adoptadas, la disposición de las luces y de los Hermanos, todo responde a una geometría espiritual que reproduce el orden universal. La pureza en la Logia no es solo cuestión de moralidad o de conducta externa: es una condición interior de armonía, sin la cual el rito pierde su eficacia. Solo quien entra con el corazón dispuesto puede participar de la Luz que allí se revela.

En definitiva, las normas de pureza, acceso y jerarquía no limitan la libertad humana, sino que la orientan hacia el centro. Son los cimientos invisibles del templo, las reglas que preservan su equilibrio y su potencia simbólica. Del mismo modo que el universo está ordenado por leyes, el espacio sagrado está regido por jerarquías que permiten al hombre aproximarse gradualmente a lo divino. En la Masonería, esta disciplina del acceso es una escuela del alma: enseña al Iniciado que la pureza no es un estado, sino un camino; que la jerarquía no es privilegio, sino servicio; y que el verdadero santuario no se conquista por fuerza, sino por humildad, reverencia y preparación interior.

7.8. Valor comunitário e identitário

El espacio sagrado no solo revela la presencia de lo divino: también funda y cohesiona la comunidad humana. Allí donde lo sagrado se manifiesta, surge un grupo, una memoria y una identidad. Toda religión, toda tradición espiritual o iniciática, se estructura en torno a un lugar donde la experiencia individual se convierte en experiencia compartida. En este sentido, el espacio sagrado es simultáneamente templo y matriz social: un ámbito donde el hombre se reconoce parte de una totalidad que lo trasciende y lo sostiene.

El sociólogo Émile Durkheim fue quien mejor expresó esta dimensión comunitaria. En su análisis clásico de las formas elementales de la vida religiosa, afirmó que lo sagrado es el principio que solidariza al grupo en torno a símbolos comunes, al distinguir y al mismo tiempo unir a quienes participan de ellos.[13] (Paráfrasis) Lo sagrado, según Durkheim, no existe sin una comunidad que lo consagre y lo mantenga; es el resultado de una energía colectiva, de una **"efervescencia moral"** que se concentra en los ritos, los lugares y los objetos compartidos. Así, cada templo es también una proyección material de la sociedad que lo habita, y cada rito, un acto de reafirmación de pertenencia.

El espacio sagrado cumple, por tanto, una función identitária: conserva la memoria de los orígenes, encarna la continuidad de la tradición y da forma visible a los valores que sostienen al grupo. Alrededor del templo se organizan la historia, el calendario, las jerarquías y las celebraciones. Los lugares santos —Jerusalén, La Meca, Benarés, Lhasa— son más que puntos geográficos: son símbolos de unidad espiritual y ejes de convergencia cultural. En torno a ellos, la comunidad se reconoce como portadora de una herencia común.

La arquitectura sagrada refuerza este sentido de comunidad al materializar roles y funciones. Cada espacio del templo refleja una relación social y espiritual: el altar donde oficia el sacerdote, la cátedra desde la que enseña el maestro, el minbar del predicador musulmán, la bimah de la sinagoga desde la que se proclama la Torá. Estos elementos arquitectónicos no son meros accesorios litúrgicos, sino formas visibles del orden invisible que estructura la comunidad. La disposición espacial establece jerarquías, delimita responsabilidades y, al mismo tiempo, reúne en un solo cuerpo a quienes comparten la misma fe o propósito.

El espacio sagrado también es hospitalario: abre sus puertas a los fieles, acoge a los peregrinos, protege a los necesitados. Su carácter comunitario no se limita al culto, sino que se extiende al servicio y la solidaridad. En la historia de las religiones, los templos han sido refugios, escuelas, hospitales y centros de justicia. En ellos, la espiritualidad se traduce en fraternidad: el vínculo con lo divino se expresa en la comunión con los semejantes.

Desde una lectura masónica, el valor comunitario del espacio sagrado encuentra su expresión más clara en la Logia. Al reunirse en el Templo, los Hermanos dejan atrás las diferencias del mundo profano y se reconocen como iguales bajo la bóveda estrellada de la fraternidad. Cada cargo y cada posición tienen una función ritual y moral, reflejo de la armonía universal. El Oriente, el Occidente y el Sur no son meros puntos cardinales, sino lugares de responsabilidad compartida. La Logia, como cuerpo social, reproduce en miniatura el orden cósmico y moral que la Masonería busca instaurar en el mundo.

El Altar de los Juramentos ocupa el centro de ese espacio porque es el símbolo de la unidad del taller: allí convergen las miradas, se formulan los compromisos y se sellan los vínculos. En torno a él, la comunidad masónica se constituye no por imposición, sino por adhesión voluntaria al ideal de Luz y de Verdad. Cada reunión, cada palabra pronunciada en el orden del ritual, reafirma la alianza fraternal que une a los Hermanos, del mismo modo que los antiguos ritos religiosos consolidaban la cohesión del pueblo.

En definitiva, el espacio sagrado no solo separa, sino que une; no solo eleva hacia lo divino, sino que reúne a los hombres en torno a un mismo principio de sentido. Allí la comunidad encuentra su identidad, su centro y su continuidad. En la Masonería, esta verdad adquiere una forma luminosa: el Templo es el cuerpo vivo de la Logia, y la Logia es el cuerpo vivo de la Fraternidad Universal. En ella se cumple la enseñanza perenne: que el espacio sagrado es también espacio de comunión, y que toda construcción espiritual auténtica une a los hombres en la misma piedra angular del Amor, la Verdad y la Fraternidad.

7.9. Materialidad simbólica

Toda experiencia de lo sagrado necesita una forma visible que la encarne. En los templos y santuarios, la materia no es un simple soporte físico, sino una lengua simbólica mediante la cual lo invisible se manifiesta. Piedra, madera, agua, luz, sonido y aroma son los elementos fundamentales de esa gramática sagrada: participan en la configuración del espacio y en la transmisión de su sentido. Las tradiciones han comprendido que la materia puede hablar, y que en su textura, su color y su resonancia se revela una verdad espiritual.[8],[9],[14] (Paráfrasis)

La piedra, sólida y perdurable, representa la estabilidad del cosmos y la permanencia del orden divino. Desde las pirámides de Egipto hasta las catedrales medievales, el uso de la piedra expresa la aspiración humana a fijar en la tierra lo eterno. La madera, en cambio, sugiere lo vivo, lo orgánico y lo renovable; en ella se conserva el pulso de la naturaleza. El agua, presente en fuentes, abluciones o estanques, simboliza la purificación y el tránsito: marca la frontera entre lo profano y lo sagrado. La luz, canalizada por vitrales o cúpulas abiertas, es el signo más universal de la presencia divina; no solo ilumina, sino que transfigura el espacio, revelando el mundo como transparencia de la divinidad.

Asimismo, el sonido —sea el canto, la campana, la recitación o el silencio ritual— modela el espacio interior tanto como las piedras. La acústica del templo no es un accidente arquitectónico: es parte de su teología. Cada resonancia, cada eco prolongado, devuelve al hombre el sentido de su pequeñez ante la inmensidad. El olor de los inciensos, resinas o maderas aromáticas consagra el aire mismo, convirtiendo la respiración en acto de comunión. Todo el cuerpo participa del rito: el ojo contempla, el oído escucha, la piel percibe, el alma responde.

Como han señalado los estudiosos de la arquitectura religiosa —Richard Krautheimer, Oleg Grabar y Christian Norberg-Schulz—, la forma construida no se limita a ser funcional: significa. Cada elección de material, proporción o luz expresa un pensamiento teológico y cultural. Krautheimer mostró cómo las iglesias cristianas reproducen simbólicamente los lugares santos de Jerusalén; Grabar explicó que la decoración islámica, al evitar la figuración, transforma el ornamento en una teología visual del infinito; y Norberg-Schulz interpretó el templo como lugar de la presencia, donde el hombre habita el mundo de modo poético.[8],[9],[14] (Paráfrasis)

La caligrafía, el icono o el aniconismo son también manifestaciones de esta materialidad simbólica. En el cristianismo ortodoxo, el icono es una "ventana" hacia lo divino, una superficie donde el tiempo y el espacio se abren al misterio. En el islam, la palabra revelada sustituye la imagen: los muros cubiertos de versículos coránicos son la encarnación de la Palabra divina en el ritmo de la geometría. En ambos casos, la materia no encierra lo sagrado, sino que lo deja pasar, como un velo que al mismo tiempo oculta y revela.

El resultado es una poética del espacio, donde cada elemento material cumple una función simbólica. La luz atraviesa los vitrales y los colorea; la piedra sostiene y eleva; el sonido acompaña la plegaria; el incienso asciende como oración visible. El espacio sagrado no se percibe solo con la razón, sino con los sentidos purificados por el rito. En él, la materia deja de ser opaca y se vuelve transparente al espíritu.

Desde la lectura masónica, esta dimensión material adquiere una profundidad iniciática. En el Templo Masónico, la piedra representa la obra del obrero: la materia bruta que debe ser pulida hasta volverse piedra angular. La luz que entra desde el Oriente simboliza el conocimiento que disipa la ignorancia; el pavimento mosaico expresa la dualidad reconciliada; los sonidos del mallete y del cincel son ecos de la construcción interior. Todo en el templo tiene sentido, porque nada es accesorio donde todo es símbolo.

La Masonería enseña que el iniciado no debe despreciar la materia, sino espiritualizarla mediante la obra consciente. La materia no se opone al espíritu: es su vehículo. Así, cuando el masón trabaja su piedra bruta, no solo modela una forma exterior, sino que transforma su propia sustancia interior. En ese gesto se cumple el principio universal que las tradiciones han intuido: que la materia iluminada es la primera manifestación de lo divino, y que el templo, hecho de piedra, luz y sonido, es el espejo visible del orden invisible.

En definitiva, la materialidad simbólica del espacio sagrado no se reduce a la estética ni a la técnica: es una ontología del símbolo. En cada muro, en cada destello, en cada vibración sonora, la creación entera se hace palabra. Y el iniciado, al contemplar el templo, comprende que no contempla solo una obra de arte, sino el reflejo del cosmos mismo. Porque, como enseñan tanto el místico como el constructor, la forma es el lenguaje de la Luz, y todo lo que ha sido edificado con sabiduría participa del eterno acto creador del Gran Arquitecto del Universo.

7.10. Renovación y mantenimiento

El carácter sagrado de un espacio no se conserva por inercia: debe ser sostenido, cuidado y renovado a través del tiempo. La sacralidad, aunque permanente en su principio, exige ser reactivada por la acción ritual y el mantenimiento consciente. En todas las tradiciones, la pureza y la vitalidad del lugar sagrado se preservan mediante prácticas periódicas de limpieza, reparación, sustitución ritual de elementos y reconsagraciones, que garantizan la continuidad de la presencia divina y la fidelidad al modelo original.

Este cuidado no responde a criterios meramente materiales o estéticos, sino a una ontología del mantenimiento: conservar el templo es participar en el mismo acto creador que lo originó. En cada reparación o reconsagración se reproduce, a escala humana, la obra divina de restaurar el orden frente al desgaste del tiempo. El rito, en este sentido, no solo celebra lo eterno: lo renueva y lo defiende contra la entropía espiritual.

Un ejemplo paradigmático de esta visión es la reconstrucción cíclica del Santuario de Ise en el Shintō japonés. Cada veinte años, el templo es completamente desmontado y reconstruido con materiales nuevos, conforme a un diseño inmutable transmitido de generación en generación. Este acto no busca perpetuar la materia, sino mantener viva la forma, reafirmando que la verdadera continuidad no reside en los materiales perecederos, sino en la fidelidad al gesto ritual y al principio eterno que anima la obra.[11] (Paráfrasis) La renovación de Ise es, así, una liturgia cósmica del tiempo: el santuario muere y renace para mostrar que lo sagrado no envejece, sino que se reencarna en la pureza de cada ciclo.

Del mismo modo, en muchas religiones y órdenes espirituales, los templos se purifican y reconsagran periódicamente mediante ofrendas, cantos o fumigaciones rituales. El acto de barrer el suelo del santuario, encender nuevamente las lámparas o renovar los lienzos del altar, tiene un sentido simbólico profundo: es una forma de mantener la respiración espiritual del lugar. Cuando un templo es descuidado o abandonado, su energía se apaga; cuando se limpia y se honra, vuelve a vibrar con la presencia del Misterio.

Desde una lectura masónica, este principio adquiere una resonancia directa. El Templo Masónico también debe mantenerse en pureza y armonía, no solo en su orden físico, sino sobre todo en su dimensión espiritual. Las ceremonias de apertura y cierre, la reposición de las luces, la revisión del mobiliario ritual, y el cuidado del silencio y la disposición interior de los Hermanos, constituyen actos de mantenimiento sagrado. No se trata de rutinas formales, sino de gestos conscientes que preservan la energía simbólica del Taller.

Cada reapertura de los trabajos equivale a una reconsagración: el templo se renueva, el tiempo se purifica y la cadena fraternal se refuerza. La Masonería enseña que la renovación ritual es también una renovación interior. Así como los sacerdotes del pasado reconstruían sus templos para mantener la pureza del culto, el masón está llamado a reconstruir su propio templo interior, cuidando su pensamiento, su palabra y su acción para que sigan siendo dignos del Gran Arquitecto del Universo.

El mantenimiento del espacio sagrado no es, pues, un acto de conservación pasiva, sino una liturgia de continuidad. Es la afirmación de que lo sagrado no muere mientras haya manos que lo restauren, palabras que lo pronuncien y corazones que lo veneren. Cada reparación material, cada rito de purificación, cada reconstrucción periódica es un testimonio de fe en la permanencia del Espíritu a través del cambio de las formas.

En última instancia, la lección simbólica que transmiten tanto el santuario de Ise como la Logia Masónica es la misma: lo eterno se sostiene por la fidelidad a lo esencial, no por la rigidez de la materia. El Templo, visible o invisible, solo conserva su sacralidad cuando el hombre se convierte en su guardián y co-creador, consciente de que en cada acto de cuidado vuelve a participar en el eterno oficio del Gran Arquitecto del Universo.

7.11. Proyección masónica

En la Masonería, las características universales del espacio sagrado se condensan y transfiguran en el Templo Masónico, síntesis simbólica de la tradición constructiva y espiritual de la humanidad. La Logia no es un simple salón de reuniones, sino un espacio consagrado, orientado y ritualizado, donde la comunidad masónica reproduce en escala moral y espiritual la arquitectura del cosmos. Cada elemento, cada gesto y cada palabra del ritual cooperan en la creación de un ámbito en el que lo profano se suspende y lo sagrado se actualiza.

1- Separación y consagración. La Logia se consagra ritualmente y se trabaja **"a cubierto"**, es decir, protegida del mundo profano por el velo de la discreción y el orden. Este acto de separación reproduce el gesto primigenio de toda fundación sagrada: trazar un límite, establecer un centro y dedicarlo a la obra de la Luz. Cuando el Venerable Maestro abre los trabajos en el nombre del Gran Arquitecto del Universo, el espacio se purifica, el tiempo se detiene y comienza el acto creador. La clausura posterior restituye el equilibrio, devolviendo a los Hermanos al mundo con la conciencia renovada.

2- Centralidad y orientación. El Oriente representa el punto de donde emana la Luz, principio de la Sabiduría y sede de la autoridad ritual. Desde él se proyecta el eje simbólico que organiza todo el espacio: el Altar, en el centro, actúa como axis mundi donde convergen la materia y el espíritu, la palabra humana y la Verdad eterna. La orientación del Templo, del Oriente al Occidente, refleja la trayectoria del sol y, con ella, el camino iniciático del hombre desde la oscuridad hacia la iluminación. Cada trabajo masónico es, en esencia, un acto de orientación interior.

3- Presencia y ritualidad. En la Logia, la presencia de lo sagrado no se percibe como una figura externa, sino como una energía viva que se manifiesta en la ritualidad misma. Las tenidas y los viajes rituales son los actos que actualizan el espacio sagrado: el movimiento del Aprendiz en torno al Altar, el trazado de los signos, el intercambio de palabras sagradas y silencios, constituyen un lenguaje performativo que recrea el orden cósmico. Cada ceremonia repite el mito del origen: el caos se organiza, la piedra bruta se labra, la Luz se enciende de nuevo.

4- Temporalidad. La Masonería posee su propio tiempo sagrado, marcado por la apertura y la clausura de los trabajos, los catecismos, las iniciaciones y las fiestas masónicas que celebran la renovación de la Luz. En cada ciclo, el Taller revive el **"tiempo primordial"** de la fundación del Templo de Salomón y del nacimiento de la Orden. El reloj profano mide las horas; el reloj simbólico mide los grados del alma. Así, el tiempo de la Logia no transcurre, sino que se cumple, como en toda liturgia viva.

5- Acceso jerárquico. La estructura de los grados masónicos reproduce la gradación de acceso a lo sagrado: del Atrio del Aprendiz al Sanctasanctórum del Maestro, cada nivel exige una purificación y un nuevo entendimiento. Esta jerarquía no es privilegio, sino camino pedagógico. Cada grado representa una **"zona"** de significado más profundo, una nueva estancia del templo interior. El progreso no es ascenso social, sino ascensión espiritual: cada paso hacia el Oriente implica un paso hacia la conciencia de la Verdad.

6- Comunidad e identidad. En el espacio del Templo, la Logia se convierte en un cuerpo moral y espiritual. Los Hermanos, reunidos bajo las Tres Grandes Luces, forman una comunidad que se reconoce por su compromiso con la virtud, la fraternidad y la verdad. La disposición del Taller —el Oriente, el Sur, el Occidente, las columnas, el pavimento mosaico— refleja la estructura del cosmos y al mismo tiempo la del alma humana. La Logia es así una micro-sociedad donde se aprende la armonía social mediante la práctica ritual de la armonía espiritual.

Como ha señalado Albert G. Mackey, la Logia puede comprenderse simultáneamente como un espacio físico de reunión, un templo simbólico y un ámbito espiritual orientado al perfeccionamiento moral.[15] (Paráfrasis) En ella, las tres dimensiones del espacio sagrado —material, simbólica y espiritual— se integran en una única realidad: la obra iniciática del masón. El Templo Masónico no solo representa el universo, sino que lo reactualiza en cada trabajo; no solo enseña la arquitectura del cosmos, sino que forma arquitectos del alma.

En definitiva, la proyección masónica del espacio sagrado revela que la Logia es un microcosmos vivo, donde convergen el orden, la medida y la trascendencia. Allí el hombre aprende que el verdadero templo no se levanta solo con piedras ni símbolos, sino con actos de virtud y silencios de sabiduría. Así, la Masonería perpetúa la antigua enseñanza de todos los pueblos: que construir el templo exterior es imagen de construir el templo interior, y que en esa doble edificación —visible e invisible— se cumple el oficio eterno del Gran Arquitecto del Universo.

7.12. Conclusión

El espacio sagrado no es un simple contenedor de ritos ni una escenografía devocional: nace con los ritos, se ordena por ellos y vive en ellos. Su esencia no reside en las piedras ni en los muros, sino en el acto simbólico que lo constituye. Allí donde el ser humano separa un lugar del resto del mundo, lo centra en torno a una presencia y lo habita ritualmente, aparece el umbral que abre hacia lo trascendente. El espacio sagrado no se impone; acontece. Se revela cuando la acción humana se alinea con el orden divino y cuando la materia se vuelve signo de lo invisible.

A través de los siglos, las tradiciones religiosas y sapienciales han compartido una misma gramática simbólica: la separación del recinto, la centralidad del eje, la presencia de lo divino, la ritualidad que reactiva el tiempo primordial, la jerarquía de acceso y la función comunitaria que convierte a los hombres en un solo cuerpo. En esta estructura universal, cada templo, mezquita, catedral o santuario expresa, con su propio lenguaje, una misma intuición: **que lo sagrado es el punto donde el cielo toca la tierra y el espíritu humano encuentra su dirección.**

Pero más allá de la diversidad de formas y credos, lo que confiere sentido al espacio sagrado es su capacidad de transformar al que lo habita. Quien penetra en él con reverencia no solo cambia de lugar: cambia de estado. En su interior, el ruido se convierte en silencio, la dispersión en unidad, y el tiempo lineal en presencia. Así, el espacio sagrado no solo organiza el mundo, sino también el alma: le da centro, ritmo y verticalidad.

La Masonería, heredera consciente de esta tradición universal, asume el Templo Masónico como su expresión más perfecta. En él, las antiguas categorías del espacio sagrado —separación, centralidad, presencia, ritualidad y tiempo consagrado— se reelaboran en clave iniciática. El Templo no es solo un recinto físico consagrado al trabajo masónico: es un instrumento pedagógico y espiritual que enseña al Iniciado a reconocer el orden del cosmos dentro de sí. Cada ceremonia, cada palabra, cada símbolo, son ejercicios de construcción interior.

El masón aprende que la verdadera consagración no se limita al lugar externo, sino que debe extenderse al propio corazón. El silencio, la meditación y la disciplina simbólica son los ritos mediante los cuales el espacio interior se santifica. Así como el templo visible requiere limpieza, orientación y cuidado, el alma del iniciado exige pureza, propósito y dirección. En ese paralelismo se cumple la gran enseñanza del Arte Real: el hombre mismo es el templo vivo del Gran Arquitecto del Universo.

Por eso, el Templo Masónico no busca imitar a los templos del mundo, sino recrear en el alma del Iniciado el modelo eterno del templo universal. Cuando las luces se encienden y los trabajos se abren, el espacio exterior se transforma en reflejo del orden divino; cuando los trabajos se cierran, ese orden permanece encendido en el interior del masón, que se convierte en portador de la Luz.

En definitiva, el estudio del espacio sagrado revela que su significado último no está en la piedra ni en la forma, sino en la conciencia que las anima. El Templo Masónico, heredero de esta gramática universal, hace de la disciplina simbólica y del trabajo interior el camino para que cada Iniciado convierta su propia existencia en un santuario. Así, lo que comenzó como un recinto de aprendizaje se transforma en un templo vivo de la Verdad, la Fraternidad y la Luz: el único espacio verdaderamente sagrado, porque en él habita el espíritu del Gran Arquitecto del Universo.

Notas y Referencias

1. Eliade, M. (1998). Lo sagrado y lo profano. Barcelona: Paidós.
2. Otto, R. (1999). Lo santo. Madrid: Alianza Editorial.
3. Bell, C. (1992). Ritual Theory, Ritual Practice. New York: Oxford University Press.
4. Turner, V. (1969). The Ritual Process: Structure and Anti-Structure. Chicago: Aldine.
5. Douglas, M. (1966). Purity and Danger. London: Routledge.
6. Kramrisch, S. (1946). The Hindu Temple. Calcutta: University of Calcutta / (ed. reimp. Delhi: Motilal Banarsidass).
7. Roitman, A. D. (2012). Del Tabernáculo al Templo: La historia del culto en Israel. Madrid: Ediciones Istmo.
8. Krautheimer, R. (1986). Early Christian and Byzantine Architecture (4ª ed.). New Haven: Yale University Press.
9. Grabar, O. (1987). The Formation of Islamic Art (rev. ed.). New Haven: Yale University Press.
10. Smith, J. Z. (1987). To Take Place: Toward Theory in Ritual. Chicago: University of Chicago Press.
11. Breen, J., & Teeuwen, M. (2010). A New History of Shinto. Chichester: Wiley-Blackwell.
12. Coleman, S., & Elsner, J. (1995). Pilgrimage: Past and Present in the World Religions. London: British Museum Press.

13. Durkheim, É. (1912/2001). The Elementary Forms of Religious Life. Oxford: Oxford University Press.
14. Norberg-Schulz, C. (1980). Genius Loci: Towards a Phenomenology of Architecture. New York: Rizzoli.
15. Mackey, A. G. (1873). Encyclopedia of Freemasonry. New York. Voz: "Lodge". **(Paráfrasis)**

CAPÍTULO VIII

Ejemplos de Espacio Sagrado

8.1. Introducción

El espacio sagrado, más allá de su conceptualización teórica y de su análisis fenomenológico, se encarna en lugares concretos que han modelado la espiritualidad y la cultura de los pueblos. En ellos, la intuición de lo trascendente se hace visible en piedra, agua, bosque o silencio, y la experiencia religiosa adopta forma sensible. A través de la historia, estos espacios han servido como puntos de encuentro entre el hombre y lo divino, como escenarios de rito y símbolos vivos de una presencia que supera lo temporal.[1] (Paráfrasis del autor a partir de las obras citadas)

Cada civilización ha desarrollado su propio lenguaje espacial para expresar lo sagrado, pero en todas se repiten los mismos principios: consagración, orientación, centralidad y comunión. El templo, la montaña, el manantial o el altar doméstico no son simples localizaciones, sino umbrales simbólicos donde el mundo visible se abre hacia el invisible. Así, el estudio del espacio sagrado no puede reducirse a la teoría: requiere contemplar las formas concretas que la humanidad ha levantado para dialogar con el Misterio.

Estos lugares pueden clasificarse, de manera general, en cuatro grandes categorías:

1. **Templos institucionales, construcciones dedicadas al culto permanente, donde el orden arquitectónico y la liturgia expresan la estabilidad de la fe.**

2. **Santuarios naturales, espacios no edificados —montes, ríos, cuevas o árboles— en los que la naturaleza misma se percibe como manifestación divina.**

3. **Estructuras rituales, como círculos megalíticos, zigurats, pirámides o stupas, que materializan el cosmos en geometrías simbólicas.**

4. **Espacios temporales, lugares que se sacralizan por un tiempo limitado —altares portátiles, carpas ceremoniales, plazas de peregrinación— y luego retornan a su estado profano.**

Cada una de estas formas constituye una respuesta cultural a la misma necesidad espiritual: establecer un punto de contacto con lo Absoluto. Lo sagrado se manifiesta allí donde el ser humano, por medio del rito, la memoria o la arquitectura, reconoce la presencia de una realidad superior.

El estudio de estos ejemplos permite observar cómo el espacio sagrado, aunque adopte lenguas, símbolos y materiales diferentes, responde siempre a una misma gramática interior. Desde las pirámides de Egipto hasta las catedrales góticas, desde los santuarios del Ganges hasta los templos del Japón, la humanidad ha repetido una misma intuición fundante: que el mundo, al ser consagrado, se convierte en imagen del orden divino.

Desde la óptica masónica, esta diversidad de expresiones se unifica en un principio esencial: todo lugar donde el hombre trabaja por elevar su espíritu y perfeccionar su obra puede convertirse en un Templo simbólico. La Masonería, al contemplar la multiplicidad de templos y santuarios de la historia, no los ve como monumentos del pasado, sino como manifestaciones diversas de un mismo impulso universal: la aspiración del alma humana a edificar en la tierra una morada digna de la Luz.

Así, el presente capítulo se propone recorrer ejemplos representativos del espacio sagrado, no como inventario arqueológico, sino como lectura simbólica de la experiencia espiritual. En ellos se reconocerá el eco del mismo principio que inspira al Templo Masónico: la convicción de que todo espacio puede ser transfigurado cuando se lo habita con reverencia, propósito y armonía.

8.2. Templos institucionales

8.2.1. El Templo de Jerusalén

El Templo de Jerusalén ocupa un lugar central en la historia espiritual de la humanidad. Construido por el rey Salomón en el siglo X a. C., reconstruido tras el exilio babilónico y finalmente destruido por las legiones romanas en el año 70 d. C., este santuario fue mucho más que un edificio: constituyó el símbolo vivo de la alianza entre Dios e Israel, el punto donde la presencia divina habitaba en medio de su pueblo.[2] (Paráfrasis del autor a partir de las obras citadas)

Su estructura tripartita —atrio, lugar santo y Santo de los Santos— definió una jerarquía de acceso al misterio y se convirtió en modelo arquetípico de toda arquitectura sagrada posterior en Occidente. El atrio representaba el ámbito de lo humano, donde se ofrecían los sacrificios y se congregaba el pueblo; el lugar santo, reservado a los sacerdotes, simbolizaba la mediación espiritual; y el Santo de los Santos, espacio vacío que contenía el Arca de la Alianza, era la morada invisible de YHWH, inaccesible a toda mirada humana. Solo el Sumo Sacerdote podía penetrar allí una vez al año, en el Día de la Expiación (Yom Kippur), llevando sobre sí las oraciones y la purificación de todo Israel.

El Tabernáculo del desierto había anticipado este modelo como santuario móvil, pero con Salomón la morada divina adquirió estabilidad en la colina de Sión. Según la Biblia, el Templo fue edificado siguiendo un plan revelado, "conforme al modelo que te fue mostrado en el monte" (Éxodo 25:40), lo cual confería a su diseño un carácter celeste. Su orientación hacia el oriente, sus medidas proporcionales y su orden interno reflejaban una cosmología ritual, donde el edificio se convertía en microcosmos del universo y espejo del orden divino.[6] (Paráfrasis)

El Templo de Jerusalén fue, en este sentido, la cumbre del monoteísmo ritual: un espacio en el que la fe de Israel encontraba forma arquitectónica. La destrucción del santuario en el 70 d. C. marcó no solo una catástrofe política, sino una mutación espiritual: el culto dejó de centrarse en el sacrificio y se trasladó a la oración, la sinagoga y el estudio de la Torá. Sin embargo, el ideal del Templo siguió vivo en la liturgia, en la mística y en la esperanza mesiánica del pueblo judío.

En el pensamiento religioso de Occidente, el Templo de Jerusalén se transformó en símbolo del cosmos ordenado, de la comunidad consagrada y del alma como morada de Dios. Las iglesias cristianas heredaron su planta axial y su disposición tripartita, sustituyendo el Santo de los Santos por el altar y la mesa eucarística. En la mística cristiana y cabalística, el Templo se interioriza: cada ser humano está llamado a reconstruir en sí el santuario destruido, a restaurar la presencia de la Luz en su corazón.

Desde la lectura masónica, el Templo de Jerusalén adquiere un valor esencial. Es el centro simbólico de la Masonería y el arquetipo del Templo Masónico, donde se recrea la misma estructura tripartita: el Occidente (atrio del mundo profano), el Centro (lugar del trabajo ritual) y el Oriente (Santo de los Santos, fuente de la Luz). Cada Iniciado repite en su camino interior el viaje del obrero que labra su piedra para participar en la construcción del Templo eterno.

La Leyenda de Hiram Abif, corazón del simbolismo del grado de Maestro, sitúa su acción precisamente en el marco del Templo salomónico, mostrando que la edificación del templo exterior es reflejo de una edificación interior. La muerte y resurrección simbólica del Maestro representan la destrucción y la reconstrucción del santuario interior, la restauración del orden perdido, la búsqueda del Nombre inefable que se oculta en el Santo de los Santos del alma.

En definitiva, el Templo de Jerusalén no fue solo una obra monumental de piedra, sino una imagen del mundo reconciliado con su principio. Su estructura, su orientación y su función ritual encarnaron la aspiración universal de toda religión: reunir al cielo y a la tierra en un mismo punto de encuentro. En la Masonería, esta herencia se perpetúa como enseñanza viva: cada Logia es un eco del Templo de Salomón, y cada Hermano, un obrero que continúa la obra inacabada de construir, con sabiduría y virtud, el templo interior del Espíritu.

8.2.2. El Partenón de Atenas

El Partenón, dedicado a Atenea Parthenos, la diosa protectora de la sabiduría y de la ciudad de Atenas, es una de las expresiones más sublimes de la religiosidad cívica griega. Construido entre los años 447 y 432 a. C., durante el esplendor de la democracia ateniense bajo Pericles, el templo fue diseñado por Ictinos y Calícrates, y adornado por Fidias con esculturas que narraban los mitos fundacionales de la polis. Su función era doble: santuario de la divinidad tutelar y símbolo del ideal humano de equilibrio, medida y proporción.[3] (Paráfrasis)

La perfección arquitectónica del Partenón refleja la convicción griega de que la belleza es manifestación del orden del cosmos. Sus proporciones matemáticas responden a relaciones armónicas que encarnan la idea de kosmos —un universo ordenado, racional y bello—. Las columnas dóricas, ligeramente inclinadas hacia el interior; el entasis que corrige la ilusión óptica; la curva del estilóbato y del entablamento, son gestos de una precisión que no busca rigidez, sino vida, movimiento y armonía. En esa geometría animada, el templo se convierte en una encarnación del número, en piedra que respira razón y proporción.

El Partenón no era un lugar de congregación masiva, sino un espacio de presencia simbólica. Albergaba en su cella la imponente estatua de Atenea, realizada en oro y marfil, representación de la sabiduría divina que guía a la ciudad y protege su destino. En torno a ese centro, el pueblo ateniense veía reflejada su identidad cívica: el templo era su espejo moral, su altar político y su lección de ética pública. Allí, la religión y la razón se unían para afirmar que el orden de la ciudad debía reflejar el orden del cosmos.

En este sentido, el Partenón encarna el ideal griego de kalokagathía, la unión de lo bello (kalós) y lo bueno (agathós). Su arquitectura no pretende solo agradar a la vista, sino educar el alma. Cada proporción enseña equilibrio; cada línea, moderación; cada superficie, claridad. El templo es una escuela de virtud en piedra, una epifanía de la razón convertida en forma.

Desde una perspectiva simbólica más amplia, el Partenón representa la armonía entre la inteligencia humana y la sabiduría divina. En su perfección geométrica, los griegos quisieron expresar que el universo tiene una estructura inteligible y que el hombre, al pensar y construir conforme a la proporción, participa de esa inteligencia cósmica. La divinidad no está fuera del mundo, sino en su orden. Por eso, edificar un templo era reproducir la armonía universal en la tierra, integrando al ciudadano en la totalidad del ser.

Desde la lectura masónica, el Partenón adquiere un valor paradigmático. Su construcción simboliza la búsqueda de equilibrio entre razón y espiritualidad, entre ciencia y arte, entre forma y contenido. Para el Masón, el Partenón es un emblema del principio de armonía que debe regir tanto la arquitectura exterior como la interior. Del mismo modo que el templo ateniense se edificó siguiendo medidas exactas y relaciones matemáticas, el Iniciado aprende que su alma debe edificarse conforme a proporciones morales y espirituales justas: ni exceso ni defecto, sino equilibrio, mesura y belleza en acción.

El Partenón, como el Templo Masónico, fue levantado en honor de la Sabiduría: una sabiduría que no impone dogmas, sino que ilumina la razón. Su forma expresa la idea que en la Masonería se denomina rectitud, esa línea invisible que une la verdad del pensamiento con la belleza del acto. Al contemplar su orden, el Masón reconoce que la verdadera arquitectura no consiste en levantar muros, sino en ordenar el espíritu según la proporción del cosmos.

Así, el Partenón de Atenas se erige no solo como una joya de la arquitectura clásica, sino como símbolo universal del templo interior iluminado por la razón y la virtud. Su perfección visible refleja la perfección invisible que la Masonería invita a construir dentro de cada hombre. Y en su serenidad eterna, el Partenón sigue recordando que toda obra verdaderamente humana es sagrada cuando está hecha con sabiduría, justicia y belleza: las tres columnas que también sostienen el Templo Masónico.

8.2.3. Mezquita de La Meca (Al-Masjid al-Haram)

La Mezquita Sagrada de La Meca (Al-Masjid al-Haram) es el corazón espiritual del islam y uno de los espacios más sagrados del mundo. Situada en la ciudad natal del profeta Muhammad, en Arabia Saudita, alberga en su centro la Kaaba, el santuario cúbico hacia el cual se orientan las oraciones de todos los musulmanes del mundo (qibla). Este recinto constituye el punto axial de la fe islámica, el lugar donde lo divino y lo humano se encuentran a través del rito, la memoria y la comunión universal.[4] (Paráfrasis)

La Kaaba, literalmente "el cubo", es considerada la Casa de Dios (Bayt Allāh), según la tradición fundada por Abraham (Ibrāhīm) y su hijo Ismael (Ismāʿīl). Su forma sencilla y desnuda encierra una simbología profunda: el cubo representa la estabilidad de la creación, la unidad del cosmos y la perfecta centralidad del Principio divino. Cada una de sus caras mira a un punto cardinal, indicando que la presencia de Dios no se confina a un solo lugar, sino que abarca la totalidad del universo. Así, la Kaaba es un símbolo de unidad en la multiplicidad, de orden en el movimiento, de centro en la expansión.

El espacio de la mezquita, que se extiende alrededor de la Kaaba, está concebido como una vasta circunferencia de oración, uniendo en un mismo gesto de devoción a millones de creyentes. Durante el Hajj, la gran peregrinación obligatoria que todo musulmán debe realizar al menos una vez en la vida si sus medios lo permiten, los fieles giran siete veces en torno a la Kaaba en el rito del ṭawāf. Este movimiento circular expresa la rotación de los astros alrededor de su centro y la vuelta del alma hacia su origen. En ese movimiento, el espacio sagrado deja de ser geográfico para volverse cósmico: cada peregrino se convierte en reflejo del orden universal, cada paso es una órbita en torno al Absoluto.

La Mezquita Sagrada no es un templo en el sentido arquitectónico occidental. Su santidad no depende de muros ni de ornamentos, sino de la presencia del centro. El espacio abierto, la ausencia de imágenes, la pureza de la geometría y la reiteración de la palabra divina en los muros caligráficos conforman una teología visual de la unidad (tawḥīd). Todo allí proclama la unicidad de Dios: la luz que se refleja sobre el mármol, las líneas puras, la voz del muecín que llama a la oración. En esa simplicidad absoluta reside su perfección espiritual: nada distrae, todo conduce a la contemplación del Uno.

La orientación hacia la Kaaba, obligatoria en cada oración musulmana, transforma el mundo entero en prolongación de ese espacio sagrado. No hay muro ni distancia que separe: cada creyente, dondequiera que esté, convierte el suelo en altar y el cielo en bóveda del santuario. La qibla es así un eje invisible que unifica a la humanidad orante y recuerda que toda dirección verdadera conduce al mismo centro.

El simbolismo de la circunferencia y el centro en torno a la Kaaba tiene una resonancia universal. Representa el equilibrio entre movimiento y reposo, entre diversidad y unidad. En el círculo del ṭawāf, la multitud no se dispersa: se ordena, se armoniza, se funde en un ritmo cósmico. El espacio sagrado se convierte en imagen del universo girando alrededor de su Fuente, y al mismo tiempo en imagen del corazón humano girando en torno a su Creador.

Desde la óptica masónica, la Mezquita de La Meca ofrece una enseñanza simbólica de gran profundidad. La Kaaba representa el centro del mundo y, por analogía, el centro del ser. El Masón, como el peregrino, se orienta hacia ese centro interior en el que reside la Luz. Del mismo modo que el ṭawāf ordena a los creyentes en torno a un eje, el trabajo ritual masónico ordena a los Hermanos en torno al Altar de los Juramentos, símbolo de la presencia del Gran Arquitecto del Universo.

El Altar central del Templo Masónico cumple la misma función espiritual: es el punto de convergencia de todas las miradas, el lugar donde se unen la palabra, el silencio y la intención. En torno a él gira el trabajo de la Logia, como los peregrinos alrededor de la Kaaba; en él se renueva el vínculo con el Principio, y de él emana la unidad que transforma el espacio profano en sagrado.

En este paralelismo, la Masonería reconoce la universalidad del símbolo del centro: toda tradición auténtica enseña que lo sagrado se manifiesta allí donde el hombre se orienta hacia lo esencial. Así como los peregrinos de La Meca retornan al punto de origen para renovar su fe, el Iniciado retorna constantemente al centro de su conciencia para renovar su Luz interior. Ambos, cada uno en su lenguaje, afirman una misma verdad: que la unidad divina es el principio que sostiene la multiplicidad del mundo, y que acercarse a ese centro es participar de la obra del Gran Arquitecto del Universo.

8.2.4. Catedrales góticas (Chartres, Notre Dame)

Las catedrales góticas, entre ellas las de Chartres y Notre Dame de París, representan una de las cumbres del espíritu constructivo y simbólico de Occidente. Surgidas entre los siglos XII y XIII, en el marco de la expansión urbana y del renacimiento intelectual medieval, fueron concebidas no solo como lugares de culto, sino como síntesis visual de la teología cristiana, auténticas "biblias de piedra" destinadas a instruir y elevar a un pueblo en gran parte analfabeto.[5] (Paráfrasis)

En ellas, la arquitectura, la escultura, el color y la luz se integran en un sistema total de significados. Cada elemento —desde los portales hasta los vitrales, desde las torres hasta el rosetón central— participa de un lenguaje simbólico cuyo propósito no es adornar, sino enseñar y revelar. El edificio entero se convierte en una Summa Theologica hecha piedra, donde la geometría sustituye al discurso y la luz hace visible lo invisible.

La geometría gótica, heredera de la tradición pitagórica y neoplatónica, se funda en proporciones armónicas que reflejan la ordenación divina del cosmos. Las plantas cruciformes, las bóvedas de crucería, los arcos apuntados y los rosetones obedecen a una lógica de ascensión: todo conduce la mirada hacia arriba, hacia la bóveda celeste, como si la materia misma se elevara al ser penetrada por la luz. Esta arquitectura no se impone por peso, sino por equilibrio y transparencia: el muro se disuelve en ventana, la piedra se hace aire, la oscuridad se transforma en resplandor.

La luz, en el pensamiento teológico de la época (inspirado en el Corpus Areopagiticum atribuido a Pseudo-Dionisio), era considerada emanación directa de la divinidad. Por eso, los vitrales no son simples ornamentos, sino instrumentos de revelación: filtran la claridad natural para transmutarla en luz espiritual. Al atravesar los vidrios coloreados, el sol terrestre se convierte en símbolo de la Lux Dei, la Luz de Dios que penetra la creación sin destruirla. En ese juego de transparencias, el fiel percibe que la belleza sensible es reflejo de la Belleza eterna.

En Chartres, los vitrales y esculturas narran los misterios bíblicos con un rigor iconográfico que transforma el templo en una enciclopedia de la fe. El visitante medieval, al recorrer sus portales, atravesaba un itinerario simbólico desde el caos del mundo exterior hasta la claridad del coro: del desorden al orden, de la ignorancia a la sabiduría, de las tinieblas a la Luz. En Notre Dame de París, las proporciones armoniosas, el equilibrio de los contrafuertes y el diálogo entre piedra y luz expresan la unidad de razón y fe, arte y teología, tierra y cielo.

En las catedrales góticas se manifiesta, además, una teología de la materia redimida: la piedra, trabajada con inteligencia, se convierte en vehículo del espíritu. La obra del cantero medieval era al mismo tiempo un oficio y una oración, un servicio a Dios realizado con las manos. Cada piedra colocada, cada arco levantado, era una ofrenda de sabiduría. Por eso, las corporaciones de constructores —antecedentes directos de la Masonería operativa— no solo transmitían técnicas, sino también conocimientos simbólicos. La arquitectura gótica es, en ese sentido, la cumbre del arte iniciático occidental.

Desde la lectura masónica, las catedrales góticas representan el ideal del Templo vivo, donde toda medida tiene sentido y toda forma refleja una ley espiritual. Su luz es símbolo de la Verdad que el Iniciado busca; su estructura, un espejo del orden universal; su construcción, la expresión colectiva de una comunidad iluminada por un mismo propósito. El masón reconoce en ellas el eco de su propia labor: construir con sabiduría, trabajar en silencio y elevar la materia mediante el espíritu.

El cantero medieval, guiado por sus trazados geométricos y su fe en el orden divino, era un precursor del masón especulativo. Trabajaba la piedra visible, pero edificaba también un templo interior de virtud. La catedral, como la Logia, se erige sobre tres columnas invisibles:

Sabiduría, que diseña; Fuerza, que sostiene; y Belleza, que adorna. En su equilibrio resplandece la misma enseñanza que inspira al Templo Masónico: que la luz espiritual se conquista trabajando con rectitud, armonía y amor por la obra bien hecha.

En definitiva, las catedrales góticas no son solo monumentos de piedra, sino epifanías del cosmos cristiano, expresiones tangibles de la unión entre cielo y tierra. Su geometría revela la inteligencia divina; su luz, la presencia de lo eterno; su música de proporciones, la armonía del alma. Y en su misterio luminoso perdura la enseñanza perenne que la Masonería continúa honrando: que toda construcción verdadera es un acto de fe, y que solo el hombre que labra su piedra interior puede convertirse, como las catedrales, en reflejo vivo de la Luz universal.

8.3. Santuarios naturales

8.3.1. El Monte Sinaí

El Monte Sinaí, escenario de la revelación mosaica, ocupa un lugar excepcional en la historia religiosa de la humanidad. En la tradición bíblica, es el lugar donde Moisés recibe la Ley —las Tablas del Decálogo—, marcando el pacto entre Dios e Israel. No se trata de un santuario construido por manos humanas, sino de un espacio natural transfigurado por la presencia divina, un lugar de teofanía donde el mundo se convierte en altar y la montaña, en templo del Cielo.[1] (Paráfrasis del autor a partir de las obras citadas)

El relato del Éxodo describe el Sinaí envuelto en nube, trueno y fuego: la naturaleza misma se convierte en vehículo de la revelación. Allí, el pueblo hebreo acampa al pie de la montaña, mientras Moisés asciende solo hacia la cima para escuchar la voz del Eterno. Este gesto de ascensión no es solo físico, sino simbólico: representa el tránsito del hombre desde el mundo profano hacia la esfera de lo sagrado, desde la multiplicidad hacia la unidad, desde la ignorancia hacia la sabiduría.

El monte funciona como un axis mundi, un eje vertical que conecta la tierra con el cielo. En torno a él, el espacio se ordena: el campamento del pueblo abajo, el monte medio cubierto por la nube de la gloria, y la cima donde resplandece la presencia divina. Esa estructura tripartita —base, centro, cumbre— reproduce la jerarquía de todo espacio sagrado, presente también en templos, zigurats y pirámides. El ascenso de Moisés al Sinaí puede así entenderse como el arquetipo del itinerario espiritual: separarse, purificarse y elevarse hasta la comunión con el Principio.

En las grandes tradiciones del mundo, la montaña cumple esta misma función de mediación entre el cielo y la tierra. El Monte Meru en la India, el Monte Olimpo en Grecia, el Monte Fuji en Japón o el Monte Hira en Arabia son expresiones diversas de un mismo símbolo: el punto donde lo humano toca lo divino. Cada uno de ellos es un espacio axial, un centro del mundo que concentra la presencia y la energía espiritual. En el Sinaí, este simbolismo se hace palabra: la altura no solo revela la majestad de Dios, sino que transmite la Ley, el principio moral que ordena la vida del hombre en comunidad.

El Decálogo entregado en el Sinaí es, por tanto, una arquitectura ética. Si la montaña es templo, las Tablas son sus fundamentos. La revelación no se limita al acto teofánico: se traduce en normas, en medidas, en proporciones del obrar humano. Así como el templo físico organiza el espacio, la Ley organiza la conducta. La montaña consagrada se prolonga en el corazón del creyente que guarda la palabra recibida.

Desde la óptica masónica, el Monte Sinaí encarna la montaña iniciática por excelencia: el lugar del silencio, la purificación y la revelación interior. El Iniciado, como Moisés, sube paso a paso desde el valle de la ignorancia hacia la cima de la comprensión, guiado por la Luz del Gran Arquitecto del Universo. Cada grado, cada enseñanza, cada palabra sagrada es una etapa de esa ascensión. Al final del camino, la Ley que se recibe no está escrita en piedra, sino inscrita en la conciencia: la voz del deber, la medida interior que regula la acción del masón.

La montaña sagrada es, en este sentido, una figura universal del templo interior. No tiene muros ni columnas, pero posee la verticalidad de la oración, la firmeza de la roca y la pureza del aire. Subir al Sinaí es símbolo de elevar la mente; permanecer en su cima, de hallar la comunión; descender, de llevar al mundo la luz adquirida. En cada Logia, el masón repite ese gesto: asciende espiritualmente al monte del conocimiento, recibe la palabra, y desciende para transmitirla mediante sus obras.

Así, el Monte Sinaí no solo pertenece a la historia de Israel, sino a la **memoria simbólica de toda la humanidad**. Es el arquetipo de la revelación moral, el modelo del lugar donde la naturaleza se convierte en santuario y el hombre, en receptor del Verbo. En la Masonería, su eco perdura como recordatorio de que el verdadero ascenso no consiste en alcanzar la altura física, sino en elevar la conciencia hasta la comprensión del deber, la justicia y la fraternidad: **la Ley viva del Gran Arquitecto escrita en el corazón del Iniciado.**

8.3.2. El Ganges (India)

El río Ganges, considerado la corriente más sagrada del hinduismo, ocupa un lugar central en la cosmovisión espiritual de la India. Nacido en los glaciares del Himalaya y desembocando en el Golfo de Bengala, su trayecto atraviesa no solo la geografía del país, sino también la geografía interior del alma india. Según la tradición, el Ganges es la manifestación terrenal de la diosa Ganga, descendida del cielo para purificar el mundo y conceder liberación a las almas.[7] (Paráfrasis)

En la mitología védica, Ganga fluye originalmente en los cielos y desciende a la tierra gracias a la penitencia del rey Bhagiratha, quien implora su ayuda para redimir las almas de sus antepasados. Este mito del descenso (avatarana) simboliza la mediación entre los mundos: el agua celeste que se encarna en la tierra para lavar las impurezas humanas. De ahí que bañarse en el Ganges no sea un simple acto de higiene ritual, sino un rito de regeneración espiritual. El creyente que se sumerge en sus aguas participa simbólicamente del retorno al origen, purificándose de las ataduras del karma y reanudando el ciclo de la vida bajo un signo de pureza.

El agua del Ganges es, para el hinduismo, una sustancia de naturaleza espiritual. No se considera meramente física, sino portadora de poder sagrado (shakti). Se dice que incluso una gota de sus aguas purifica todo lo que toca. Por eso, los templos, hogares y funerales hindúes suelen incluir agua del Ganges, y las cenizas de los difuntos se depositan en él con la convicción de que el alma encontrará el camino hacia la liberación (moksha). En este sentido, el río es al mismo tiempo fuente de vida y puerta hacia la eternidad.

El Ganges también es un escenario de rituales de tránsito: nacimientos, bodas y funerales se celebran en sus orillas, simbolizando los ciclos de existencia. La vida humana se concibe como un flujo, un continuo que, como el río, parte de la fuente divina y retorna a ella. Su curso incesante recuerda que todo lo creado está en movimiento, y que la purificación es un proceso permanente, no un acto aislado. En los ghats de Benarés (Varanasi), los fieles realizan abluciones al amanecer, mientras el sol se eleva sobre las aguas: la luz y el río se funden en un mismo acto cósmico de renovación.

Desde una lectura simbólica más amplia, el Ganges representa el principio femenino de la creación, el poder generador y compasivo del cosmos. Así como la tierra necesita del agua para fecundarse, el alma necesita de la gracia para renacer. La corriente del río se convierte en metáfora del flujo vital que atraviesa todas las cosas, el prana o aliento del universo. Beber, tocar o contemplar sus aguas equivale a participar de ese ritmo eterno.

Desde la óptica masónica, el Ganges puede comprenderse como símbolo de la purificación iniciática. Así como el creyente hindú se sumerge en el agua para limpiar su karma, el masón atraviesa los ritos de paso —la Iniciación, el Juramento, la Palabra— para desprenderse de sus impurezas interiores y elevar su conciencia. El río sagrado representa la corriente de Luz que desciende del Principio hacia el alma y asciende de nuevo por el esfuerzo moral del Iniciado.

La purificación no es aquí un fin en sí mismo, sino un proceso continuo: el trabajo de pulir la piedra bruta es equivalente al baño ritual en el Ganges. En ambos casos, se trata de eliminar lo que oscurece, de permitir que la corriente del Espíritu fluya sin obstáculos. El agua del río, al igual que la Luz del Templo, no se detiene: corre, limpia, renueva.

Asimismo, el Ganges encarna el principio de unidad en la diversidad, uno de los ideales más profundos de la Masonería. Millones de peregrinos, de distintas castas, regiones y lenguas, se reúnen en sus orillas bajo un mismo acto de purificación. El río no excluye: recibe todas las aguas. Este gesto de inclusión refleja la esencia misma del espíritu masónico, que busca la unidad del género humano en la diversidad de creencias y caminos.

En última instancia, el Ganges es el río del alma: nace en la altura del espíritu (los Himalayas), desciende a la tierra de la experiencia y retorna al océano del Ser. Así también el masón, nacido en la oscuridad de la materia, debe ascender hacia la Luz para finalmente fundirse con el principio que lo creó. En ambos casos, el viaje no es solo geográfico, sino iniciático: una travesía de purificación, conocimiento y retorno a la fuente.

Por eso, al contemplar el curso del Ganges, el Iniciado puede reconocer un símbolo de su propio camino: una corriente que limpia, guía y enseña, que une cielo y tierra, principio y fin. En sus aguas transparentes resuena la misma enseñanza del Arte Real: que toda vida auténtica es un viaje hacia la pureza y la unidad, y que el templo más sagrado no está en la orilla del río, sino en el corazón del hombre que aprende a fluir en armonía con el Gran Arquitecto del Universo.

8.3.3. El Monte Fuji (Japón)

El Monte Fuji, situado en la isla principal de Honshū, es uno de los símbolos más poderosos del alma japonesa. Con sus 3.776 metros de altura, su forma cónica perfecta y su presencia majestuosa, ha sido venerado durante siglos como símbolo de belleza, pureza y sacralidad. En el imaginario espiritual del Japón, el Fuji no es simplemente una montaña: es un ser vivo, un axis mundi, el centro donde la tierra y el cielo se comunican y donde el espíritu humano se eleva hacia lo divino.[8] (Paráfrasis)

En el marco del shintoísmo, la religión ancestral de Japón, el Monte Fuji es morada de kami, las fuerzas o presencias divinas que animan la naturaleza. En particular, se asocia a la diosa Konohanasakuya-hime, espíritu de las flores que simboliza la vida efímera y la renovación constante. Su nombre, que significa "la que hace florecer las flores de los árboles", alude a la belleza transitoria de la existencia, un principio central del pensamiento japonés. Así, el Fuji se convierte en una teofanía de la naturaleza misma, una revelación del orden sagrado que habita en lo efímero.

Con la llegada del budismo al archipiélago, la montaña adquirió además un sentido soteriológico: ascender al Fuji se convirtió en un acto de purificación y meditación. Los monjes y peregrinos budistas, al escalar sus laderas, reproducen el camino interior hacia la iluminación (satori). El ascenso, con sus estaciones rituales y oraciones, simboliza el tránsito del alma desde la ignorancia hasta la sabiduría, desde el mundo cambiante de las apariencias hasta la serenidad de la verdad interior. En la cima, donde las nubes se disipan y la vista abarca el horizonte, el peregrino experimenta la unión de los contrarios: cielo y tierra, silencio y sonido, forma y vacío.

El Monte Fuji se erige así como centro espiritual de Japón, un punto axial que ordena la geografía física y moral del país. Su imagen domina la pintura, la poesía y la espiritualidad nipona: es el reflejo visible de la armonía entre el hombre y la naturaleza, entre el deber y la contemplación. Su perfección formal, reproducida en innumerables grabados —como los de Hokusai y Hiroshige—, expresa la convicción japonesa de que la belleza natural es también una vía hacia lo sagrado: un camino estético de iluminación.

El Fuji representa, en este sentido, la ascensión espiritual a través de la armonía. No es una montaña abrupta ni amenazante, sino equilibrada y serena. Su simetría perfecta simboliza el equilibrio de los opuestos y la estabilidad del mundo interior. La nieve perpetua que corona su cima es signo de pureza y de distanciamiento del ruido del mundo: el punto donde el alma alcanza la claridad y el desapego.

Desde la lectura masónica, el Monte Fuji puede entenderse como símbolo del proceso iniciático mismo. La montaña es la representación universal del trabajo interior, del esfuerzo sostenido por elevarse desde el plano material hacia la luz del espíritu. Cada peldaño de la ascensión equivale a un grado, cada pausa una reflexión, cada paso una prueba. Así como el peregrino japonés asciende con humildad hacia la cima, el Masón asciende por los grados del conocimiento con paciencia, constancia y disciplina.

El Fuji, con su forma piramidal, recuerda también la estructura simbólica del Templo Masónico: una base amplia —el mundo profano— que se estrecha hacia el punto culminante —el Oriente, donde brilla la Luz del Gran Arquitecto del Universo—. La nieve que lo cubre representa la pureza del pensamiento y la transparencia del alma, metas del trabajo masónico. Su fuego interno, pues se trata de un volcán dormido, simboliza la energía creadora contenida, la fuerza latente que el iniciado debe aprender a dominar y dirigir hacia el bien.

En la tradición japonesa, el ascenso al Fuji no solo es un acto de devoción, sino también de comunidad: miles de peregrinos suben juntos, compartiendo silencio y esfuerzo, en un camino que combina disciplina, reverencia y fraternidad. Este aspecto comunitario tiene su eco en la Logia Masónica, donde cada Hermano asciende con los demás en un mismo espíritu de apoyo mutuo y búsqueda de perfección.

El Monte Fuji, por tanto, trasciende su condición de paisaje para convertirse en símbolo universal del ascenso del alma. Es la montaña de la armonía y del despertar, donde el hombre, al mirar hacia arriba, descubre su propio centro. Desde la perspectiva del Arte Real, representa la enseñanza de que toda elevación verdadera comienza dentro de uno mismo, y que el Templo interior, como la montaña sagrada, solo se alcanza por el trabajo perseverante, la pureza del propósito y la fidelidad al ideal de la Luz.

Así, el Fuji se une al Sinaí, al Meru y al Kailash como una de las grandes montañas del espíritu: columnas del mundo que enseñan al hombre a elevarse sin romper su vínculo con la tierra. En su silueta serena se resume la lección perenne del espacio sagrado: que la belleza, cuando es vivida con conciencia, se convierte en camino de sabiduría, y que el ascenso hacia la cima es, en realidad, el retorno al centro del corazón, donde habita el Gran Arquitecto del Universo.

8.4. Estructuras rituales

8.4.1. Stonehenge (Inglaterra)

El conjunto megalítico de Stonehenge, erigido en la llanura de Salisbury, al sur de Inglaterra, es uno de los monumentos más enigmáticos y sobrecogedores de la antigüedad. Datado entre el 3000 y el 1500 a. C., se lo asocia a las culturas del Neolítico y la Edad del Bronce, y su monumental disposición de piedras erigidas en círculos concéntricos lo ha convertido en un símbolo universal de la alianza entre tierra, cielo y ritualidad humana.[9] (Paráfrasis)

Stonehenge no fue una simple construcción funeraria o tribal, sino un espacio ceremonial cuidadosamente orientado hacia los ciclos solares y lunares. Su eje principal se alinea con el punto del amanecer durante el solsticio de verano, cuando el sol aparece exactamente sobre la piedra conocida como Heel Stone, marcando un instante de equilibrio cósmico. Esta precisión astronómica demuestra que los constructores poseían un conocimiento avanzado del movimiento celeste, y que el monumento funcionaba como observatorio sagrado, calendario ritual y santuario de renovación.

En su forma circular se reconoce el símbolo de la perfección y la totalidad, una imagen terrestre del orden celeste. Las piedras erguidas, algunas de más de 20 toneladas, fueron transportadas desde grandes distancias y dispuestas en un patrón de simetría que refleja el principio del cosmos ordenado: la piedra como permanencia, el círculo como eternidad, la luz como medida del tiempo. Así, Stonehenge no solo representaba la relación del hombre con la naturaleza, sino su participación en el ritmo del universo.

El espacio interior del círculo era probablemente un recinto reservado a ritos de paso, sacrificios o celebraciones comunitarias. Allí, bajo el curso del sol, la comunidad renovaba su vínculo con el ciclo de la vida, la fertilidad y la muerte. El sol, como principio dador de luz y energía, era el protagonista invisible del rito, y su aparición sobre el horizonte simbolizaba la victoria de la luz sobre la oscuridad. De ese modo, Stonehenge se convertía en un templo solar sin techo, donde el firmamento mismo hacía las veces de bóveda sagrada.

A lo largo de los siglos, el monumento ha sido reinterpretado por distintas tradiciones espirituales, desde los druidas de la antigüedad hasta los movimientos esotéricos modernos. En todas esas miradas, persiste la intuición de que Stonehenge no es solo un conjunto de piedras, sino un umbral simbólico: un lugar donde la tierra y el cielo dialogan, donde el tiempo lineal se suspende y la presencia de lo eterno se insinúa.

Desde la óptica masónica, Stonehenge representa uno de los arquetipos más antiguos del Templo universal. Su estructura circular evoca el principio de igualdad fraternal —ninguna piedra domina sobre las demás— y su orientación solar recuerda que toda obra humana debe alinearse con la Luz. El círculo, figura geométrica perfecta, simboliza la unidad del cosmos y la continuidad de la tradición; su centro invisible, la presencia del Principio.

Para el Masón, Stonehenge puede interpretarse como el templo primordial, anterior a toda religión institucional, donde el hombre, guiado por la observación del orden natural, aprendió a descubrir lo sagrado en la regularidad del cosmos. Cada piedra levantada por los antiguos constructores se convierte en símbolo del esfuerzo del Iniciado que, piedra a piedra, levanta su propio santuario interior conforme a las leyes de la armonía y la medida.

La orientación astronómica del monumento resuena con el simbolismo del Oriente Masónico: ambos son puntos de referencia hacia la Luz. Así como los antiguos miraban el amanecer del solsticio para renovar su pacto con la vida, el Masón mira al Oriente al abrir sus trabajos para renovar su compromiso con la Verdad. En ambos casos, la luz física es reflejo de una luz interior que guía, ordena y vivifica.

Stonehenge enseña también una lección sobre la unidad entre ciencia y espiritualidad, razón y misterio. La observación de los astros no era en los antiguos constructores una curiosidad técnica, sino una forma de veneración. En su precisión geométrica y en su orientación exacta, la arquitectura se convierte en un acto de fe: la fe en un cosmos inteligible, regido por proporciones que el hombre puede conocer y reproducir. Ese mismo espíritu inspira la Masonería, que concibe la geometría como ciencia sagrada y la arquitectura como arte moral.

En definitiva, Stonehenge es el eco de una sabiduría primordial que une observación, rito y contemplación. Es la piedra que marca el tiempo, el círculo que abraza el espacio, el altar que celebra el encuentro de la tierra con el cielo. Su silencio continúa hablando al espíritu moderno con la misma fuerza que hace milenios, recordando que el verdadero templo del hombre no tiene techo ni muros, sino que se extiende bajo la bóveda infinita del cosmos.

Y para el Iniciado, su mensaje sigue siendo claro: alinear la obra propia con el curso de la Luz, edificar en armonía con la Naturaleza, y reconocer que cada piedra erguida, cada acto justo, y cada palabra sincera son, todavía hoy, parte de ese mismo círculo sagrado trazado por el Gran Arquitecto del Universo.

8.4.2. Altares domésticos

En el mundo romano, la frontera entre lo sagrado y lo cotidiano era porosa: el hogar mismo era concebido como un microcosmos del orden divino, un pequeño templo donde la vida familiar se sostenía bajo la mirada de los dioses tutelares. Entre las múltiples expresiones de esta religiosidad íntima, los lararia —altares domésticos dedicados a los lares o espíritus protectores— representan uno de los ejemplos más elocuentes de cómo lo sagrado podía habitar en lo ordinario y transformar el espacio doméstico en ámbito de comunión y gratitud.[10] (Paráfrasis)

Los lares, junto con los penates (protectores del alimento y del fuego del hogar), eran considerados guardianes invisibles de la casa y la familia. A ellos se ofrecían diariamente libaciones, flores o incienso, en un gesto que unía devoción y continuidad. Estos altares, generalmente ubicados en el atrio o en una hornacina cercana a la cocina, consistían en pequeños nichos decorados con frescos, estatuillas o lámparas, donde se representaban las figuras tutelares en actitud protectora. En muchos casos, los lararia incluían también imágenes de los antepasados, reforzando la idea de que el hogar era un puente entre vivos y muertos, entre lo temporal y lo eterno.

El fuego del hogar, mantenido encendido en honor de los dioses, era signo visible de esa presencia sagrada. No se trataba de un culto esporádico, sino de una liturgia doméstica que acompañaba los momentos más simples de la vida: el inicio del día, las comidas, los nacimientos, los viajes o los regresos. Cada acto familiar se convertía, así, en una forma de mantener viva la relación con el cosmos y con la memoria de los ancestros.

Este sentido de sacralidad cotidiana revela una comprensión profunda del mundo antiguo: no hay espacio profano donde habite la conciencia del orden divino. El lararium era, por tanto, un templo interior y familiar, una versión en miniatura del universo. En su altar, el ciudadano romano encontraba protección, armonía y continuidad, reconociendo que su vida doméstica formaba parte del tejido espiritual del Imperio.

Desde una perspectiva simbólica, los lararia expresan el principio de inmanencia de lo sagrado: la divinidad no se limita al templo público, sino que se manifiesta en cada rincón donde el hombre actúa con reverencia. Esta idea, central en la filosofía estoica y en el pensamiento religioso romano, enseña que el respeto, la virtud y la gratitud pueden convertir cualquier espacio en altar. En ese sentido, los lares son arquetipos del espíritu protector interior, las fuerzas invisibles que custodian el equilibrio del alma y del hogar.

Desde la óptica masónica, los lararia ofrecen una enseñanza de gran profundidad: el hogar del masón —como el taller— debe ser también un espacio consagrado, donde reine la armonía, la luz y la presencia del deber moral. Así como el fuego de los lares debía mantenerse encendido, el Iniciado está llamado a mantener viva la llama de la Verdad y la Virtud, no solo en el Templo Masónico, sino en su vida diaria.

El masón aprende que el verdadero culto al Gran Arquitecto del Universo no se limita a los momentos rituales, sino que se extiende a la manera en que vive, trabaja, ama y enseña. Cada acto ético, cada palabra justa, cada gesto de bondad puede convertirse en una ofrenda. De ese modo, la casa del hombre justo se transforma, como el lararium, en un espacio sagrado donde la Luz no se apaga.

La equivalencia entre el templo público y el altar doméstico se refleja también en la estructura simbólica de la Logia: ambos reproducen el cosmos en escala humana. En la Logia, las Tres Grandes Luces y las columnas del Taller representan el orden universal; en el hogar, el amor, la justicia y la templanza sostienen la armonía familiar. El fuego de los lares y la Luz del Oriente son, en esencia, una misma llama manifestada en distintos planos.

En definitiva, los altares domésticos del mundo romano nos recuerdan que lo sagrado no necesita monumentos grandiosos: basta con un corazón dispuesto, un acto consciente, una llama encendida. La Masonería prolonga esa enseñanza en su ética del trabajo interior, enseñando que cada lugar puede convertirse en templo si se habita con reverencia. Allí donde el hombre actúa con rectitud, la presencia del Gran Arquitecto del Universo se manifiesta, silenciosa y permanente, como el fuego invisible de los antiguos lares.

8.5. Espacios temporales

8.5.1. Tiendas de ritual nativo-americanas

En las culturas indígenas de América del Norte, el espacio sagrado no estaba necesariamente vinculado a estructuras permanentes ni a muros de piedra. Su carácter nómada y cíclico se expresaba también en la forma de sus recintos rituales, entre los cuales las tiendas ceremoniales o tipis consagradas ocupaban un lugar central. Estas tiendas, levantadas para ceremonias específicas —como danzas de purificación, consejos espirituales o ritos de paso—, se concebían como espacios vivos, templos móviles donde la comunidad entraba en comunión con las fuerzas sagradas de la naturaleza.[11] (Paráfrasis)

A diferencia de los templos fijos de las civilizaciones agrícolas, la sacralidad de la tienda no dependía de la permanencia material, sino del acto ritual mismo. El tipi se consagraba mediante oraciones, cantos y el encendido del fuego central; su santidad duraba mientras duraba el rito, y al concluir se desmontaba, retornando a la tierra sin dejar huella. Este gesto encierra una profunda enseñanza espiritual: lo sagrado no reside en el objeto, sino en la presencia consciente que lo habita.

La estructura del tipi reproducía una cosmología simbólica. Su planta circular representaba el mundo y la comunidad reunida en igualdad; los palos convergentes en la cúspide aludían a la unión de las fuerzas celestes y terrestres; el fuego central actuaba como axis mundi, centro energético donde se comunicaban los planos del espíritu, de la naturaleza y del hombre. El humo que ascendía por la abertura superior era visto como una ofrenda visible, el aliento de la tierra elevándose hacia el Gran Espíritu (Wakan Tanka, Gitche Manitou o The Great Mystery según la tribu).

La orientación del tipi también tenía significado ritual. La entrada solía colocarse hacia el oriente, por donde nace el sol, símbolo de renovación y de iluminación. Con ese gesto, cada ceremonia comenzaba con el reconocimiento de la Luz como principio de vida. En su interior, los participantes se sentaban en círculo, evocando la forma del cosmos y afirmando el principio de fraternidad: nadie estaba por encima del otro, y todos compartían el calor del fuego y la palabra sagrada.

Uno de los rituales más significativos vinculados a estos espacios es la sweat lodge o "cabaña de sudor", estructura semiesférica cubierta de mantas donde se realizaban ceremonias de purificación mediante vapor. Allí, los participantes entraban en contacto con los cuatro elementos —fuego, agua, aire y tierra— y con los espíritus de los ancestros. El recinto cerrado, oscuro y caluroso simbolizaba el útero de la madre tierra, del cual el iniciado renacía espiritualmente tras la experiencia del calor y la plegaria.

En esta concepción, el espacio sagrado no es fijo, sino transitorio, cíclico y renovable. Se crea, se vive y se disuelve. La tienda ceremonial no busca desafiar el tiempo, sino armonizarse con él. Su desaparición no destruye lo sagrado: lo libera. Este sentido dinámico de la sacralidad enseña que lo divino no se encuentra en la permanencia de la forma, sino en la fidelidad del acto, en la intensidad del presente y en la pureza de la intención.

Desde la óptica masónica, esta enseñanza resuena profundamente. El Templo Masónico, aunque construido con precisión simbólica, no debe confundirse con las paredes que lo contienen. Su verdadera sacralidad depende del ritual vivo que lo anima, del trabajo espiritual que transforma a quienes participan en él. De igual modo que el tipi deja de ser sagrado cuando cesa el rito, la Logia solo es Templo cuando los Hermanos trabajan "a cubierto", con el corazón orientado al Gran Arquitecto del Universo.

La movilidad de los pueblos nativo-americanos recuerda al Masón que lo sagrado puede ser itinerante: no necesita piedra ni mármol, sino conciencia y disciplina interior. El Iniciado que lleva consigo los principios de la Verdad, la Justicia y la Fraternidad convierte cada lugar donde obra en un templo efímero pero real. Como los antiguos constructores del tipi, el masón debe aprender a erigir y desmantelar su templo interior cada día, en el ejercicio constante de la virtud, el silencio y la rectitud.

En ambos casos —la tienda sagrada y la Logia—, la forma externa es solo vehículo del espíritu. Lo esencial es el fuego que arde en el centro: el fuego de la palabra, de la intención, del trabajo interior. Allí reside la auténtica sacralidad, que no depende del tiempo ni del lugar, sino de la conciencia con que se enciende la Luz.

Así, las tiendas de ritual nativo-americanas nos legan una lección profunda: que el verdadero templo es el que puede levantarse en cualquier parte del mundo, siempre que haya hombres dispuestos a invocar la unidad, la pureza y la sabiduría. En su aparente simplicidad, anticipan la gran enseñanza masónica: que la forma es transitoria, pero el espíritu que la anima es eterno.

8.5.2. Altar efímero del Día de Muertos (México)

El altar del Día de Muertos constituye uno de los ejemplos más ricos y conmovedores de espacio sagrado efímero en la cultura contemporánea. Cada año, entre el 1 y el 2 de noviembre, los hogares, escuelas y plazas de México se transforman en templos temporales dedicados a la memoria de los difuntos. En ellos, lo sagrado irrumpe en lo cotidiano: los muertos "regresan" por unas horas, y el tiempo ordinario se suspende para dar paso al encuentro entre dos mundos.[12] (Paráfrasis)

La tradición tiene raíces prehispánicas y cristianas, fundiendo antiguos rituales mesoamericanos de veneración a los antepasados con la conmemoración católica de Todos los Santos y los Fieles Difuntos. El resultado es un rito de síntesis cultural y espiritual, en el que la muerte no es concebida como negación de la vida, sino como continuidad transformada. En el altar, el pasado y el presente, la materia y el espíritu, lo visible y lo invisible, coexisten en equilibrio.

El altar doméstico se erige generalmente con niveles —dos, tres o siete— que representan los planos de la existencia o los grados de elevación del alma. Sobre él se disponen elementos cargados de simbolismo ritual:

- **Las velas**, que iluminan el camino de regreso del difunto y simbolizan la luz de la conciencia;

- **El agua,** que calma la sed del espíritu y representa la purificación;

- **El pan de muerto**, símbolo del cuerpo y de la comunión entre vivos y muertos;

- **Las flores de cempasúchil**, cuyo color y aroma guían el tránsito del alma;

- **La sal**, que preserva y purifica;

- **La comida favorita del difunto**, signo de afecto y recuerdo;

- **Las calaveras**, recordatorio del carácter cíclico de la vida;

- Y, finalmente, **la fotografía del ser recordado**, presencia tangible de la ausencia.

El conjunto constituye una cosmografía simbólica: el altar no es solo homenaje, sino puente entre el mundo visible y el invisible. Durante esos días, el hogar se convierte en espacio de mediación, donde los vivos honran a sus muertos y los muertos, a su vez, bendicen a los vivos. Esta reciprocidad espiritual confiere al rito un carácter profundamente humano y metafísico: celebrar la vida a través de la memoria de la muerte.

La efimeridad del altar es parte esencial de su sentido. Se levanta con esmero y devoción, permanece unos días y luego se desmonta. Su desaparición no representa pérdida, sino cumplimiento del ciclo. Al igual que el fuego que arde y se apaga, el altar enseña que toda forma es transitoria, pero el vínculo espiritual permanece. Esa lección —la permanencia de lo invisible frente a la fragilidad de lo visible— es una de las verdades universales del símbolo.

El Día de Muertos convierte el hogar y la comunidad en templos vivos de la memoria. La casa se vuelve santuario; la mesa, altar; la palabra, oración. En ese gesto, lo profano se transfigura en sagrado: lo cotidiano se ilumina. El acto de recordar se transforma en rito de amor, en reconocimiento de la continuidad del alma más allá del tiempo.

Desde la óptica masónica, el altar del Día de Muertos encierra una enseñanza profunda. La Masonería también honra a los que han partido, reconociendo que la muerte no interrumpe la cadena iniciática, sino que la prolonga en otro plano. En cada Tenida Fúnebre, los Hermanos recuerdan que el verdadero templo no se derrumba con el cuerpo, porque el espíritu, al abandonar la materia, retorna a la Luz de donde proviene.

El altar efímero simboliza, así, el templo interior del recuerdo, construido con amor y desmontado con serenidad. Enseña que la verdadera inmortalidad no consiste en perpetuar la forma, sino en mantener viva la llama de la memoria y de la virtud. Cada vela encendida en el altar es un eco del fuego sagrado que arde en el corazón del masón: la Luz que ni el tiempo ni la muerte pueden apagar.

Además, el carácter comunitario del rito —familias enteras reunidas para construir, orar y compartir— refleja la esencia misma del trabajo en Logia: unir generaciones en torno a la Luz, mantener viva la fraternidad más allá de las edades y celebrar la continuidad del espíritu en el gran ciclo de la existencia.

En definitiva, el altar del Día de Muertos es un templo que nace del amor y del recuerdo, un espacio donde el tiempo se detiene y la eternidad se hace tangible. Su efimeridad no le resta fuerza; al contrario, la intensifica. Nos recuerda que todo lo sagrado en este mundo —la vida, la belleza, la virtud, la fraternidad— es pasajero en su forma, pero eterno en su esencia.

Desde la mirada del Arte Real, este altar es una lección de sabiduría: honrar lo que fue, iluminar lo que es y confiar en lo que será. Porque, como enseña la Masonería, nada verdaderamente puro se extingue: solo se transforma y retorna, como la llama que vuelve a encenderse, en el ciclo incesante de la Luz del Gran Arquitecto del Universo.

8.6. Proyección masónica

La Masonería, como heredera viva de las antiguas tradiciones de sabiduría, recoge y sintetiza en su propio sistema simbólico las enseñanzas universales de los espacios sagrados a lo largo de la historia. Cada ejemplo estudiado —ya provenga de un templo, una catedral, una montaña o un altar efímero— contiene una clave que el Iniciado aprende a reconocer y a reproducir en su propio trabajo interior.

• **Del Templo de Jerusalén**, la Masonería toma la estructura simbólica de su Logia: el oriente y el occidente, el altar central, las columnas, el pavimento mosaico. Todo en ella evoca la triple jerarquía del espacio sagrado —el atrio, el lugar santo y el Santo de los Santos—, que se traduce en los grados de Aprendiz, Compañero y Maestro. En ese diseño arquitectónico vive la pedagogía del alma: el progreso gradual hacia la Luz, la reconstrucción del templo interior de la conciencia y la búsqueda del Nombre perdido, símbolo del conocimiento supremo del Gran Arquitecto del Universo.

• **De las catedrales góticas**, hereda la sabiduría de los constructores y su visión del cosmos como un libro de piedra. El masón, como el antiguo cantero, trabaja sobre la materia bruta de su ser para convertirla en forma proporcionada y luminosa. Su Logia es una catedral moral donde la luz del Oriente reemplaza los vitrales, y donde el trabajo colectivo expresa la armonía entre la ciencia, la fe y la belleza. Cada columna levantada, cada palabra pronunciada en silencio, es una piedra colocada en la gran obra espiritual del mundo.

• **De los santuarios naturales**, la Masonería aprende que lo sagrado puede manifestarse en lo simple y en lo natural: en una montaña, un río o un amanecer. Así como el Monte Sinaí, el Ganges o el Fuji revelan la presencia de lo divino en la naturaleza, la Logia enseña que el templo más puro es el corazón humano dispuesto a recibir la Luz. El verdadero Iniciado es aquel que, sin necesidad de ornamentos, reconoce el orden del Gran Arquitecto en el ritmo de los días, en la regularidad de los astros y en la ley moral que rige la creación.

• **De los espacios temporales**, la Masonería extrae la lección más profunda: lo sagrado no depende de la permanencia material, sino de la intención consagrante y del rito vivo. El altar efímero del Día de Muertos, las tiendas sagradas de los pueblos nativo-americanos o las carpas del Tabernáculo mosaico recuerdan que la santidad no es propiedad de las piedras, sino de los corazones que oran, trabajan y se elevan en ellas. Así también, la Logia Masónica existe como templo solo mientras los Hermanos se reúnen en fraternidad y sus actos reflejan la Luz interior que los anima.

Por eso, cada Logia masónica, al reunirse y consagrarse, se convierte en un "Stonehenge vivo" o en un "altar efímero": un espacio que cobra realidad únicamente cuando el rito se celebra, cuando las palabras se pronuncian con intención pura y cuando la comunión espiritual transforma el recinto en santuario. Cuando las Tres Grandes Luces se abren y el Venerable Maestro declara los trabajos comenzados, el espacio ordinario se transfigura en templo del alma; el tiempo profano cesa, y el silencio ritual revela la presencia del Principio.

El Templo Masónico es, por tanto, síntesis de todos los espacios sagrados del mundo: une la permanencia del Templo de Jerusalén con la geometría viva de las catedrales, la pureza del monte y del río con la humildad del altar efímero. En su interior, cada masón aprende que la obra exterior es solo reflejo de la interior, y que la consagración más alta no consiste en levantar piedras, sino en levantar la conciencia.

Cuando la Logia cierra sus trabajos y las luces se apagan, el espacio vuelve a ser profano, pero el Iniciado lleva consigo el eco del templo que ha habitado. Ese eco es la voz de la conciencia que le recuerda que lo sagrado no está solo en el recinto, sino en su propia alma. Y mientras la chispa de esa Luz permanezca viva, cada palabra, cada acción y cada día de su vida serán —como los antiguos altares y los templos de piedra— una ofrenda al Gran Arquitecto del Universo.

8.7. Conclusión

Los ejemplos de espacios sagrados a lo largo de la historia y de las culturas revelan la infinita creatividad del espíritu humano en su búsqueda de lo divino. Cada civilización ha plasmado su anhelo de trascendencia según su tiempo, su tierra y su lenguaje simbólico: desde las montañas donde descendía la voz del cielo hasta los ríos donde las almas buscaban purificación; desde los templos de piedra eterna hasta los altares efímeros que se desvanecen con el amanecer. Todos ellos, en su diversidad de formas y materiales, expresan una misma aspiración: convertir el mundo en morada de lo sagrado.

En cada uno de estos lugares —ya sea una catedral gótica o una tienda de ceremonia, un círculo megalítico o una humilde mesa familiar— late el mismo principio: el deseo de comunión entre lo humano y lo divino, entre la tierra que sostiene y el cielo que inspira. Allí donde el hombre eleva su pensamiento, su palabra o su trabajo con reverencia, lo profano se interrumpe, el tiempo se detiene y el espacio se ilumina. Así, lo sagrado no es tanto una categoría fija como una experiencia viva, un acontecimiento del espíritu que puede manifestarse en cualquier sitio donde haya conciencia y propósito.

La Masonería, heredera y síntesis de esa tradición universal, perpetúa en su Templo el legado de todos los espacios sagrados. Su arquitectura simbólica encierra la memoria de los antiguos constructores, de los sabios sacerdotes y de los peregrinos de todas las épocas. En la Logia, el círculo solar de Stonehenge se une a la geometría del Partenón, la verticalidad del Sinaí a la luz de Chartres, la pureza del Ganges a la quietud del Monte Fuji, y la humildad del altar efímero al silencio ritual del Taller. Cada uno de esos símbolos converge en un mismo propósito: transmutar el espacio exterior en espacio interior, el recinto visible en templo del alma.

En el acto de abrir los trabajos, el Masón reproduce el gesto ancestral de consagrar el lugar y separar lo sagrado de lo profano. En el rito, la palabra y el silencio se unen para recrear el orden del cosmos; en la disposición del templo, la geometría refleja el equilibrio del universo; en el trabajo interior, el alma se purifica como el río sagrado, se eleva como la montaña, se ilumina como el vitral. Todo en la Logia apunta hacia una única enseñanza: el espacio sagrado no está fuera, sino dentro; no se hereda, se construye; no se encuentra, se revela.

Así, la Masonería demuestra que la verdadera santidad no depende de la permanencia de las piedras, sino de la constancia de la Luz que el Iniciado mantiene viva en su corazón. Su Templo, como los de todas las culturas, es un microcosmos donde el universo se refleja en el orden, la proporción y el silencio. Allí, lo humano se vuelve digno de lo divino, y lo divino se hace accesible a lo humano.

En definitiva, el estudio del Espacio Sagrado nos conduce a una certeza iniciática: toda obra elevada con intención pura, toda búsqueda sincera de verdad, toda reunión fraternal bajo la Luz, constituye un templo. Porque el espacio sagrado no es un lugar, sino un estado del ser. Y cuando el masón trabaja con rectitud, medita con sabiduría y ama con justicia, su propia alma se convierte en el Templo vivo del Gran Arquitecto del Universo.

Notas y Referencias

1. Eliade, M. (1998). Lo sagrado y lo profano. Barcelona: Paidós.
2. Haran, M. (1978). Temples and Temple-Service in Ancient Israel. Oxford: Clarendon Press.
3. Burkert, W. (1985). Greek Religion. Cambridge, MA: Harvard University Press.

4. Grabar, O. (1987). The Formation of Islamic Art (rev. ed.). New Haven: Yale University Press.

5. Panofsky, E. (1951). Gothic Architecture and Scholasticism. New York: Meridian Books.

6. Roitman, A. D. (2012). Del Tabernáculo al Templo: La historia del culto en Israel. Madrid: Ediciones Istmo.

7. Eck, D. L. (2012). India: A Sacred Geography. New York: Harmony Books.

8. Breen, J., & Teeuwen, M. (2010). A New History of Shinto. Chichester: Wiley-Blackwell.

9. Parker Pearson, M. (2012). Stonehenge: Exploring the Greatest Stone Age Mystery. London: Simon & Schuster.

10. Beard, M., North, J., & Price, S. (1998). Religions of Rome (Vol. 1). Cambridge: Cambridge University Press.

11. Gill, S. D. (1982). Native American Traditions: Sources and Interpretations. Belmont, CA: Wadsworth.

12. Brandes, S. (1998). Iconography in Mexico's Day of the Dead: Origins and Meaning. Ethnohistory, 45(2)

Segunda Parte

El Espacio Sagrado en la Masonería

Aquí se aborda la manera en que la Masonería ha heredado, transformado y custodiado la idea del Espacio Sagrado, vinculándola con su simbolismo, leyendas y tradiciones iniciáticas.

El tránsito hacia esta segunda parte representa el paso del estudio comparado de las religiones y culturas —la mirada exterior sobre los templos del mundo— hacia la contemplación interior del Templo Masónico como continuidad viva de esa tradición universal. Si la primera parte mostró cómo el hombre ha buscado lo divino a través de montañas, ríos, templos o altares, esta segunda explora cómo la Masonería recoge todos esos símbolos para reconstruir el santuario en el corazón del Iniciado.

En el Templo Masónico, lo arquitectónico y lo espiritual se funden. Cada elemento —las columnas, el Oriente, el Altar, el pavimento mosaico— obedece a una geometría que no solo ordena el espacio físico, sino que traduce leyes metafísicas. Allí, el rito sustituye al dogma, y el símbolo reemplaza a la palabra doctrinal: el Iniciado aprende no mediante afirmaciones, sino a través de la experiencia del silencio, la luz y la medida.

El espacio masónico, como el de los antiguos templos, no se limita a la piedra ni a la arquitectura; es un espacio consagrado por la intención y el trabajo. Su sacralidad no proviene del edificio, sino de la reunión de los Hermanos bajo la invocación del Gran Arquitecto del Universo, cuya presencia invisible transforma el lugar en santuario. De ahí que el Templo Masónico pueda levantarse en cualquier sitio donde reine la armonía, el orden y la búsqueda de la Verdad.

La Masonería especulativa, nacida de los antiguos gremios de constructores y enriquecida por el humanismo y la filosofía del siglo XVIII, no destruye el concepto tradicional de lo sagrado: lo espiritualiza. En ella, el templo deja de ser una estructura externa para convertirse en una obra interior, una edificación moral y simbólica que cada Iniciado

147

construye en sí mismo mediante el trabajo de la piedra bruta y el perfeccionamiento de la conciencia.

Así, el estudio del Espacio Sagrado dentro de la Masonería no es solo una indagación histórica o simbólica, sino una vía de autoconocimiento. Comprender la Logia como microcosmos es reconocer que el universo entero está contenido en el alma del hombre, y que al consagrar su vida al bien, a la verdad y a la fraternidad, el Masón convierte su existencia en un templo invisible pero real.

El Templo Masónico es, por tanto, el punto donde convergen todas las tradiciones estudiadas en la primera parte: la verticalidad del monte, la pureza del agua, la orientación del sol, la geometría del cosmos y la fugacidad del altar efímero. Cada uno de esos símbolos revive en la Logia, que, al abrir sus trabajos, actualiza el misterio universal del Espacio Sagrado.

Entrar en el Templo es ingresar en otro orden del ser: dejar atrás el ruido del mundo para escuchar el silencio del alma. Allí, el tiempo profano cesa, la palabra se convierte en Luz, y el lugar se transforma en vía. Esa es la herencia que la Masonería ha recibido y que continúa custodiando: la certeza de que el espacio sagrado no se hereda ni se conquista, sino que se construye y se habita, piedra a piedra, virtud a virtud, bajo la mirada eterna del Gran Arquitecto del Universo

CAPÍTULO IX

El Espacio Sagrado en la Masonería y sus Características

9.1. Introducción

Para la Masonería, el Templo no es un simple salón de reuniones ni una construcción administrativa: es, ante todo, un espacio sagrado, un ámbito consagrado, orientado simbólicamente y vivificado por el rito, donde la comunidad masónica realiza su trabajo moral, intelectual y espiritual. Allí, cada gesto, palabra y silencio adquiere un sentido preciso, porque el Templo no se limita a albergar la ceremonia: es la ceremonia misma en su dimensión espacial. Todo en él —la orientación, las luces, el orden, los símbolos— está dispuesto para elevar la conciencia del Iniciado y recordarle que el Arte Real no es solo enseñanza, sino transformación interior.[1],[4],[6] (Paráfrasis del autor a partir de las obras citadas)

Desde los monitores clásicos de William Preston y Thomas Smith Webb, la Logia es descrita como una "representación simbólica del Templo de Salomón", y sus trabajos, como una continuación del esfuerzo moral de los antiguos constructores. Preston afirmaba que el Templo masónico debía concebirse como una "figura del universo", donde el Iniciado aprende las proporciones del orden divino a través de la práctica de la virtud. Webb, por su parte, subrayó la dimensión pedagógica del espacio ritual, al mostrar que cada instrumento y cada punto cardinal son lecciones vivas del deber moral y de la fraternidad universal.

En la literatura masónica posterior, especialmente en los tratados enciclopédicos de Albert G. Mackey, se reafirma que la Logia cumple una triple función: es lugar físico de reunión, templo simbólico de sabiduría y ámbito espiritual de perfeccionamiento moral. Como lugar físico, se consagra y dispone conforme a reglas tradicionales que remiten al simbolismo bíblico y a la geometría sagrada; como templo simbólico, reproduce el microcosmos del universo y enseña al Iniciado la correspondencia entre el orden externo y el interno; y como ámbito espiritual, se convierte en el laboratorio moral donde el hombre trabaja sobre sí mismo, puliendo su piedra y elevando su conciencia hasta hacerla digna de la Luz.

El espacio masónico es, por tanto, heredero directo del espacio sagrado universal estudiado en las culturas antiguas. Al igual que los templos de Egipto, Grecia o Jerusalén, la Logia está orientada hacia el Oriente, símbolo del lugar donde nace la Luz y donde el espíritu encuentra su fuente. Como en las catedrales medievales, su estructura interior refleja un orden cósmico; y como en las tiendas rituales de los pueblos nómadas o los altares efímeros de las tradiciones populares, su sacralidad depende no de los materiales, sino de la presencia viva del rito y de la intención consagrante.

En la apertura de los trabajos, cuando el Venerable Maestro invoca al Gran Arquitecto del Universo y declara el Taller "a cubierto", el espacio ordinario se transforma en santuario. En ese instante, la Logia deja de ser un recinto profano y se convierte en un microcosmos espiritual, un espejo del orden universal donde cada Hermano ocupa su lugar conforme a una ley de armonía. El Oriente representa la fuente de la sabiduría; el Occidente, la experiencia y la madurez; el Sur, la vitalidad y la acción; y el Norte, el silencio fecundo donde la Luz aún no ha llegado.

El Templo masónico es, en suma, una síntesis viva de la tradición universal del espacio sagrado, reinterpretada a la luz del simbolismo iniciático. En él, el Iniciado no solo contempla los signos del cosmos, sino que los recrea en su interior, comprendiendo que la verdadera edificación no se levanta con piedra ni con madera, sino con actos de virtud, pensamientos de justicia y obras de fraternidad. El templo visible es el reflejo del invisible; el rito, la llave que lo abre; y el silencio, la piedra angular sobre la que se edifica la comunión del alma con la Verdad.

Así, el estudio del espacio sagrado en la Masonería revela una continuidad ininterrumpida entre los templos de la humanidad y el templo del espíritu. En la Logia, el pasado no se repite: se actualiza. Cada apertura, cada palabra y cada marcha son modos de revivir el misterio del cosmos y de recordar que, mientras exista un corazón masónico dispuesto a trabajar en la Luz, el templo del Gran Arquitecto seguirá erigiéndose, invisible y eterno, en el centro mismo de la conciencia humana.

9.2. Consagración y separación

La consagración del Templo Masónico constituye uno de los actos más solemnes de la tradición iniciática. No se trata de un simple ceremonial de apertura institucional, sino de un rito de transfiguración que establece la separación entre el espacio profano y el sagrado, determinando que el recinto, a partir de ese momento, se destine exclusivamente a fines rituales, simbólicos y morales. Desde ese instante, el Templo deja de pertenecer al mundo ordinario y pasa a formar parte del dominio del símbolo: se convierte en una morada simbólica del Gran Arquitecto del Universo.[3],[6] (Paráfrasis)

En la Masonería regular, este proceso se realiza mediante tres actos complementarios: consagración, dedicación e instalación. La consagración purifica y eleva el espacio, reconociéndolo como lugar apto para los trabajos espirituales del Arte Real. La dedicación lo orienta a los fines específicos del Rito y a las virtudes que lo sostienen: la Sabiduría, la Fuerza y la Belleza. Y la instalación, que puede referirse tanto al Templo como a sus dignatarios, consagra la autoridad moral de quienes habrán de custodiar su sacralidad. Estos ritos, aunque varían según la jurisdicción o el Rito practicado, comparten una estructura simbólica universal: el acto ritual como medio de instaurar lo sagrado en un espacio previamente neutro o profano.

Durante la ceremonia, la Logia es consagrada mediante símbolos de purificación y vida —el agua, el vino, el aceite y el maíz— que representan los elementos de la naturaleza y las virtudes del espíritu. La aspersión del agua limpia y renueva; el vino evoca la alegría del trabajo fraternal; el aceite unge y santifica; y el maíz simboliza la abundancia y la fecundidad espiritual que debe florecer en el seno del Taller. En su conjunto, estos actos restauran el vínculo entre la tierra y el cielo, actualizando el pacto primordial entre el hombre y el Principio.

La separación del espacio profano no tiene carácter excluyente ni jerárquico, sino pedagógico: busca generar en el Iniciado un cambio de estado de conciencia. Al cruzar el umbral del Templo, el Hermano deja atrás las preocupaciones del mundo exterior y entra en el ámbito del símbolo, donde cada palabra y cada silencio adquieren valor de sacramento moral. Es el mismo principio que Mircea Eliade identifica en la fenomenología del espacio sagrado: "lo sagrado se manifiesta como una ruptura de nivel en el espacio profano; lo que era homogéneo se vuelve heterogéneo, cargado de una cualidad distinta".[6] (Paráfrasis)

El rito de consagración masónica, por tanto, no crea el espacio físico, sino que revela su dimensión espiritual. La Logia no se edifica solo con materiales visibles, sino con actos, palabras y voluntades. Es el gesto consagrante —la invocación, el signo, el juramento— lo que hace del recinto un santuario. Allí donde se pronuncia el nombre del Gran Arquitecto, donde se abre el Libro de la Ley Sagrada y se encienden las Tres Grandes Luces, el espacio se convierte en reflejo del orden divino.

Este proceso tiene, además, una resonancia interior: la consagración del Templo exterior simboliza la consagración del templo interior del Iniciado. Así como las paredes se purifican y orientan, también el alma debe limpiarse de las impurezas del mundo profano y disponerse al trabajo de perfeccionamiento. La separación entre el espacio profano y el sagrado corresponde al paso de la dispersión a la unidad, de la confusión al orden, del ruido al silencio.

La ceremonia masónica, en consecuencia, reproduce el arquetipo universal de la creación del mundo: separar la luz de las tinieblas, el orden del caos, el centro de la periferia. En el acto de consagrar, el Masón participa de ese gesto divino, trazando límites que no excluyen, sino que iluminan. La Logia consagrada no se aísla del mundo: lo refleja. Su sacralidad no consiste en retirarse de la vida, sino en recordar a los hombres que todo espacio puede ser elevado si se habita con conciencia, respeto y propósito moral.

Por eso, cada vez que los Hermanos se reúnen "a cubierto", repiten en miniatura el acto primordial de la consagración. La Logia vuelve a nacer como templo del espíritu, y el Iniciado vuelve a atravesar el umbral de la Luz. Así, el acto ritual de consagrar y separar deja de ser una formalidad y se convierte en una metáfora viva del proceso iniciático mismo: el paso de lo profano a lo sagrado, de la ignorancia al conocimiento, de la dispersión al centro.

9.3. Orientación y eje del Oriente

La orientación del Templo Masónico no responde a una disposición arbitraria, sino a una tradición milenaria que vincula la Luz con el Oriente, el lugar donde nace el Sol y donde el espíritu se eleva hacia su principio. Desde las civilizaciones antiguas, la dirección Este–Oeste ha simbolizado el eje de la vida y de la resurrección: el amanecer marca el inicio de la creación y el despertar de la conciencia. Esta orientación sagrada, asumida por la Masonería, convierte al Oriente en el centro axial del Templo, punto de referencia de toda jerarquía, movimiento y enseñanza.[1, 2, 7] (Paráfrasis)

En el Oriente Masónico se sienta el Venerable Maestro, imagen del Sol naciente y del principio de la Sabiduría. No lo hace por dignidad administrativa, sino por razón simbólica: representa la fuente de la Luz que ilumina al Taller. Desde allí se pronuncian las palabras que ordenan el trabajo, se abren y cierran los trabajos, y se confieren los signos y las enseñanzas. El Oriente es, por tanto, el punto de emanación de la palabra creadora, así como en la cosmogonía de múltiples tradiciones la Luz surge del verbo divino.

La disposición Este–Oeste del Templo Masónico reproduce la geometría sagrada presente en templos egipcios, griegos, cristianos y hebreos. En todos ellos, el acceso se situaba al Occidente, de modo que el peregrino o el iniciado avanzara hacia la Luz del Oriente: un recorrido que simboliza el paso del estado de ignorancia al de conocimiento, de las sombras al esclarecimiento. En la Logia, este movimiento se reitera en los viajes rituales, donde el candidato progresa simbólicamente desde el Occidente —reino de la oscuridad profana— hacia el Oriente, sede de la iluminación espiritual.[1, 2] (Paráfrasis)

El eje Oriente–Occidente constituye, por tanto, el eje iniciático de la Logia, mientras que el eje Norte–Sur representa la dualidad de las fuerzas complementarias: la oscuridad y la luz, la receptividad y la acción, el silencio y la palabra. El cruce de ambos ejes da lugar al centro, punto de equilibrio donde se sitúa el Altar de los Juramentos o el Libro de la Ley Sagrada. Ese cruce es el axis mundi masónico, la intersección entre el plano horizontal de la existencia y el plano vertical del espíritu. Allí, el hombre y lo divino se encuentran en una relación de reciprocidad y armonía.

Desde el punto de vista arquitectónico y simbólico, la orientación masónica mantiene viva la convicción universal de que el orden del templo debe reflejar el orden del cosmos. Así como los antiguos egipcios alineaban sus templos con los solsticios o las estrellas, o como las catedrales góticas se orientaban hacia el sol naciente del equinoccio, la Logia reproduce en su estructura el ritmo solar, estableciendo con ello una correspondencia entre el espacio ritual y el tiempo cósmico. En este sentido, el Templo Masónico es un calendario espiritual, donde cada apertura de trabajos representa un nuevo amanecer de la conciencia.

En los sistemas rituales de Preston y Webb, el Oriente es el lugar del conocimiento y del gobierno moral. Preston afirmaba que "el Este es la fuente de la luz y de la ciencia", pues de allí proviene la instrucción que debe ser comunicada a los Hermanos. Webb, en su Freemason's Monitor, describió al Venerable Maestro como aquel que preside "en el lugar donde surge la luz, para difundirla sobre el Taller con sabiduría y justicia".[1],[2](Paráfrasis) En ambos casos, la orientación no es geográfica, sino pedagógica: marca el sentido de la enseñanza y del progreso espiritual.

El Oriente, en la Masonería, encarna también una realidad metafísica. Representa el principio, el centro de la emanación, el punto donde la Luz del Gran Arquitecto del Universo penetra en el mundo y ordena el caos. Por eso, cuando el Masón se vuelve hacia el Oriente, no mira hacia un punto cardinal, sino hacia un estado del ser: el de la claridad interior, la verdad y el equilibrio. La reverencia al Oriente no es un gesto exterior, sino un acto de alineación espiritual con la fuente de toda sabiduría.

Así, la orientación del Templo Masónico es a la vez geográfica, simbólica y moral. Geográfica, porque sigue el curso solar; simbólica, porque refleja el orden cósmico; y moral, porque enseña al Iniciado a dirigir su vida hacia la Luz. En ese orden, el Templo se convierte en un espejo del universo y en una escuela de orientación interior. Cada vez que el Hermano entra al Taller y se sitúa bajo la mirada del Oriente, recuerda que el camino hacia la perfección no se recorre fuera, sino dentro: hacia el punto donde el sol del espíritu nunca se pone.

9.4. Elementos simbólicos principales del Templo

9.4.1. El Altar y el Volumen de la Ley Sagrada (VLS)

En la mayoría de las jurisdicciones regulares, el Altar Masónico ocupa el centro operativo y espiritual del Templo durante los trabajos. No es un mueble decorativo ni un elemento incidental, sino el punto de convergencia donde se cruzan los ejes simbólicos Oriente–Occidente y Norte–Sur, configurando el corazón del microcosmos masónico. Allí, sobre una superficie sagrada y delimitada, se coloca el Volumen de la Ley Sagrada (VLS), acompañado por la Escuadra y el Compás, formando las Tres Grandes Luces de la Masonería: la Verdad revelada, la rectitud moral y la medida universal del espíritu.[3],[8] (Paráfrasis)

El Altar, en su raíz etimológica (del latín altus, "elevado"), designa el lugar donde el hombre eleva su ofrenda a lo divino. En la Masonería, esa elevación se traduce en el acto consciente de consagrar el trabajo moral al Gran Arquitecto del Universo. No se ofrecen víctimas ni incienso, sino pensamientos puros, palabras justas y obras rectas. Por ello, el Altar es el símbolo del pacto entre el cielo y la tierra, entre el principio trascendente y el hombre que aspira a imitar su orden y su justicia.

El Volumen de la Ley Sagrada, colocado sobre el Altar, representa la presencia de la Palabra, el principio de sabiduría que rige la conciencia humana. Su denominación varía según la tradición o la confesión predominante —Biblia, Corán, Torá, Bhagavad-Gītā—, pero su función es siempre la misma: ser fuente de Luz moral y regla de conducta, el testimonio de que el trabajo masónico se realiza "a la vista del Eterno".[3],[8] (Paráfrasis) En las jurisdicciones anglosajonas, la expresión Volume of the Sacred Law enfatiza el carácter universal de esta presencia: no se trata de imponer una fe, sino de afirmar que todo trabajo en la Logia debe fundarse en la creencia en una Ley superior que ordena el universo y la conciencia del hombre.

La Escuadra y el Compás, situados sobre el VLS, completan la tríada simbólica del Altar. La Escuadra recuerda al Masón la necesidad de ajustar sus actos a la rectitud y la justicia; el Compás le enseña a contener sus pasiones dentro de los límites de la razón y la virtud. En conjunto, las Tres Grandes Luces representan la unión del espíritu, la mente y la acción: la Palabra como principio de sabiduría, la Escuadra como medida del obrar, y el Compás como límite de la voluntad.

El centro del Templo, donde se erige el Altar, es también el lugar de los juramentos y de las iniciaciones. Allí el Candidato promete fidelidad a los principios eternos del Arte Real, poniendo su mano sobre el Volumen de la Ley Sagrada. Este acto simboliza la alianza entre el hombre y la Verdad, la unión entre la palabra dada y la Palabra divina. No se trata de una sumisión exterior, sino de un compromiso interior: el reconocimiento de que toda moral auténtica nace del respeto a una Ley superior, más allá de la voluntad humana.

Desde el punto de vista fenomenológico, el Altar cumple la misma función que los centros sagrados de las religiones antiguas: es el axis mundi del espacio masónico, el punto donde el cielo y la tierra se encuentran. Así como en el Tabernáculo de Moisés el Arca de la Alianza era el trono invisible de la presencia divina, en la Logia el Altar representa el lugar de manifestación del Principio. La diferencia está en el lenguaje: allí donde antes se veneraba con rito sacerdotal, el Masón venera con silencio, meditación y trabajo.

En su dimensión moral y filosófica, el Altar enseña que el trabajo del Masón no comienza ni termina en el rito, sino que debe prolongarse en la vida diaria. El libro sobre el Altar no se abre solo para ser leído, sino para ser vivido. La Escuadra no mide piedras, sino acciones; el Compás no traza figuras, sino límites del alma. Por ello, el Altar Masónico es una escuela de interioridad, donde el hombre aprende que toda construcción exterior —sea templo o sociedad— depende primero del templo que edifique dentro de sí.

El Altar, el VLS, la Escuadra y el Compás son, así, las fuentes visibles de la Luz invisible. Juntos expresan la convicción central de la Masonería: que la moral, la sabiduría y la fraternidad no se improvisan, sino que se fundan en principios eternos, universales y revelados al espíritu que busca sinceramente la Verdad.

Cada vez que la Logia se abre y se encienden las Tres Grandes Luces, el Altar se convierte nuevamente en centro del universo simbólico, recordando a los Hermanos que, más allá de la arquitectura, el espacio verdaderamente sagrado es aquel donde la Palabra, la Justicia y la Medida se unen para manifestar la presencia del Gran Arquitecto del Universo.

9.4.2. Las Columnas del Pórtico: J∴ y B∴

Las Columnas del Pórtico, designadas tradicionalmente como J∴ y B∴, constituyen uno de los símbolos más antiguos y reconocibles del Templo Masónico. Situadas a la entrada del recinto, reproducen las dos grandes columnas descritas en el relato bíblico de la construcción del Templo de Salomón (I Reyes 7:15–22; II Crónicas 3:15–17), levantadas por Hiram Abif. En la Masonería, estas columnas no son meros ornamentos arquitectónicos: son guardianas del umbral, signos visibles del paso de lo profano a lo sagrado y emblemas de las fuerzas que sostienen el orden universal.[3],[9]   (Paráfrasis)

En la tradición masónica, la columna del lado derecho, J∴, se asocia a la palabra hebrea Jachin, que significa "Él establecerá" o "Él afirmará", y representa el principio de la estabilidad. La columna del lado izquierdo, B∴, deriva de Boaz, "en Él está la fuerza", y simboliza el principio del poder y la firmeza. Juntas encarnan la dualidad complementaria que estructura toda manifestación: fuerza y estabilidad, energía y forma, acción y equilibrio. Su función es doble: sostener y delimitar, afirmar y contener. En su unión, el Iniciado reconoce la armonía de los contrarios que hace posible la edificación del Templo interior.

Las Columnas J∴ y B∴ no solo marcan el acceso físico al Templo, sino también el umbral espiritual que el Candidato debe cruzar para ingresar al dominio de la Luz. El espacio que las separa simboliza el portal de la iniciación, el instante en que el hombre abandona la ignorancia del mundo profano para entrar en el orden simbólico del conocimiento. Así como en el relato bíblico los sacerdotes pasaban entre las columnas para acceder al santuario, el Iniciado atraviesa este pórtico en su tránsito hacia la conciencia iluminada.

Desde el punto de vista arquitectónico y cósmico, las dos columnas representan los pilares del mundo, imagen que se encuentra en múltiples tradiciones. En Egipto, los templos eran flanqueados por obeliscos gemelos que simbolizaban la entrada al reino solar. En la Cábala hebrea, los dos pilares —Jachin y Boaz— corresponden a los pilares de la misericordia y del rigor del Árbol de la Vida, cuyas energías opuestas se equilibran en la columna central del equilibrio. En la Masonería, este equilibrio se realiza en el centro del Templo, donde la Luz del Oriente reconcilia ambas potencias.

En el nivel moral e iniciático, las Columnas enseñan que toda estabilidad espiritual se funda en la armonía de los opuestos. Ninguna fuerza puede sostenerse sin su complemento: la sabiduría sin la fuerza es ineficaz, y la fuerza sin la sabiduría es ciega. Por ello, el masón aprende a "caminar entre las columnas", es decir, a encontrar el justo medio entre acción y reflexión, entre justicia y misericordia, entre poder y templanza. Este equilibrio interior es la verdadera base del Templo espiritual.

Cada columna está también asociada a un principio solar: J∴, situada al Sur o a la derecha del Oriente, corresponde al Sol naciente, la juventud y la promesa de la obra; B∴, al Norte o a la izquierda, se relaciona con el ocaso, la madurez y la culminación. De ese modo, las columnas no solo flanquean la puerta del Templo, sino también el ciclo de la vida humana, recordando al Iniciado que la existencia misma es un viaje entre nacimiento y plenitud, entre la aspiración y la realización.

Desde la perspectiva ritual, las Columnas guardan y limitan el espacio consagrado: protegen el umbral y señalan la transición de estados. En algunas tradiciones del Rito York y del Rito Escocés, se considera que el Iniciado debe pasar simbólicamente entre ellas durante su progreso iniciático, lo que expresa el ingreso en un nuevo nivel de comprensión y responsabilidad. El paso entre las columnas es, así, una metáfora de la segunda creación del hombre, que ya no nace del vientre de la naturaleza, sino del seno del espíritu.

Por último, en la dimensión simbólica más profunda, las Columnas representan el principio de la dualidad universal que la Masonería enseña a reconciliar. Son los dos polos del ser —masculino y femenino, activo y pasivo, visible e invisible— que encuentran su armonía en el trabajo del Iniciado. Cruzarlas es aceptar la tensión fecunda entre lo que cambia y lo que permanece, entre la fuerza del tiempo y la estabilidad del espíritu.

Así, las Columnas del Pórtico no son solo la puerta del Templo Masónico: son el símbolo de todo umbral iniciático. Recordando su inscripción sagrada, Jachin y Boaz, el Masón comprende que el Gran Arquitecto del Universo "establece" (Jachin) el orden y "fortalece" (Boaz) su permanencia. En ese equilibrio de poder y estabilidad, de acción y sabiduría, se sostiene no solo el Templo de la Logia, sino el templo interior que cada Hermano está llamado a construir dentro de sí.

9.4.3. Las "Luces" de la Logia

Los monitores clásicos de Preston y Webb distinguen entre Tres Grandes Luces y Tres Luces Menores, estableciendo una jerarquía simbólica que refleja la organización moral y espiritual del Templo Masónico. Estas "luces" no son simples objetos o fuentes materiales de iluminación, sino emblemas de la Luz intelectual, moral y espiritual que guía el trabajo del Iniciado en el seno del Taller.[2],[10] (Paráfrasis)

Las Tres Grandes Luces —el Volumen de la Ley Sagrada (VLS), la Escuadra y el Compás— constituyen el núcleo simbólico de la Logia y se encuentran tradicionalmente dispuestas sobre el Altar central. Juntas representan el principio, la medida y el límite: la Ley divina como fuente de sabiduría, la rectitud moral como norma del obrar, y la moderación del juicio como equilibrio de las pasiones.

En el plano iniciático, estas tres luces se corresponden con las virtudes teologales y cardinales: el VLS encarna la fe en el orden superior del cosmos y en la presencia del Gran Arquitecto del Universo; la Escuadra simboliza la justicia y la rectitud del carácter; y el Compás representa la prudencia y la templanza. En conjunto, instruyen al Iniciado en la necesidad de alinear pensamiento, palabra y acción con la Ley moral universal.

La disposición de las Tres Grandes Luces tiene también un sentido cosmológico. El VLS ocupa el lugar del centro inmutable, símbolo de la Verdad que no cambia; la Escuadra y el Compás, al abrirse o cerrarse, simbolizan los ciclos de manifestación del mundo, la expansión y la contracción de la Luz, la creación y el retorno al Principio. En este equilibrio dinámico reside la enseñanza masónica sobre la armonía del universo: toda expansión necesita un límite, y todo límite encuentra su razón en la expansión de la Luz.

Las Tres Luces Menores, por su parte, se disponen tradicionalmente en torno al Altar o a los tres principales oficiales —el Venerable Maestro en el Oriente, el Primer Vigilante en el Occidente y el Segundo Vigilante en el Sur—, dependiendo de las costumbres rituales de cada jurisdicción. Estas luces, representadas por tres lámparas, velas o luminarias, tienen por misión mantener encendida la llama de la sabiduría, la fuerza y la belleza, los tres pilares simbólicos sobre los cuales se sostiene el Templo Masónico.

En el sistema de Preston, las Tres Luces Menores son la representación visible de las virtudes solares que iluminan la Logia: el Sol, la Luna y el Maestro, es decir, la Luz del día, el reflejo de la noche y la inteligencia que las armoniza. El Sol, en el Oriente, simboliza la fuente de la Luz y la Sabiduría; la Luna, en el Occidente, refleja esa Luz en la práctica de la virtud y la obediencia; el Maestro, en el Sur, modera el curso del trabajo, distribuyendo la claridad según el grado de los obreros.[2],[10] (Paráfrasis)

El conjunto de estas luces expresa la estructura luminosa del cosmos masónico. Las Tres Grandes Luces constituyen la Luz trascendente —principio, norma y límite—; las Tres Menores, la Luz inmanente —difusión, reflejo y aplicación práctica—. Entre ambas, el Iniciado aprende a reconocer que la sabiduría verdadera no proviene del exterior, sino del despertar de la Luz interior que refleje, como la Luna al Sol, la claridad del Gran Arquitecto.

En la apertura de los trabajos, cuando el Venerable Maestro declara que "las luces están encendidas", el Templo se ilumina no solo físicamente, sino espiritualmente. Ese acto simboliza la emanación de la Luz del Oriente hacia el conjunto de la Logia, reeditando en escala simbólica la primera aurora del mundo. Cada Hermano, al contemplar las luces encendidas, recuerda que su labor consiste en mantener encendida la lámpara de su conciencia, resistiendo las sombras de la ignorancia, del orgullo y de la indiferencia.

El lenguaje de la Luz en Masonería no es metafórico: es ontológico. Representa el estado del ser iluminado por la verdad y guiado por la razón. Por eso, cuando el Templo se cierra y las luces se apagan, el mason no queda en la oscuridad: lleva consigo la chispa interior que el rito ha reavivado. La Luz que alumbra el Altar debe continuar brillando en su conducta, en su palabra y en su pensamiento.

Así, las "Luces" de la Logia —grandes y menores— constituyen la gramática luminosa del espacio sagrado masónico. Enseñan que la búsqueda de la Verdad no consiste en conquistar la Luz exterior, sino en aprender a reflejarla; que la verdadera sabiduría no brilla para sí misma, sino para iluminar a los demás; y que el templo más perfecto no es aquel donde más luces arden, sino aquel donde la conciencia de cada Hermano se convierte en lámpara viva de la Luz eterna.

9.4.4. Ornamentación simbólica: Pavimento mosaico, estrella flamígera y cenefa teselada

La tradición monitorial derivada de Preston y Webb identifica entre los principales Ornamentos del Templo Masónico tres símbolos mayores: el pavimento mosaico, la estrella flamígera y la bordeadura o cenefa teselada. Estos tres elementos, presentes tanto en la descripción arquitectónica como en la enseñanza moral de la Logia, constituyen una tríada simbólica que expresa las condiciones esenciales del mundo, del espíritu y del límite sagrado. El mason, al reflexionar sobre ellos, contempla el orden de la existencia: la dualidad humana, la luz de la conciencia y el misterio que circunscribe todo conocimiento.[1,3] (Paráfrasis)

El pavimento mosaico

El pavimento mosaico, compuesto por baldosas alternadas en blanco y negro, representa en la Masonería la dualidad constitutiva de la condición humana. Desde los tiempos más antiguos, la alternancia cromática fue símbolo del equilibrio de los contrarios: luz y sombra, bien y mal, alegría y dolor, espíritu y materia. En el contexto masónico, este pavimento se extiende bajo los pies de los Hermanos para recordarles que el mundo en que viven es un escenario de contrastes donde la virtud consiste en mantener el equilibrio, sin dejarse arrastrar por los extremos.

Preston y Webb enseñaban que el pavimento mosaico es "una representación del suelo sobre el cual el Masón camina", indicando que su vida se desarrolla en un terreno de pruebas, incertidumbres y elecciones morales. En ese suelo, el hombre libre y de buenas costumbres debe aprender a "caminar con firmeza", usando la Escuadra y el Compás —rectitud y moderación— para no perder la armonía interior. Mackey, en su Encyclopedia of Freemasonry, define el pavimento mosaico como "el emblema de la variedad y de la mutabilidad de las cosas terrenas, en contraste con la unidad y estabilidad del Principio Divino".[3]

En el plano iniciático, el pavimento mosaico enseña que la dualidad no debe ser negada, sino integrada. La Logia, reflejo del cosmos, contiene en sí los opuestos que sostienen el equilibrio universal. Cada blanco presupone su negro, y cada sombra revela una luz. Caminar sobre ese pavimento es aprender a moverse entre contrarios sin perder el centro. De ahí que el Iniciado, en cada grado, transite este suelo como metáfora de su propio sendero moral.

La estrella flamígera

Suspendida sobre el pavimento o figurada en el Oriente, la estrella flamígera es uno de los símbolos más luminosos y misteriosos del Templo. Para Preston y Webb, representa la Luz del espíritu, el "resplandor de la conciencia" que guía al Masón en su progreso hacia la verdad. Su fulgor indica la presencia del principio divino en el corazón humano, y su fuego evoca tanto la inspiración intelectual como la purificación interior.[1,3] (Paráfrasis)

La estrella, generalmente de cinco puntas, ha sido interpretada como emblema del microcosmos, es decir, del hombre en equilibrio entre los elementos y las virtudes. En las tradiciones antiguas, el pentagrama representaba la armonía del universo, la proporción áurea y la correspondencia entre el cuerpo humano y el cosmos. En Masonería, su sentido se eleva: simboliza el despertar de la conciencia iluminada, la chispa del espíritu que reconoce en sí la presencia del Gran Arquitecto del Universo.

El fuego que la rodea —la "llama interior"— expresa la sabiduría viva, no como conocimiento abstracto, sino como intuición del Principio. Es la Luz que arde sin consumirse, la inspiración divina que anima la inteligencia moral del Iniciado. Mackey, en su voz Blazing Star, la describe como "el emblema de la divinidad manifestada, la estrella del saber que guía al masón en su búsqueda del conocimiento verdadero". [3]

La cenefa o bordeadura teselada

En torno al pavimento mosaico se extiende la cenefa teselada o tessellated border, compuesta de pequeñas figuras geométricas entrelazadas que delimitan el recinto sagrado. En su sentido inmediato, representa el límite y la contención del misterio: la frontera que separa el espacio consagrado del espacio profano. Preston y Webb enseñan que la bordeadura simboliza la "cadena de unión" que circunscribe el Taller y mantiene su armonía, impidiendo que el caos o la confusión del mundo exterior penetren en él. [1,3] (Paráfrasis)

El término tessella, en latín, designa una pieza de mosaico: la unidad mínima que, al unirse con otras, forma la totalidad. En ese sentido, la cenefa también representa la unidad en la diversidad de los Hermanos: cada uno es una tesela, una parte del conjunto que, sin perder su identidad, contribuye a la belleza del diseño total. Por eso, la cenefa que rodea el pavimento es imagen del orden armónico de la fraternidad, donde cada miembro ocupa su lugar en el patrón universal.

En la dimensión simbólica más profunda, la bordeadura teselada enseña la virtud de la discreción iniciática. Delimitar el espacio sagrado significa guardar el secreto interior, proteger la Luz del ruido del mundo, comprender que lo santo no debe profanarse con ligereza. Así, la cenefa no solo rodea el Templo: lo protege, como el silencio protege la palabra.

Síntesis simbólica

Estos tres ornamentos —el pavimento, la estrella y la bordeadura— constituyen un diálogo visual entre el hombre, la Luz y el misterio. El pavimento representa el plano de la existencia humana, con sus contrastes y pruebas; la estrella, la conciencia espiritual que brilla sobre ese plano; y la cenefa, el límite que preserva la armonía entre ambos mundos.

La Logia, adornada con estos símbolos, se convierte en una imagen del cosmos: bajo los pies, la tierra de los contrastes; sobre la cabeza, el fuego de la conciencia; alrededor, el orden que contiene y sostiene el misterio. Cuando el Iniciado contempla estos ornamentos, comprende que el Templo no solo lo rodea, sino que lo habita: él mismo es el pavimento que debe equilibrar, la estrella que debe encender y la bordeadura que debe guardar.

Así, los ornamentos del Templo Masónico no son adornos estáticos, sino enseñanzas vivas: recordatorios constantes de que el verdadero espacio sagrado es aquel donde la dualidad se integra, la Luz se enciende y el misterio se respeta.

9.4.5. El "cielo" del Templo: La cubierta celeste

Las exposiciones monitoriales del siglo XIX —herederas de las enseñanzas de Preston y Webb— describen la cubierta del Templo Masónico como una canopia celeste o cielo estrellado, símbolo que transforma el recinto en un microcosmos del universo, reflejo terrestre del orden divino. Esta representación, más que un detalle decorativo, expresa el principio fundamental de toda arquitectura sagrada: la Logia no es solo un edificio, sino una imagen viva del cosmos, donde cada elemento material alude a una realidad espiritual superior.[6] (Paráfrasis)

El cielo estrellado que cubre la Logia representa la bóveda del universo, el dominio del Gran Arquitecto del Universo, cuya creación abarca tanto la materia como el espíritu. En los templos antiguos —egipcios, mesopotámicos, helénicos o medievales—, las bóvedas pintadas de azul y oro evocaban el firmamento, recordando a los fieles que toda construcción humana debía orientarse según las leyes del cielo. La Masonería perpetúa esa tradición: su Templo, por pequeño que sea, está simbólicamente abierto al infinito.

Cuando el masón levanta su mirada hacia el "cielo" del Templo, contempla una metáfora de la trascendencia: el recordatorio de que toda obra, por elevada que parezca, está bajo la mirada del Principio

Supremo. Las estrellas que pueblan esa bóveda representan las luces dispersas de la sabiduría divina reflejada en los hombres; cada una simboliza una chispa de conocimiento, un pensamiento iluminado o un alma que brilla en la noche de la ignorancia. Así, el Templo masónico reproduce en escala humana el orden estelar: un espacio donde la armonía celeste se convierte en norma moral.

Desde un punto de vista cosmológico, la cubierta celeste constituye la parte superior del axis mundi masónico. El pavimento mosaico representa la tierra —el plano de la experiencia y la dualidad—; el Altar, el punto central donde cielo y tierra se comunican; y la bóveda estrellada, la esfera de la perfección y del espíritu. Entre ambos extremos se despliega la vida del Iniciado, que asciende simbólicamente del suelo al firmamento, de la sombra a la Luz. Así, el Templo entero se convierte en una escala de ascensión interior.

El simbolismo del firmamento estrellado también recuerda al masón su condición de viajero en el cosmos moral. Cada estrella sugiere una virtud o una verdad descubierta; el cielo, en su inmensidad, representa el ideal que el Iniciado persigue sin cesar. Preston decía que "el cielo sobre la Logia enseña al Masón a mirar siempre hacia arriba, buscando la sabiduría más allá de las apariencias terrenas", y Webb insistía en que "la bóveda celeste del Templo es el testimonio visible de la universalidad de la Masonería", pues, bajo el mismo cielo, todos los hombres son Hermanos[6] (Paráfrasis)

El color azul que tradicionalmente domina las Logias simbólicas deriva de este principio. Es el color del firmamento y del infinito, asociado en casi todas las tradiciones a la verdad, la serenidad y la fidelidad. En la Masonería simbólica —particularmente en la tradición anglosajona—, se denomina "Blue Lodge" a la Logia Azul, precisamente en alusión al cielo que la cubre. El azul enseña al Iniciado la calma de la mente y la pureza del alma, virtudes necesarias para sostener el equilibrio entre la tierra (el trabajo) y el cielo (la aspiración).

En el plano iniciático, la canopia celeste representa el estado de conciencia ampliada que el Masón alcanza mediante el trabajo constante. Mientras el mundo profano vive bajo un techo cerrado —el de las pasiones, la ignorancia o la duda—, el Iniciado opera bajo un cielo abierto, símbolo de libertad interior y de contacto permanente con el Principio. Cada vez que la Logia se abre y se encienden las luces, el cielo simbólico se "revela": el hombre, pequeño arquitecto de sí mismo, trabaja bajo el mismo firmamento que el Gran Arquitecto trazó al principio de los tiempos.

La cubierta estrellada es también una promesa de continuidad y esperanza. Cuando las luces del Templo se apagan al cierre de los trabajos, el cielo permanece, silencioso e intacto. Así como las estrellas siguen brillando aunque los ojos se cierren, la Luz masónica no se extingue: permanece viva en el alma del Iniciado. La bóveda celeste recuerda que el trabajo del Masón no termina con la ceremonia, porque su auténtico taller es el universo mismo.

En suma, el cielo del Templo enseña tres lecciones esenciales:

1. Que la Masonería es una escuela universal, abierta bajo la bóveda del mismo cielo que cobija a todos los hombres;

2. Que el Iniciado, al mirar hacia arriba, debe recordar su destino trascendente y su deber moral en la tierra;

3. Y que la verdadera canopia celeste no está hecha de estrellas pintadas, sino de las luces interiores que cada Hermano enciende en su conciencia.

Así, el Templo Masónico —con su pavimento, su Altar y su bóveda— reproduce el universo entero. Bajo ese cielo simbólico, el Iniciado aprende que el verdadero horizonte no está sobre su cabeza, sino en su corazón; y que la Masonería, como el firmamento mismo, no tiene límites, porque su medida es la Luz.

9.4.6. Tablero de Trazado (Tracing Board) y didáctica simbólica

El Tablero de Trazado, conocido en la tradición inglesa como Tracing Board, constituye uno de los instrumentos más notables y característicos de la pedagogía simbólica masónica. A primera vista, parece una pintura, lienzo o panel decorativo que reúne emblemas, figuras y escenas relacionadas con el grado; pero en su esencia, es una herramienta didáctica, una tabla de síntesis en la que se condensan la doctrina, la moral y el simbolismo del nivel iniciático correspondiente. [1,2] (Paráfrasis)

Desde las Illustrations of Masonry de William Preston y los monitores de Thomas Smith Webb, el Tablero de Trazado fue sistematizado como medio visual para la instrucción ritual y moral. Preston concebía la Masonería como una escuela de virtudes y ciencias, en la que los símbolos debían ser comprendidos de manera metódica. Por ello, el

Tracing Board se convierte en el equivalente simbólico de una pizarra sagrada, donde se inscribe la geometría moral del grado: una cartografía espiritual del aprendizaje del Iniciado.[1],[2](Paráfrasis)

El origen del Tablero de Trazado se remonta a los antiguos masones operativos, quienes dibujaban sobre el suelo de las logias de trabajo —utilizando tiza, carbón o arena— los planos y medidas de la obra que debían ejecutar. Antes de comenzar, el Maestro Trazador delineaba los ángulos, las proporciones y las orientaciones, y al finalizar, borraba los trazos para preservar el secreto del arte. Con el paso de la Masonería operativa a la especulativa, estos planos arquitectónicos se transformaron en diagramas simbólicos del progreso moral e intelectual: del templo exterior al templo interior.

Cada grado simbólico posee su propio Tablero de Trazado, en el cual se reúnen los principales emblemas que corresponden a sus enseñanzas: en el de Aprendiz, las herramientas básicas de la labor moral; en el de Compañero, los instrumentos del conocimiento y la ciencia; y en el de Maestro, los símbolos de la muerte, la resurrección y la inmortalidad del alma. Estos tableros no son simples ilustraciones, sino mapas espirituales que revelan el itinerario del alma a través de la construcción iniciática.

El Tablero de Trazado cumple, así, una función triplemente pedagógica:

1. **Visual**, porque traduce conceptos abstractos en imágenes concretas, permitiendo al Iniciado "ver" lo que antes solo podía intuir.

2. **Ritual**, porque acompaña el desarrollo de las ceremonias, sirviendo de soporte visual para los discursos y catecismos de los oficiales.

3. **Meditativa**, porque una vez comprendido su lenguaje, el Hermano puede contemplarlo en silencio como mandala iniciático, penetrando en el sentido oculto de cada figura.

En el plano simbólico más profundo, el Tablero de Trazado es una proyección del cosmos en miniatura: reproduce en imágenes el orden del universo y del alma. Cada línea y cada emblema reflejan una correspondencia entre lo visible y lo invisible. La Escalera Teológica, el Sol, la Luna, el pavimento mosaico, las columnas y las herramientas del grado constituyen un lenguaje codificado que solo el espíritu preparado puede leer. En él, la enseñanza no se impone, se sugiere; no se explica, se despierta.

Preston afirmaba que el Tablero era "una lección perpetua de sabiduría moral", porque cada emblema debía inspirar reflexión antes que instrucción literal. Webb, por su parte, incorporó el Tablero a los monitores como parte del sistema de instrucción visual del Rito Americano, consciente de que "la Masonería enseña más por símbolos que por palabras".[1],[2] (Paráfrasis) En ambos casos, el Tablero de Trazado no sustituye la enseñanza oral, sino que la complementa, facilitando el paso del conocimiento teórico al entendimiento interior.

En la Masonería moderna, el Tracing Board conserva su vigencia como instrumento pedagógico e iniciático. En su contemplación, el Masón encuentra un resumen del universo simbólico del grado, una "escritura silenciosa" que le invita a la introspección. El Tablero, dispuesto en el centro del Templo o frente al Oriente, actúa como puente entre el rito y la conciencia, entre el signo exterior y la comprensión interior.

Su poder no reside en las imágenes que muestra, sino en la relación viva que establece entre el símbolo y el alma que lo contempla. Cada Hermano, al estudiar su Tablero, traza mentalmente el diseño de su propio perfeccionamiento: aprende a construir con líneas de virtud, a medir con proporciones de justicia y a elevar su obra con la geometría del espíritu.

De este modo, el Tablero de Trazado sintetiza la esencia del método masónico: enseñar sin dogma, revelar sin imponer, sugerir sin definir. Como los antiguos planos del arquitecto, es al mismo tiempo mapa, espejo y llave. Mapa del camino moral, espejo del alma en construcción y llave del templo interior. Por eso, en su superficie silenciosa, el Iniciado encuentra siempre la misma lección: que el verdadero trazo no se dibuja sobre el suelo, sino en el corazón del hombre que busca la Luz.

9.5. Disposición del espacio y jerarquía de oficios

La planta ritual del Templo Masónico no responde a criterios arquitectónicos arbitrarios ni a una disposición meramente funcional: su ordenación refleja una geometría espiritual en la que cada puesto, dirección y desplazamiento simboliza una relación del hombre con el cosmos y del Iniciado con el principio de la Luz. Desde las exposiciones monitoriales clásicas —como las de Preston y Webb— hasta las interpretaciones modernas, la organización de la Logia manifiesta que la enseñanza masónica se inscribe también en el espacio, haciendo de la disposición ritual una pedagogía visual y corporal.[2,10] (Paráfrasis)

En el Oriente se sienta el Venerable Maestro, imagen del Sol naciente y del principio de la Sabiduría. Su puesto corresponde al punto de donde emana la Luz y desde el cual se ordena el trabajo del Taller. Su palabra abre y cierra los trabajos, y su mallete representa el poder de transformar la idea en acto, la intención en creación. El Oriente simboliza, por tanto, el principio intelectual y espiritual del orden masónico: la razón iluminada por la verdad.

En el Occidente se sitúa el Primer Vigilante, encargado de cerrar los trabajos y de instruir a los Compañeros. Su posición se asocia al Sol poniente, símbolo de la culminación del día y de la madurez de la obra. Representa el discernimiento y la firmeza moral que siguen a la experiencia. En el Sur, donde brilla el Sol en su plenitud, se coloca el Segundo Vigilante, que vigila a los Aprendices y regula los tiempos de trabajo y descanso. Simboliza la fuerza activa, el equilibrio entre labor y reposo, entre el aprendizaje y la reflexión. Esta distribución —Oriente, Occidente y Sur—, común en el sistema Preston-Webb, expresa una triangularidad solar que ordena el movimiento ritual según el ciclo del día y de la vida.[2,10] (Paráfrasis)

El Norte, por contraste, se considera el lugar de la oscuridad, la región donde la Luz aún no ha llegado plenamente. Por ello, se reserva al silencio y a la contemplación, recordando al Iniciado que siempre hay zonas de sombra en el alma que deben ser iluminadas por el trabajo interior. Así, la Logia entera se convierte en una imagen del cosmos moral, donde cada dirección representa un aspecto del ser y del proceso iniciático.

Los demás oficiales —Secretario, Tesorero, Orador, Experto, Guarda Templo, Diáconos, Maestros de Ceremonias— se disponen según una lógica funcional y simbólica que refuerza la armonía del conjunto. Cada cargo constituye un ministerio moral: el Secretario custodia la memoria; el Tesorero representa la prudencia en la administración; el Orador encarna la voz de la ley y la justicia; el Guarda Templo, la vigilancia espiritual; los Diáconos, la mediación entre Oriente y Occidente; y los Maestros de Ceremonias, el orden del movimiento y la solemnidad del rito. La jerarquía no establece privilegios, sino responsabilidades simbólicas: cada oficial, al ocupar su puesto, asume una función cósmica dentro del microcosmos del Taller.

El tránsito por el Templo —ya sea en las procesiones rituales o en los viajes iniciáticos— forma parte esencial del aprendizaje corporal del símbolo. En la Masonería, el cuerpo no es un simple testigo del rito, sino su protagonista: el Iniciado avanza, gira, se detiene y saluda, inscribiendo en su propio movimiento la enseñanza que el espacio transmite. Cada paso entre Oriente, Occidente, Norte y Sur es un acto de correspondencia entre el gesto físico y el orden espiritual. [2,6] (Paráfrasis)

El movimiento ritual tiene así una función iniciática precisa: traduce en acción la doctrina que el símbolo enseña en silencio. Caminar en la Logia es recorrer el mapa del alma; los viajes del Aprendiz y del Compañero son ejercicios de orientación interior, donde la dirección del cuerpo educa la dirección de la conciencia. De ese modo, el espacio sagrado no se contempla: se vive.

Esta disposición tripartita —Oriente, Occidente, Sur—, unida al eje central del Altar y a la bóveda celeste, convierte el Templo en un modelo del universo: la tierra bajo los pies, la luz en el horizonte, el firmamento sobre la cabeza. En medio de esta arquitectura simbólica, el Iniciado aprende que el verdadero orden no se impone desde fuera, sino que se descubre al interior de uno mismo. El espacio de la Logia se convierte así en espejo del alma: lo que el cuerpo ejecuta, el espíritu interioriza.

Finalmente, la jerarquía masónica no se concibe como dominio, sino como servicio. Cada puesto es un grado de responsabilidad y una oportunidad de irradiar luz según la capacidad adquirida. El Venerable no gobierna, guía; los Vigilantes no mandan, enseñan; los Oficiales no imponen, sostienen. El orden del Templo reproduce el orden del cosmos: un sistema de fuerzas en equilibrio, donde cada estrella brilla según su medida y cada Hermano cumple su función en el gran diseño del Gran Arquitecto del Universo.

Así, la disposición del espacio y la jerarquía de oficios constituyen la arquitectura viva del simbolismo masónico: una geometría moral donde el lugar físico revela la función espiritual, y donde la armonía del conjunto enseña al Iniciado que el verdadero poder es el del orden, y el verdadero orden es el de la Luz.

9.6. Temporalidad ritual: Apertura, clausura y "trabajar a cubierto"

El Templo Masónico no es un recinto fijo ni permanente: existe solo en acto, en el instante en que se abren los trabajos y la Logia se convierte en espacio sagrado. La apertura ritual constituye, por tanto, el momento en que se declara el tránsito del tiempo profano al tiempo sagrado, del mundo de la dispersión al de la unidad. La Masonería, al igual que las antiguas religiones y escuelas mistéricas, reconoce que el espacio y el tiempo no son neutros: se consagran, se orientan y se miden conforme al ritmo del espíritu.[2],[6] (Paráfrasis)

Durante la ceremonia de apertura, el Venerable Maestro y los Oficiales no realizan un acto administrativo, sino una creación simbólica. Con gestos, signos y palabras, reconfiguran el espacio, establecen la orientación, encienden las luces y pronuncian la invocación al Gran Arquitecto del Universo. En ese instante, el tiempo lineal —propio de la vida profana— se interrumpe y da paso a un tiempo arquetípico, circular y eterno, en el que el pasado, el presente y el futuro se reconcilian en la unidad del rito. El Iniciado entra así en un orden distinto del ser: no trabaja ya "en el tiempo de los hombres", sino en el "tiempo de la Luz".

El simbolismo de la apertura de trabajos tiene correspondencias con los antiguos ritos de fundación del templo y de consagración del espacio sagrado: allí donde se traza el primer círculo o se pronuncia la primera palabra ritual, el caos se transforma en cosmos. En Masonería, este acto equivale a la instauración del orden interior. Cada vez que la Logia se abre, el Iniciado reedifica el mundo dentro de sí: levanta el templo del alma sobre los cimientos de la verdad, la fraternidad y la virtud.

La clausura, por su parte, no destruye lo sagrado: lo retira al silencio. Al cerrar los trabajos, el Venerable Maestro declara que el tiempo sagrado concluye, y la Logia vuelve a su estado profano. Pero el retorno no es pérdida, sino proyección. El masón, al salir del Templo, lleva consigo la luz recibida para irradiarla en la sociedad. Así como el sacerdote antiguo descendía del altar para bendecir al pueblo, el Iniciado regresa al mundo para convertir en acción lo que ha aprendido en símbolo. La clausura no es final, sino renovación del ciclo, porque el espacio sagrado, como el cosmos, se recrea en cada amanecer ritual.

El precepto de "trabajar a cubierto" expresa una de las ideas más profundas de la tradición masónica: la protección del espacio sagrado frente a toda intrusión, tanto exterior como interior. En el sentido operativo, significa que los trabajos deben realizarse con las puertas guardadas y los Hermanos reunidos bajo la debida discreción. Pero en el sentido iniciático, "cubrir la Logia" implica resguardar la pureza del rito, preservar el silencio y mantener el recogimiento del alma.[2],[11] (Paráfrasis)

El Guarda Templo Interior vigila el umbral físico, asegurando que ningún profano o hermano irregular interrumpa la armonía del trabajo; pero el Iniciado debe también guardar su propio templo interior, evitando que las pasiones, el orgullo o la distracción penetren en el recinto del alma. "Trabajar a cubierto" se convierte así en una disciplina espiritual: cerrar las puertas de los sentidos para abrir las del espíritu.

En este sentido, la regularidad masónica no se limita a la obediencia formal a la jurisdicción o al rito: es, ante todo, una regularidad interior, una fidelidad al orden moral que se manifiesta en la manera de pensar, hablar y obrar. El espacio sagrado se protege con vigilancia externa y con pureza interna. Si la Logia es violada por el desorden, el rumor o la vanidad, deja de ser templo y se convierte en salón. La cubierta, entonces, se levanta no solo con paredes, sino con silencio, fraternidad y propósito recto.

La alternancia entre apertura y clausura constituye la respiración del Templo. Cuando se abre, el Taller inspira la Luz; cuando se cierra, exhala la Obra. El Iniciado participa de ese ritmo, aprendiendo a alternar entre contemplación y acción, entre el recogimiento del rito y la labor cotidiana en el mundo. Así, el tiempo ritual enseña a habitar el tiempo profano con conciencia sagrada.

De ese modo, la Masonería enseña que el Templo no es un edificio, sino una situación del alma: existe cuando se abre el corazón a la Luz y se guarda el secreto de la armonía. "Trabajar a cubierto" significa entonces vivir en estado de vigilancia, mantener encendida la lámpara de la conciencia, recordar que incluso fuera de la Logia el Iniciado permanece bajo el ojo del Gran Arquitecto del Universo.

La temporalidad ritual revela, en última instancia, el sentido profundo del Espacio Sagrado Masónico: crear, preservar y proyectar la Luz. Cada apertura es un amanecer del espíritu; cada clausura, un crepúsculo fecundo; y cada trabajo a cubierto, un recordatorio de que la verdadera protección del Templo comienza cuando el hombre convierte su propia alma en morada del Eterno.

9.7. Ética y experiencia: Del espacio exterior al "templo interior"

El Templo Masónico no agota su sacralidad en la arquitectura ni en la disposición ritual del espacio. Su sentido más profundo no reside en las paredes, las columnas ni las luces, sino en la transformación moral que suscita en quienes lo habitan. El Templo, en efecto, es una escuela del carácter, un taller donde la enseñanza simbólica se convierte en ejercicio ético. Allí, la forma visible prepara el espíritu invisible; lo que el ojo contempla, el alma lo interioriza.[1,4](Paráfrasis)

La repetición ritual, el silencio reflexivo, la palabra justa y el uso simbólico de las herramientas son los medios pedagógicos mediante los cuales la Masonería forma al Iniciado. El rito no busca impresionar los sentidos, sino educar la voluntad. A través de la constancia de los gestos, el ritmo de las ceremonias y la solemnidad de la palabra, el Hermano aprende a disciplinar su mente, templar sus emociones y obrar con prudencia. La sacralidad del Templo, por tanto, no se limita a su consagración inicial: se renueva con cada acto de virtud.

En este proceso, el silencio ocupa un lugar central. Callar no significa ausencia de pensamiento, sino presencia de atención. El silencio ritual enseña al Masón a escuchar la voz interior, a discernir antes de hablar, a comprender que la palabra solo es sagrada cuando brota de la verdad. De esa manera, el Templo físico se convierte en un espacio de interiorización moral: lo que en la Logia se experimenta como orden exterior, se traduce en el alma como serenidad interior.

El trabajo simbólico con las herramientas —la Escuadra, el Compás, el Nivel, la Plomada— no es una simple evocación del arte de los constructores, sino una práctica de autoconstrucción espiritual. Cada instrumento representa una virtud operativa: la Escuadra enseña la rectitud, el Compás la moderación, el Nivel la igualdad, la Plomada la justicia. En la medida en que el Iniciado aplica estos principios en su conducta diaria, el espacio sagrado se extiende más allá del Templo: se proyecta en su vida entera.

Por eso, el Templo Masónico puede considerarse una imagen del alma en proceso de edificación. Los cimientos son la fe en un Principio

Supremo; las columnas, la fuerza y la sabiduría; la bóveda, la conciencia iluminada por la Luz; el Altar, la ley moral que guía sus actos. Cada vez que el Masón entra en la Logia y participa del rito, vuelve a colocar una piedra en esa construcción invisible que es su propio ser. El propósito no es adorar un edificio, sino edificarse a sí mismo conforme al modelo del Gran Arquitecto del Universo.

Esta dinámica ética —del símbolo al hábito, del rito a la virtud— constituye lo que Aristóteles llamaría un hábitus moral: una disposición adquirida por la práctica constante del bien. La Masonería, al repetir sus gestos y enseñanzas, busca grabar en el alma una geometría de conducta, una forma estable de rectitud y equilibrio. La ceremonia no impone la virtud, la ejercita. Cada reunión en la Logia es un ensayo de armonía, una lección silenciosa de dominio de sí.

En este sentido, la Masonería realiza una profunda transmutación del concepto de templo. Lo sagrado deja de depender de un lugar o de un tiempo determinado: se convierte en un estado del ser. El verdadero santuario no es el edificio donde los Hermanos se reúnen, sino la conciencia purificada que cada uno edifica en sí mismo. En palabras de los antiguos maestros: el Templo no está fuera, sino dentro del hombre justo.

El Iniciado comprende así que la finalidad última del Espacio Sagrado no es la contemplación de lo simbólico, sino la encarnación de la virtud. El Templo de piedra prepara el Templo del espíritu; el orden ritual enseña el orden moral; la comunión de la Logia anticipa la fraternidad universal. Todo el simbolismo masónico converge en esta meta: erigir el templo interior, ese edificio invisible y eterno cuya piedra angular es la conciencia.

Cuando el Masón sale de la Logia, el Templo no queda atrás: lo lleva consigo. Cada acto justo, cada palabra mesurada, cada pensamiento recto prolongan en el mundo profano la armonía aprendida en el espacio sagrado. Así, la Masonería transforma la arquitectura en ética, el rito en experiencia, y el símbolo en vida.

En la síntesis de sus enseñanzas, el Templo Masónico enseña al Iniciado que la virtud es la obra más duradera y el verdadero edificio de la inmortalidad. La piedra que se labra no es exterior, sino interior; el arquitecto que dirige la obra no está fuera, sino dentro; y el plano del edificio eterno se encuentra grabado en el corazón del hombre que ha aprendido a trabajar en la Luz.

9.8. Variaciones de rito y jurisdicción

Los elementos del Templo Masónico aquí descritos —su disposición, símbolos, ornamentos y secuencia ritual— presentan variaciones notables según el rito y la jurisdicción, pero conservan una gramática simbólica universal que trasciende las diferencias formales. La arquitectura del espacio sagrado masónico, aunque expresada en lenguajes rituales diversos, responde siempre a un mismo principio: ser imagen del cosmos ordenado bajo la ley del Gran Arquitecto del Universo. [3],[8] (Paráfrasis)

En el Rito Escocés Antiguo y Aceptado, el Templo suele disponer el Oriente elevado, con un Altar principal frente a la sede del Venerable Maestro y un simbolismo acentuado en los grados filosóficos, donde la luz se asocia a la gnosis progresiva. En el Rito York o Americano, el Altar ocupa el centro geométrico de la Logia, y sobre él descansan las Tres Grandes Luces, acentuando el carácter bíblico y moral del espacio. Esta disposición central no solo ordena el trabajo físico, sino que recuerda la centralidad del Verbo y de la Ley en la vida espiritual del masón.

El Rito de Emulación, practicado en las Logias bajo la United Grand Lodge of England (UGLE), conserva un lenguaje sobrio, heredero del modelo Preston-Webb, y otorga particular relevancia a la pureza del ritual y a la continuidad de las formas transmitidas desde el siglo XVIII. Su estructura espacial, más contenida, mantiene la disposición axial Oriente–Occidente, con un Altar auxiliar y la lectura del Volume of the Sacred Law en momentos específicos, subrayando la dimensión verbal y litúrgica de la Palabra.

En cambio, las Grandes Logias de Escocia presentan variantes propias en los desplazamientos rituales, la orientación de los oficiales y la localización de los símbolos mayores. Estas diferencias derivan de la diversidad histórica de los antiguos "ritos de trabajo" escoceses, que preservaron fórmulas y usos locales antes de la unificación inglesa de 1813. Sin embargo, en todas ellas el Oriente conserva su sentido de fuente de luz, el Altar su carácter de santuario moral, y las Columnas J∴ y B∴ su función de umbral iniciático.

En el contexto americano, jurisdicciones como la Gran Logia de la Florida, heredera de la tradición yorkina y de la corriente moral anglosajona, mantienen el principio de que el Templo debe estar consagrado al Gran Arquitecto del Universo y adornado con las Tres Grandes Luces en su Altar central, siguiendo fielmente el espíritu del Rito Americano. La regularidad se preserva en la observancia del VLS, la orientación al Oriente y el respeto por la autoridad ritual emanada de la Gran Logia. En todas las variantes, el acto de consagración, la invocación divina y el trabajo "a cubierto" permanecen como condiciones inmutables del carácter sagrado del espacio masónico.

Así, aunque el número y disposición de las luces, la ubicación de los oficiales o la secuencia de los movimientos difieran, la estructura simbólica subyacente es común: el Eje del Oriente (fuente de la Luz), el Altar con el Volumen de la Ley Sagrada, las Columnas del Pórtico, las Tres Luces Mayores y Menores, la ornamentación tríadica (pavimento, estrella y bordeadura) y el Tablero de Trazado constituyen el núcleo universal de la arquitectura iniciática.[3],[8] (Paráfrasis)

Estas constantes revelan una profunda unidad doctrinal más allá de la diversidad ritual. Cada rito interpreta el símbolo según su herencia cultural y su estilo pedagógico, pero todos comparten la misma finalidad: convertir el espacio material en un ámbito de elevación moral y espiritual. En palabras de Mackey, la Masonería, pese a su multiplicidad de formas, "mantiene una única esencia: la búsqueda de la verdad en el silencio del templo interior".[3]

Por ello, las variaciones de rito y jurisdicción no deben entenderse como divisiones, sino como modulaciones de un mismo lenguaje simbólico. El Templo Masónico, bajo cualquier obediencia regular, es siempre un cosmos reducido, una imagen del orden divino que instruye al hombre en el arte de edificar. Su universalidad no radica en la uniformidad de los detalles, sino en la fidelidad al principio que anima todas las formas: la consagración del espacio, la orientación hacia la Luz y la edificación de la conciencia.

De ese modo, la Masonería demuestra que, aunque cambien los ritos, las palabras o los emblemas, el mensaje permanece: cada Logia, en cualquier país o lengua, se alza como morada del mismo Espíritu, bajo la mirada del mismo Creador, y con el mismo propósito eterno de perfeccionar al hombre por la virtud.

9.9. Conclusión

El Templo Masónico constituye un espacio sagrado integral, en el que convergen las tres dimensiones que estructuran toda experiencia iniciática: la física, la simbólica y la espiritual. Físicamente, es una sala consagrada y dispuesta con orden geométrico, orientada al Oriente y separada del mundo profano mediante ritos de apertura y clausura. En su disposición, cada objeto ocupa un lugar preciso, cada dirección una función, y cada luz una correspondencia. Pero esa arquitectura material no es un fin en sí misma: es el soporte visible de un orden invisible.

En su dimensión simbólica, el Templo es un lenguaje. Las columnas, el Altar, las luces, el pavimento mosaico, la estrella flamígera y el Tablero de Trazado componen un sistema de signos que enseñan sin palabras. El Iniciado, al contemplarlos y recorrerlos, traduce su forma en significado, su materia en enseñanza. Así, el Templo se convierte en un manual silencioso de sabiduría, donde cada línea y cada color expresan una ley del alma o del universo. Lo que en el mundo profano se interpreta como ornamentación, aquí se reconoce como escritura simbólica del Espíritu.

En su dimensión espiritual, el Templo es una escuela de virtud. Cada ceremonia, cada signo, cada silencio tiene como finalidad modelar el carácter del Iniciado, orientándolo hacia la justicia, la templanza y la fraternidad. La Masonería no edifica templos para la admiración externa, sino para la transformación interna: lo esencial no es el esplendor arquitectónico, sino la experiencia moral y espiritual que el lugar produce en quienes trabajan bajo su bóveda. El espacio sagrado actúa como un espejo: refleja al hombre tal como es, para ayudarlo a ver lo que puede llegar a ser.

El rito y el símbolo operan como herramientas de esa transformación. El rito convierte el tiempo en oportunidad; el símbolo, el objeto en enseñanza. A través de ellos, el Iniciado aprende que el trabajo masónico no consiste en levantar templos de piedra, sino en edificar la ciudad interior: aquella donde la justicia traza sus muros, la prudencia mide sus proporciones, la fortaleza sostiene sus columnas y la templanza regula su armonía.

El Templo, por tanto, no es un lugar donde el masón se retira del mundo, sino un microcosmos desde el cual el mundo puede ser reconstruido. En él, la comunidad de Hermanos ensaya la fraternidad que luego debe irradiar fuera del recinto. El orden del Taller se proyecta como modelo de sociedad justa; la armonía del rito, como imagen de la concordia humana; y la luz del Oriente, como símbolo del ideal que cada masón está llamado a llevar a la ciudad profana.

Así, el Templo Masónico cumple su propósito más alto: configurar comunidad y proyectar ética, unir la contemplación y la acción, la sabiduría y la caridad. En su geometría se aprende el orden; en su silencio, la humildad; en su labor, la cooperación. Cada Logia, cuando abre sus trabajos, reedifica simbólicamente el cosmos y recuerda al Iniciado que el universo entero puede convertirse en Templo si el corazón del hombre es su altar.

El Templo es, en definitiva, la síntesis del Arte Real: una arquitectura del alma que enseña a vivir con medida, a pensar con claridad y a obrar con fraternidad. Y cuando el masón comprende que el mundo exterior solo alcanza armonía si cada conciencia se convierte en santuario de la Luz, entonces el propósito del Templo se cumple: haber transformado al hombre en piedra viva del edificio universal.

Nota metodológica

He evitado deliberadamente la transcripción de fórmulas rituales reservadas, en respeto a la naturaleza iniciática y discreta de la Masonería. Las descripciones y análisis aquí presentados se basan exclusivamente en fuentes públicas, ediciones de dominio público o publicaciones institucionales reconocidas, las cuales documentan con fidelidad los elementos simbólicos, arquitectónicos y didácticos del Templo Masónico.

Las formulaciones exactas de los rituales, así como la disposición detallada de los trabajos, pueden variar de acuerdo con el Rito (Escocés Antiguo y Aceptado, York o Americano, Emulación, entre otros) y la jurisdicción (por ejemplo, la United Grand Lodge of England, la Gran Logia de Escocia o la Gran Logia de la Florida). No obstante, las referencias utilizadas —de autores como Preston, Webb, Mackey, y otros estudiosos del simbolismo masónico clásico— señalan el núcleo doctrinal verificable y universalmente aceptado, común a todas las tradiciones regulares.

Este enfoque metodológico garantiza que el contenido conserve su rigurosidad académica y su fidelidad simbólica, respetando los límites que separan lo iniciático de lo divulgable, y asegurando que la exposición contribuya al estudio histórico, filosófico y ético del Espacio Sagrado Masónico sin vulnerar su carácter reservado.

Notas y Referencias

1. Preston, W. (1772/1801). Illustrations of Masonry. London: múltiples eds. (especialmente las eds. revisadas a inicios del s. XIX). (Paráfrasis de las lecciones sobre emblemas, ornamentos y didáctica).
2. Webb, T. S. (1797/1802). The Freemason's Monitor; or Illustrations of Masonry. Albany/Boston: múltiples eds. (Paráfrasis de secciones monitoriales sobre luces, muebles y disposición de la Logia).
3. Mackey, A. G. (1873). Encyclopedia of Freemasonry. New York: Clark & Maynard. Voces: "Lodge", "Altar", "Pillars of the Porch", "Mosaic Pavement", "Blazing Star", "Point within a Circle", etc. (Paráfrasis).
4. Pike, A. (1871). Morals and Dogma of the Ancient and Accepted Scottish Rite of Freemasonry. Charleston. (Paráfrasis sobre finalidad moral y simbólica del templo).
5. Book of Constitutions / Reglamentos de Grandes Logias (p. ej., UGLE y GLs regulares). (Marco normativo de consagraciones e instalación; contenidos varían por jurisdicción).
6. Eliade, M. (1998). Lo sagrado y lo profano. Barcelona: Paidós. (Fenomenología aplicada; Paráfrasis).
7. Haran, M. (1978). Temples and Temple-Service in Ancient Israel. Oxford: Clarendon Press. (Arquetipo del pórtico y sus columnas; marco bíblico; Paráfrasis).
8. United Grand Lodge of England (UGLE). What is Freemasonry? y materiales institucionales en línea (consultables en el sitio oficial). (Uso del término VSL, principios y disposición general; Paráfrasis).
9. Mackey, A. G. (1873). Encyclopedia..., voz "Jachin and Boaz". (Paráfrasis).
10. Webb, T. S. (1797/1802). Freemason's Monitor, secciones sobre "Lights", "Jewels" y "Furniture". (Paráfrasis).
11. Duncan, M. C. (1866). Duncan's Masonic Ritual and Monitor. New York: Dick & Fitzgerald. (Paráfrasis de descripciones públicas: "la cubierta de una Logia... una canopia celeste/firmamento").

CAPÍTULO X

El Umbral: Frontera Sagrada entre lo Profano y lo Iniciático

"Toda iniciación comienza con un paso… pero ese paso comienza en el umbral."

10.1. Introducción al concepto del umbral

En todas las tradiciones espirituales, el tránsito de un espacio profano a un espacio sagrado requiere atravesar un límite simbólico. Ese límite —que puede ser un arco, una puerta, un pórtico o un simple cambio de orientación— concentra un significado profundo: marca el punto exacto donde la conciencia se prepara para entrar en otra dimensión del ser. El umbral, por tanto, no es únicamente una frontera física, sino un fenómeno espiritual que indica paso, decisión y transformación.

Dentro del estudio del Espacio Sagrado, el umbral ocupa un lugar privilegiado porque representa el instante en que comienza el "cambio de mundo": del ruido a la armonía, de la dispersión al centro, de lo cotidiano a lo trascendente. En esa franja intermedia, el ser humano se dispone interiormente, toma conciencia del acto que va a realizar y orienta su intención hacia lo sagrado.

La Masonería, heredera de símbolos arquitectónicos y espirituales milenarios, eleva este concepto a un nivel iniciático. Para el masón, el umbral no solo separa dos espacios: separa dos estados del alma. Es el borde donde termina el hombre que llega y comienza el hombre que busca. Entender este símbolo es esencial para comprender el sentido profundo del Espacio Sagrado y del ritual masónico.

10.2. Origen y sentido profundo del "umbral"

La palabra "umbral" proviene del español antiguo lumbral o lumbrare, y se vincula con el latín limen–liminis, término que designa el borde, el límite o el dintel de una puerta. En su raíz más antigua, limen no se refería únicamente a un elemento de arquitectura, sino a toda frontera simbólica que separa un estado del ser de otro. Así, el umbral era entendido como un punto de tránsito, un corte en la continuidad del mundo, un lugar donde el tiempo y el espacio adquieren densidad porque anuncian un cambio inminente. En él se concentraba la idea de paso, de transformación y de preparación interior.

Desde las civilizaciones más arcaicas, este concepto adquirió un carácter sagrado. No se trataba simplemente de la entrada física a un recinto, sino del lugar donde comienza una metamorfosis. Allí se detenía el viajero, el sacerdote, el peregrino o el iniciado, consciente de que lo que estaba a punto de atravesar exigía otra actitud del alma. El umbral marcaba el punto exacto donde se abandona lo conocido y se abre la posibilidad de lo nuevo. Por eso, en tantas culturas antiguas se purificaban los pies antes de cruzarlo, se inclinaba la cabeza en señal de respeto, o se invocaba protección divina: el paso no era trivial, era un acto cargado de consecuencia espiritual.

Como señala Mircea Eliade en su Tratado de historia de las religiones, numerosos pueblos antiguos entendieron el umbral como un "punto crítico" donde se produce una ruptura de nivel entre lo profano y lo sagrado, motivo por el cual desarrollaron ritos específicos de purificación y preparación antes de cruzarlo.[2] (Paráfrasis basada en Eliade, Tratado de historias de las religiones)

El umbral, entonces, siempre implicó tránsito y decisión. Nadie lo cruzaba sin estar dispuesto, aunque fuera de manera inconsciente, a dejar atrás una forma de ser para abrirse a otra. Esta ruptura con lo anterior y esta apertura a lo nuevo le dieron al símbolo una fuerza particular en los ritos de iniciación: cruzar un umbral era asumir un compromiso moral, espiritual y existencial. Significaba aceptar que el camino hacia la verdad requiere abandonar certezas rígidas, viejos hábitos y la seguridad que ofrece el mundo familiar.

Por esta razón, el simbolismo del umbral adquirió una centralidad extraordinaria en la Masonería. La Orden, heredera de tradiciones simbólicas milenarias, reconoce en este paso la síntesis de todo el proceso iniciático. El umbral no es apenas un borde físico; es la frontera interior que cada hombre debe atreverse a cruzar para nacer espiritualmente. Se trata del instante en que la intención se vuelve acto, en que la búsqueda deja de ser teoría y se transforma en camino, en que el profano abre la puerta de su conciencia hacia un nivel más profundo de sí mismo.

Comprender su origen etimológico y su evolución histórica no solo ilumina su significado lingüístico: revela por qué la Masonería ha conservado el umbral como una de las metáforas más potentes de toda la iniciación. En él se condensa el drama interior del ser humano: el paso decisivo que marca el comienzo real de la transformación.

10.3. El umbral como espacio sagrado en la experiencia iniciática

En su sentido inmediato, el umbral es el borde donde comienza una puerta. Es un límite físico, concreto y visible. Pero en Masonería, ese límite adquiere un valor que trasciende la arquitectura y se convierte en un territorio espiritual. El umbral es el punto exacto donde el ser humano debe detenerse —no solo con los pies, sino con la conciencia— para preguntarse si está verdaderamente dispuesto a transformarse. Es la línea que separa la vida profana, sostenida por hábitos, certezas rígidas y automatismos, de la vida iniciática, que exige disciplina interior, silencio fértil, preguntas sinceras y una búsqueda auténtica de la Luz.

El umbral es espacio sagrado porque constituye un punto de ruptura con el viejo estado del ser. Allí, el candidato se detiene en una suspensión ritual del mundo exterior. Nada de lo que ocurre en la Logia tendría sentido sin este momento previo, que actúa como un filtro espiritual: quien no esté dispuesto a dejar atrás su inercia interior, no puede cruzar legítimamente. La Masonería sabe que ningún despertar es posible sin un acto de entrega consciente.

Por eso, en el rito masónico, el umbral se cruza vendado, guiado y en silencio: tres gestos que constituyen una pedagogía espiritual completa.

El vendaje no es una ceguera impuesta, sino un símbolo que indica que el ser humano debe renunciar, por un instante, a su visión habitual y abrirse a otra forma de ver. Representa la renuncia temporal a la autonomía intelectual que impide aprender. El guía expresa que el conocimiento auténtico no se conquista solo, sino que se recibe humildemente de manos de quienes han caminado antes. Y el silencio es el espacio interior donde germina la comprensión: sin él, el tránsito quedaría reducido a una ceremonia vacía.

En este punto resuena con claridad la afirmación de Mircea Eliade, quien sostiene que lo sagrado se manifiesta como una realidad cualitativamente distinta de lo profano (Paráfrasis basada en Eliade, Lo Sagrado y lo profano).[1] Ese contraste —que en la vida cotidiana suele pasar inadvertido— se vuelve tangible en el umbral. Allí, el mundo exterior queda atrás y se abre un ámbito donde la realidad se percibe desde otra profundidad: ya no como una sucesión de hechos, sino como una dimensión cargada de sentido.

A la vez, Rudolf Otto describe la experiencia de lo santo como un mysterium tremendum et fascinans —una mezcla de temor reverencial y atracción profunda—.(Paráfrasis basada en Otto, Lo Santo)[3] Esa misma paradoja es vivida por el iniciado al situarse ante el umbral. Siente respeto por lo que aún desconoce, pero también una fuerza interior que lo impulsa a avanzar.

Así entendido, el umbral no es una simple transición entre dos cuartos: es un acontecimiento espiritual. Es el primer gesto de la iniciación, el instante en que el hombre deja de caminar por inercia y comienza a caminar con propósito. Allí, en ese borde sagrado, comienza la verdadera obra interior.

10.4. El tránsito por el umbral como acto de transformación interior

El cruce del umbral no es un acto mecánico ni una simple transición física: es una decisión profunda que nace en lo más íntimo del ser. Todo lo que ocurre en ese instante es pedagógico. El candidato avanza sin ver, no porque se le niegue la visión, sino porque debe aprender a caminar sin apoyarse en sus viejas interpretaciones del mundo. Al aceptar su vulnerabilidad, reconoce que el conocimiento auténtico no se conquista desde la autosuficiencia, sino desde la humildad del que sabe que necesita ser transformado.

Este gesto constituye uno de los principios iniciáticos más importantes: para adquirir verdadera sabiduría, el ser humano debe aprender primero a dejarse conducir. La venda no representa debilidad; representa confianza. El silencio no es ausencia de palabras, sino un terreno fértil donde la conciencia comienza a escucharse a sí misma. El avance guiado no es dependencia, sino apertura: la disposición interior de quien comprende que el camino espiritual exige renunciar temporalmente a los juicios precipitados para recibir una orientación más elevada.

El umbral es, además, una frontera espiritual que divide dos dimensiones del ser. De un lado queda la vida ordinaria, marcada por distracciones, inercias, temores y estructuras mentales que se repiten sin cuestionamiento. Es la región donde el hombre actúa muchas veces por hábito más que por elección consciente. Del otro lado se abre la dimensión iniciática: un territorio interior donde el ser humano debe enfrentarse a sus sombras, reconocerlas y comenzar a trabajar sobre ellas con honestidad.

Por esta razón, distintas tradiciones masónicas enseñan pasos previos al cruce del umbral que representan virtudes fundamentales: disposición para aprender, silencio para escuchar, voluntad serena para perseverar y rectitud interior para actuar conforme a la Verdad. No son simple ornamentación ritual; son recordatorios de que el tránsito iniciático exige una preparación moral concreta. Sin estas actitudes, el cruce se convertiría en un acto vacío; con ellas, se transforma en un punto de inflexión espiritual.

En realidad, lo que sucede en el umbral es un cambio de estado: el profano deja atrás su mundo interior habitual y da los primeros pasos hacia su propia reconstrucción simbólica. El umbral actúa como un crisol donde el hombre reconoce sus limitaciones y, al mismo tiempo, se abre a la posibilidad de superarlas. Nada en él es casual: cada gesto, cada silencio y cada pausa prepara la conciencia para recibir la luz de otro modo, para comenzar a ver no solo lo que está afuera, sino lo que está dentro.

10.5. Las columnas del Templo y el umbral como punto de equilibrio

Las columnas que custodian la entrada del Templo masónico no cumplen una función meramente ornamental: son los guardianes simbólicos del umbral y expresan la dualidad que sostiene al universo. En ellas se sintetizan dos principios fundamentales que equilibran toda la creación: fuerza y belleza, materia y espíritu, rigor y armonía. Separadas, cada una expresa un polo del mundo; unidas, revelan el equilibrio necesario para que la obra se mantenga en pie.

El espacio entre ambas —ese vacío cargado de sentido— es precisamente el umbral. No es un simple intermedio arquitectónico: es el punto exacto donde la dualidad encuentra su centro y donde el iniciado se detiene antes de traspasar el límite. Es un lugar intermedio entre dos órdenes del ser: el exterior, donde rige la vida cotidiana, y el interior, donde se opera la transformación del espíritu. Allí el masón experimenta, aunque sea por un instante, la sensación de hallarse entre dos mundos.

Ese instante tiene un propósito claramente pedagógico. El iniciado, al situarse entre las columnas, comprende que está a punto de penetrar en un ámbito regido por leyes distintas: un espacio donde la palabra se pronuncia con solemnidad, donde el silencio no es ausencia sino enseñanza, y donde cada gesto está impregnado de simbolismo. El umbral, en este contexto, actúa como un recordatorio de que el trabajo masónico no se desarrolla en el plano ordinario de la vida, sino en un nivel más profundo donde todo está orientado hacia la elevación moral y espiritual.

Pero el simbolismo no termina ahí. El espacio entre las columnas funciona también como un espejo interior. En ese punto detenido, el iniciado es invitado a examinar la pureza de su intención. ¿Qué lo mueve a entrar? ¿Qué busca realmente? ¿Está listo para dejar atrás la dispersión del mundo profano y asumir la responsabilidad del trabajo interior? El umbral, al colocarlo en este centro equilibrado, le exige sinceridad: lo invita a cruzar no solo con los pies, sino con el corazón alineado con la verdad.

Así, las columnas y el umbral forman un tríptico simbólico: dos fuerzas que se equilibran y un punto central que representa el acto consciente de elegir el camino de la Luz. Es en ese punto donde el hombre se reconoce como agente de su propia transformación y desde donde comienza, con paso firme, el verdadero ascenso iniciático.

10.6. El umbral como símbolo permanente en la vida masónica

El sentido más profundo del umbral no reside únicamente en el instante ceremonial del cruce, sino en todo lo que sucede después. El rito marca un inicio visible, pero su significado perdura silenciosamente en la conciencia del iniciado. Una vez dentro del Templo, el umbral no desaparece: queda inscrito en la memoria simbólica como un punto de referencia permanente, un recordatorio interior de que el camino iniciado debe continuar más allá de la ceremonia.

La experiencia masónica demuestra que el umbral acompaña al Hermano en cada etapa de su trayectoria. No es un símbolo que se deja atrás, sino uno que regresa una y otra vez. Cuando enfrenta un dilema moral —y debe elegir entre lo fácil y lo correcto—, vuelve simbólicamente al umbral. Cuando lucha contra las sombras de su carácter, cuando se enfrenta con sus debilidades o con los impulsos que nublan la conciencia, vuelve al umbral. Cuando busca la verdad, cuando vislumbra claridad interior o cuando la vida exige una decisión que determine su rumbo, vuelve al mismo punto donde su camino iniciático comenzó.

Este retorno simbólico enseña algo esencial: la iniciación no es un evento, sino un compromiso continuo. El tránsito por el umbral en la ceremonia marcó un "antes y después", pero cada día plantea nuevos umbrales que deben cruzarse con la misma humildad y disciplina interior. Por eso el símbolo llama constantemente a renovar la intención, a ajustar la conducta, a purificar el pensamiento y a trabajar para que la luz interior prevalezca sobre la confusión y la oscuridad. El umbral es una frontera viva: se activa en cada decisión y se manifiesta en cada acto que reafirma la voluntad de ser mejor.

En su esencia más profunda, el umbral representa el nacimiento del masón. No porque la transformación ocurra de inmediato, sino porque el iniciado reconoce que debe cambiar. Acepta que su vida ya no puede transcurrir en la inercia de lo profano; comprende que cada paso debe orientarse hacia la construcción de su templo interior. El umbral marca el momento en que deja de caminar sin dirección y comienza a caminar con propósito. Es la frontera donde nace la responsabilidad espiritual.

Por eso, cruzarlo es pronunciar desde lo más íntimo una declaración silenciosa, pero decisiva: "Estoy dispuesto a aprender. Estoy dispuesto a escuchar. Estoy dispuesto a transformarme."

Mientras esta frase permanezca viva en el corazón, el umbral seguirá guiando al iniciado, recordándole que cada día puede comenzar de nuevo, siempre que se atreva a cruzar conscientemente las puertas de su propio ser.

10.7. El umbral como disciplina diaria

El umbral no es un recuerdo ritual ni una imagen que pertenezca al pasado. No es un instante congelado en la ceremonia ni un símbolo que se activa únicamente durante la iniciación. El umbral es una disciplina diaria: una actitud interior que se renueva constantemente y que acompaña al masón en cada uno de sus actos. Es un modo de vivir, una manera de orientarse en el mundo y un criterio silencioso que marca la diferencia entre actuar por inercia y actuar con conciencia.

Cada vez que el ser humano debe decidir entre lo correcto y lo fácil, entre la virtud y la indiferencia, entre la luz y la sombra, entre la construcción interior y la comodidad de la pasividad, allí reaparece el umbral. No de forma visible, sino como una frontera íntima donde se define el carácter. Es en ese punto —silencioso, secreto, invisible para los demás— donde el masón revela quién es realmente. Las grandes decisiones morales no se toman ante la mirada de los otros, sino en la soledad del propio juicio interior.

El umbral, como disciplina diaria, actúa como un espejo que devuelve la imagen de nuestras intenciones auténticas. Nos obliga a preguntarnos:

¿Estoy cruzando esta puerta con rectitud?

¿Estoy actuando conforme a la luz que busco?

¿Estoy dispuesto a dejar atrás lo que me retiene y avanzar hacia lo que me perfecciona?

Estas preguntas no se hacen una vez, sino siempre. La iniciación ritual abrió una puerta simbólica, pero la vida abre muchas más. El trabajo espiritual consiste en reconocer estos umbrales cotidianos y atravesarlos con la misma solemnidad interior con que se cruzó el primero.

Cruzar el umbral en la iniciación fue un acto simbólico.

Cruzarlo cada día —en la conducta, en la intención y en la conciencia— es la verdadera obra del iniciado. Es allí donde se comprueba la autenticidad del camino masónico: no en la ceremonia, sino en la vida; no en los símbolos externos, sino en las decisiones diarias que revelan si la luz interior guía realmente al corazón.

Por eso, el umbral permanece siempre vivo dentro del masón. Es un recordatorio constante de que todo día trae consigo un nuevo comienzo, siempre que el Hermano tenga el valor de cruzar, una vez más, la puerta de su propio perfeccionamiento.

Notas y Referencias

1. Eliade, Mircea. Lo sagrado y lo profano. Barcelona: Paidós, 1998.
2. Eliade, Mircea. Tratado de historia de las religiones. Madrid: Ediciones Cristiandad, 2007.
3. Otto, Rudolf. Lo santo. Madrid: Alianza Editorial, 1999.

CAPÍTULO XI

La Influencia de los Gremios de Constructores de Catedrales en la Masonería Moderna

11.1. Introducción

La relación entre la Masonería Operativa medieval y la Masonería Especulativa moderna constituye uno de los temas más debatidos y trascendentes de la historiografía masónica. Lejos de ser una simple evolución lineal, este vínculo representa un proceso complejo de continuidad y transformación, en el que estructuras gremiales, lenguajes simbólicos y ritos de admisión fueron reinterpretados conforme a las nuevas necesidades intelectuales, morales y espirituales del mundo moderno.[1,4] (Paráfrasis del autor a partir de las obras citadas)

En los gremios constructores del Medievo —las fraternidades de albañiles, canteros y arquitectos que erigieron las grandes catedrales de Europa—, se consolidó una tradición de trabajo organizado, secreto profesional y disciplina simbólica que sentó las bases de lo que, siglos después, sería la Masonería especulativa. Aquellas corporaciones, unidas por juramentos, signos y reglas morales, protegían tanto el arte de la construcción material como la dignidad del oficio. Su cohesión interna dependía de un sistema de grados (Aprendiz, Compañero, Maestro) y de rituales de admisión que, aunque funcionales al trabajo físico, contenían ya una carga espiritual y moral latente.

La transición del oficio a la especulación, estudiada por autores como Douglas Knoop, G. P. Jones y David Stevenson, no fue una ruptura súbita, sino un proceso de reinterpretación simbólica que se desarrolló entre la Escocia tardo-renacentista y la Inglaterra ilustrada del siglo XVIII. En Escocia, durante los siglos XVI y XVII, las lodges o logias de canteros comenzaron a admitir a miembros no operativos —hombres instruidos, nobles o eruditos— atraídos por el prestigio moral del oficio y por su lenguaje simbólico. Este fenómeno, conocido como la admisión de masones aceptados, transformó paulatinamente las corporaciones de artesanos en fraternidades de pensamiento.

La aparición de la Masonería Especulativa en el siglo XVIII, con la fundación de la Gran Logia de Londres y Westminster en 1717, cristalizó ese proceso de evolución doctrinal. La obra arquitectónica externa cedió su lugar al trabajo interior, y las herramientas del constructor se convirtieron en emblemas de virtud y de autoconocimiento. El compás, la escuadra, el nivel o la plomada dejaron de ser instrumentos de piedra y se transformaron en símbolos de la edificación moral del hombre. Así, lo que en los gremios era una técnica, en la Masonería moderna se convirtió en un camino iniciático.

La continuidad simbólica entre los constructores de catedrales y los masones especulativos se percibe en múltiples planos: el uso del lenguaje arquitectónico, la estructura jerárquica tripartita, la noción de templo como microcosmos y la ética del trabajo como servicio. Pero también existió una profunda reconfiguración doctrinal: la espiritualidad medieval, centrada en la teología del templo, dio paso a una espiritualidad racionalista, moral y universalista, propia del humanismo ilustrado. La Logia moderna ya no se edificaba sobre piedra, sino sobre principios morales; ya no levantaba muros, sino conciencias.

Por eso, más que una filiación directa, lo que une a ambas masonerías es una herencia simbólica transfigurada. La Masonería moderna no imita a los constructores: los reinterpreta. De ellos conserva el amor por la precisión, la ética del trabajo, el respeto por la jerarquía y el espíritu de fraternidad; pero eleva esas cualidades a una dimensión filosófica y espiritual. Donde el maestro cantero labraba una piedra para una catedral, el masón simbólico labra su propia alma para el templo interior.

Este capítulo explora esa doble raíz —histórica y simbólica—: la continuidad de las estructuras gremiales y la transformación del oficio en doctrina. Al hacerlo, muestra cómo la Masonería moderna se erige sobre el legado de los constructores medievales, pero lo reinterpreta a la luz del ideal ilustrado, convirtiendo la obra material en una obra moral, y el taller de piedra en un espacio sagrado del espíritu.

11.2. Los gremios y "logias" operativas: Organización y funciones

En la Europa medieval, los constructores de catedrales, palacios, abadías y grandes obras públicas formaron gremios de oficio y "logias" operativas (lodges of masons), instituciones que combinaban la dimensión técnica, corporativa y moral del arte de construir. Estas fraternidades profesionales, que surgieron entre los siglos XII y XV, fueron los pilares de la arquitectura gótica y de las ciudades europeas en expansión.[1,5] (Paráfrasis)

Los gremios de constructores cumplían múltiples funciones, tanto prácticas como simbólicas.

- **Regulación del oficio:** fijaban las tarifas, controlaban la calidad del trabajo, establecían normas de seguridad y mantenían el equilibrio entre la competencia y la solidaridad interna. Las autoridades municipales o eclesiásticas reconocían en ellos la garantía técnica y moral de las obras.

- **Formación escalonada:** su estructura estaba jerarquizada en tres grados fundamentales: Aprendiz, Compañero (fellow) y Maestro, vinculados por juramentos, ordenanzas y estatutos propios. Cada grado correspondía a un nivel de dominio técnico y moral, y su ascenso dependía tanto de la destreza manual como de la conducta personal. Esta progresión —de aprendizaje, perfeccionamiento y maestría— constituye el antecedente directo de la tripartición simbólica que siglos después adoptará la Masonería especulativa.

- **Vida corporativa:** las logias fomentaban la ayuda mutua, la caridad hacia los miembros enfermos o accidentados y la disciplina interna. Además, custodiaban fondos comunes, celebraban festividades religiosas vinculadas a su santo patrono (a menudo San Juan Bautista o San Juan Evangelista) y mantenían una vida social reglada por el principio de fraternidad profesional.

Los historiadores Douglas Knoop y G. P. Jones, en sus estudios sobre los masones operativos ingleses y escoceses, reconstruyeron con notable precisión la vida de estos artesanos y su movilidad transnacional. A través de ordenanzas, minute books y registros contables, documentaron que los masones gozaban de una condición semi-internacional, trasladándose de una obra a otra en busca de empleo, pero conservando una identidad profesional común, una lengua técnica compartida y un conjunto de signos de reconocimiento gremial. [1,5] (Paráfrasis)

La logia operativa (lodge) era, ante todo, un espacio de trabajo y gobierno del oficio, instalado dentro o junto al recinto de la obra: una estructura de madera o piedra donde los masones se reunían para planificar, instruirse y deliberar sobre los asuntos del taller. Allí se almacenaban herramientas, planos y materiales; pero también se juraban compromisos, se recibían aprendices y se impartía enseñanza moral. La logia, por tanto, no era solo un taller físico, sino una institución moral y pedagógica, un microcosmos de orden dentro del caos del mundo exterior.

El Maestro de Obras presidía el conjunto, asistido por oficiales encargados de la supervisión técnica, la instrucción y la administración. Las decisiones se tomaban colectivamente, bajo normas escritas que regulaban tanto los aspectos económicos como la conducta personal. En muchas de estas logias se exigía a los aprendices no solo habilidad técnica, sino rectitud de carácter y respeto a Dios, a la autoridad y al prójimo: la ética del constructor era inseparable de su arte.

En este sentido, la logia operativa puede considerarse el antecedente directo del Templo Masónico moderno: un espacio cerrado, regido por la ley del trabajo y de la fraternidad, donde el hombre se educa a través de la disciplina y del ejemplo. El lugar donde se labraba la piedra se transformará, siglos después, en el lugar donde se labra el alma.

La organización de los gremios medievales revelaba ya una comprensión simbólica del oficio: el acto de construir implicaba ordenar la materia según la idea, reflejar el orden divino en la forma visible. Así, sin declararse "filosóficos", aquellos obreros encarnaban un pensamiento simbólico que la Masonería especulativa heredaría y espiritualizaría. En ellos nació el principio que aún hoy anima al Arte Real: que toda obra humana, cuando se ejecuta con virtud, es una prolongación del acto creador del Gran Arquitecto del Universo.

11.3. Normativa y primeros textos: de los "Old Charges" a los Estatutos de Schaw

La historia documental de la Masonería Operativa medieval se halla codificada en una serie de manuscritos conocidos como las "Old Charges" o Antiguos Deberes, textos fundamentales que recogen la memoria moral, técnica y simbólica del oficio de los masones. Estos manuscritos, redactados entre finales del siglo XIV y el siglo XVIII, constituyen el corpus más antiguo de normativa masónica conocida y la fuente directa de muchas de las ideas que más tarde inspirarían la Masonería especulativa.[6] (Paráfrasis)

Entre los documentos más célebres destacan el Manuscrito Regius (c. 1390) y el Manuscrito Cooke (c. 1410), seguidos por decenas de copias y versiones posteriores, conservadas en archivos británicos y escoceses. El Regius, redactado en verso medio inglés, combina elementos legendarios, normativos y morales: presenta un relato mítico de los orígenes de la geometría en Egipto y su transmisión a Europa, vinculando así el arte de la construcción con la sabiduría sagrada de la Antigüedad. En su texto, la geometría aparece como "la raíz de todas las artes" y fundamento del orden divino, idea que luego será reinterpretada por la Masonería moderna como principio espiritual y moral del cosmos.

El Manuscrito Cooke, algo posterior, introduce un tono más sistemático y moralizante. Expone los deberes del masón, las obligaciones hacia Dios, el rey, el maestro y el prójimo, y organiza las reglas del trabajo, la formación de los aprendices y el respeto a la jerarquía del taller. Ambos textos —Regius y Cooke—, junto con sus descendientes manuscritos, combinan mitemas históricos (la construcción del Templo de Salomón, la figura de Euclides, la transmisión del saber geométrico) con preceptos éticos y reglas de conducta gremial. En ellos, la geometría se presenta como fundamento de las demás artes y del orden divino, idea que luego será reinterpretada por la Masonería moderna como principio espiritual y moral del cosmos. Esta síntesis de mito, técnica y moral revela que, ya en el siglo XV, el arte de la construcción era percibido como una ciencia sagrada y una vía de perfección humana.[6] (Paráfrasis)

Un rasgo constante de las Old Charges es la referencia a las Siete Artes Liberales —gramática, lógica, retórica, aritmética, geometría, música y astronomía—, consideradas el fundamento del conocimiento humano. Entre ellas, la geometría ocupa el lugar central, no solo como ciencia práctica del trazado y la medida, sino como símbolo del orden universal. Este énfasis en las artes liberales prefigura la didáctica simbólica que, siglos más tarde, la Masonería especulativa transformará en su pedagogía moral e intelectual: el paso de la piedra a la idea, del cálculo al principio.

En Escocia, a fines del siglo XVI, el proceso de institucionalización gremial alcanzó su forma más avanzada con la promulgación de los Estatutos de William Schaw (1598–1599), Maestro de Obras del rey Jacobo VI. Estos documentos regulan la vida de las logias escocesas con un nivel de detalle que evidencia una estructura corporativa y ritual ya consolidada antes del surgimiento de la Masonería especulativa.[7], [8],[9] (Paráfrasis)

Los Estatutos de Schaw establecen normas sobre la admisión de miembros, la tenencia de libros de registro, la jurisdicción de cada logia, la calidad de la obra y la autoridad de las logias principales, como la Lodge of Edinburgh (Mary's Chapel), que desde entonces ocuparía un lugar de preeminencia histórica. Además, prescriben pruebas de competencia, exámenes morales, juramentos y sanciones, y reconocen la figura del Guardia o Warden como autoridad de supervisión, término que perdurará en la Masonería moderna bajo la forma de Vigilante.

Estos textos escoceses marcan una transición crucial: el paso del gremio técnico al colegio moral. En ellos, el trabajo manual se asocia a la responsabilidad ética, y el cumplimiento de la ley del oficio se convierte en ejercicio de virtud. La palabra "lodge" comienza a designar no solo un taller, sino también una corporación dotada de identidad espiritual y de normas internas, es decir, una comunidad que se percibe a sí misma como heredera de una sabiduría y una tradición.

La obra de Schaw anticipa así varios rasgos característicos de la Masonería especulativa: la importancia de la regularidad institucional, la organización jerárquica de los grados, la autoridad ritual del Worshipful Master, la vigilancia moral de los Wardens y la presencia de registros escritos como testimonio de continuidad. Su lenguaje administrativo encierra un espíritu simbólico: la idea de que la construcción material debe reflejar un orden superior, y que la verdadera medida de la piedra —como del hombre— reside en su rectitud interior.

Los Old Charges y los Estatutos de Schaw, tomados en conjunto, constituyen los cimientos documentales sobre los que se erige la Masonería moderna. En ellos, el oficio del constructor se convierte progresivamente en una ética del conocimiento y de la medida, donde la geometría es ciencia y virtud, y donde el trabajo manual se transforma en acto moral y espiritual. La Masonería especulativa heredará esa herencia, despojándola de su función técnica para convertirla en una liturgia del alma, fiel al principio eterno que aquellos textos ya proclamaban: que edificar es servir al Orden Divino.

11.4. Señales de reconocimiento y "Mason Word"

Entre los testimonios más antiguos de la Masonería operativa escocesa se encuentran las menciones al "Mason Word", expresión enigmática que aparece en fuentes del siglo XVII y que constituye uno de los indicios más claros de la existencia de ritos de admisión, palabras y signos de reconocimiento entre los masones de la época.[3,10,11] (Paráfrasis)

La primera referencia literaria conocida procede del poeta Henry Adamson, quien en su obra The Muses Threnodie (Perth, 1638) alude al "Mason Word" en un contexto que sugiere no una simple contraseña profesional, sino un secreto distintivo de una fraternidad honorable. La expresión, aunque breve, revela que ya a mediados del siglo XVII existía en Escocia una tradición reconocida —y probablemente reservada— vinculada al arte de la construcción, dotada de símbolos y fórmulas de pertenencia que trascendían la mera práctica del oficio.

Durante las décadas siguientes, varios catecismos manuscritos documentan con mayor detalle la existencia de estos modos de reconocimiento. Entre ellos destacan el Edinburgh Register House Manuscript (1696) y el Chetwode Crawley Manuscript (c. 1700), que reproducen interrogatorios y respuestas rituales empleados para verificar la identidad y la legitimidad de los miembros de una logia.[10,11] (Paráfrasis) Estos documentos describen fórmulas de preguntas, palabras y gestos que servían tanto para preservar el secreto del arte como para asegurar la cohesión y la confianza dentro de la comunidad.

La presencia del Mason Word en tales textos sugiere que las logias escocesas operativas del siglo XVII habían desarrollado ya una dimensión ritual y simbólica avanzada, en la cual la transmisión del conocimiento no era puramente técnica, sino moral y jerárquica. La admisión de un nuevo miembro requería no solo demostrar habilidad manual, sino también pronunciar y recibir una palabra que marcaba su ingreso en la fraternidad. Este acto de palabra era, en sí mismo, una ceremonia de consagración profesional y moral, donde el lenguaje se convertía en signo de identidad y vehículo de valor.

La palabra —verbal o simbólica— constituye desde entonces un eje central del pensamiento masónico. En la tradición operativa, la "palabra del masón" representaba la transmisión legítima del saber y el reconocimiento entre iguales; en la Masonería especulativa, se transformará en un símbolo del Verbo creador, de la sabiduría interior que distingue al Iniciado. Así, el Mason Word puede considerarse el eslabón simbólico entre la Masonería del trabajo material y la Masonería de la luz intelectual.

El estudio filológico y contextual de estos catecismos revela, además, que el "Mason Word" no era una simple contraseña, sino un signo de pertenencia espiritual dentro de una comunidad que comenzaba a concebirse a sí misma como depositaria de una tradición antigua. Su transmisión implicaba ritualidad, juramento y secreto, tres elementos que definen todo espacio sagrado. La palabra era "dada" por un maestro y "recibida" por el iniciado, en un gesto que anticipa la estructura pedagógica de los grados simbólicos modernos.

Estos manuscritos escoceses —anteriores a la fundación de la Gran Logia de Londres en 1717— prueban que, mucho antes de la codificación moderna de los rituales, existía ya un lenguaje de reconocimiento y de identidad fraterna basado en símbolos, palabras y gestos. El Mason Word representaba, por tanto, la sacralización del lenguaje: la convicción de que el conocimiento debía ser custodiado, y de que el acceso a él implicaba una transformación del ser.

El paso de esta práctica gremial a la Masonería especulativa supuso su reinterpretación espiritual. La palabra, de signo de oficio, se convirtió en símbolo de la Palabra Perdida, arquetipo de la sabiduría buscada. Lo que en el siglo XVII servía para distinguir al artesano regular del intruso, servirá en el XVIII para distinguir al iniciado del profano. La continuidad es clara, pero la intención cambia: la identidad profesional se transfigura en identidad moral; el secreto del arte se convierte en misterio del alma.

En suma, el Mason Word y los catecismos escoceses no solo documentan la existencia de un sistema de reconocimientos y juramentos entre los masones operativos, sino que marcan el punto de inflexión entre el oficio y la iniciación. Son testimonio de cómo el lenguaje —sagrado, reservado, simbólico— comenzó a construir un espacio espiritual dentro de un espacio laboral. Allí donde los hombres pronunciaban una palabra para reconocerse como hermanos en el arte, la historia masónica comenzaba ya a pronunciar su Verbo eterno: el de la Luz que une el trabajo, la sabiduría y la fraternidad.

11.5. Apertura a "no operativos" y tránsito a lo especulativo

Entre los siglos XVI y XVII, en Escocia y posteriormente en Inglaterra, comenzó un proceso que transformaría radicalmente el sentido y la función de las logias de constructores: la admisión de miembros no operativos, es decir, hombres ajenos al trabajo manual del arte de construir, pero interesados en su simbolismo, su ética y su tradición.[3] (Paráfrasis)

En el contexto escocés, las logias de masones —hasta entonces corporaciones de oficio dedicadas a la arquitectura y la cantería— empezaron a recibir en su seno a nobles, eruditos, humanistas y oficiales de la corona. Este fenómeno, conocido como la admisión de masones aceptados, señala el paso de un modelo gremial a un modelo fraternal. La pertenencia ya no se basaba únicamente en la destreza técnica, sino en la afinidad moral e intelectual con los principios de la corporación.

El historiador David Stevenson, en sus estudios sobre la Masonería escocesa entre 1590 y 1710, interpreta este proceso como un auténtico laboratorio cultural, donde confluyeron tres fuerzas: el humanismo renacentista, con su ideal de educación moral y universal; el interés científico por la arquitectura y las matemáticas, como lenguaje de orden y proporción; y el ethos corporativo de los masones, basado en la fraternidad, la disciplina y la jerarquía. ^3 (Paráfrasis) De esta confluencia surgió un nuevo tipo de asociación: ni puramente profesional ni puramente intelectual, sino iniciática, donde el trabajo de la piedra se transformaba en metáfora del perfeccionamiento interior.

Los "no operativos" —nobles ilustrados, juristas, clérigos y eruditos— encontraron en las logias un espacio singular que unía el espíritu práctico del oficio con el pensamiento simbólico del Renacimiento. En un tiempo marcado por las tensiones religiosas y políticas, las logias ofrecían un ámbito de neutralidad y fraternidad, donde hombres de distintas condiciones podían reunirse bajo la idea común de la virtud y del conocimiento. Este cambio de composición social no destruyó la tradición operativa, sino que la espiritualizó.

La logia dejó de ser exclusivamente un taller de trabajo material para convertirse en escuela de moral y filosofía simbólica. La palabra, los signos y las herramientas del constructor adquirieron significados alegóricos: la escuadra pasó a representar la rectitud moral; el compás, la moderación y la medida; la plomada, la justicia y el equilibrio interior.

El trabajo sobre la piedra se convirtió en una disciplina del alma, y el templo físico en una imagen del cosmos interior.

En Inglaterra, este proceso culminó a inicios del siglo XVIII con la fundación de la Gran Logia de Londres y Westminster (1717), considerada el punto de origen de la Masonería moderna. La nueva institución unificó diversas logias londinenses, heredando parte de la estructura escocesa pero reformulando su espíritu. Cuatro logias, que trabajaban bajo usos tradicionales, decidieron federarse y establecer reglas comunes, dando origen a una organización estable con autoridad reconocida.

Cinco años después, en 1723, se publicó el texto que fijaría la identidad doctrinal de la nueva fraternidad: las Constituciones de Anderson, redactadas por el pastor presbiteriano James Anderson y editadas bajo la supervisión del filósofo Jean Théophile Desaguliers, ambos miembros prominentes de la recién creada Gran Logia.[12] (Paráfrasis) Este documento consagró la transformación definitiva del arte operativo en moral universal y simbólica.

Las Constituciones abren con una "Historia de la Masonería" que reinterpreta las viejas leyendas de los Old Charges, pero desplazando su centro de gravedad: ya no se trata de preservar un oficio, sino de transmitir un ideal de perfección humana. En su primera sección, titulada De Dios y de la Religión, Anderson declara que el masón debe ser "de la religión en que todos los hombres convienen", es decir, un creyente en el Ser Supremo, más allá de dogmas y sectas. El principio de universalidad se establece así como fundamento de la nueva Masonería.

La fraternidad deja de ser una corporación cerrada por el oficio, y se abre a "hombres buenos y libres", instruidos y de conducta recta, sin importar su profesión o rango social. La calidad moral sustituye a la condición artesanal como criterio de admisión. La regularidad ya no depende de la obra física, sino del reconocimiento institucional y de la pureza del propósito. En lugar de levantar catedrales de piedra, los masones modernos se proponen edificar la catedral invisible de la Humanidad.

Este tránsito de lo operativo a lo especulativo no fue un abandono del legado gremial, sino su transfiguración espiritual. Las herramientas, los juramentos, los grados y la fraternidad conservaron su estructura simbólica, pero se elevaron de plano: de la piedra al alma, de la geometría a la ética, de la obra visible a la interior. La logia se convirtió en el nuevo templo donde se construye, no una ciudad, sino el hombre nuevo.

Así, el paso de los masones de oficio a los masones de espíritu constituye una de las metamorfosis más significativas de la historia occidental: la conversión de una técnica en sabiduría, de una corporación en escuela moral, y de un arte constructivo en vía iniciática. La Masonería moderna nace de ese movimiento de ascensión: cuando el hombre que edificaba templos para Dios descubre que su verdadera tarea es edificar el templo de Dios dentro de sí mismo.

11.6. Qué se hereda de los gremios: Continuidades

La Masonería especulativa no surgió de la nada: heredó de los gremios de constructores medievales una estructura institucional, una disciplina moral y un lenguaje simbólico que reconfiguró en clave filosófica e iniciática. Las logias modernas conservaron muchos de los rasgos fundamentales de aquellas corporaciones, transformándolos en vehículos de enseñanza espiritual. Entre las principales continuidades históricas y simbólicas, pueden destacarse las siguientes:

11.6.1. Estructura tripartita de progreso (Aprendiz–Compañero–Maestro)

La organización jerárquica de los gremios medievales —que dividía a sus miembros en aprendices, compañeros y maestros— fue adoptada íntegramente por la Masonería moderna, aunque reinterpretada como una trayectoria iniciática.[1],[2] (Paráfrasis)

En el ámbito operativo, esta estructura regulaba el aprendizaje técnico y la promoción profesional. En el ámbito especulativo, se convirtió en símbolo del progreso interior del alma: el aprendiz representa la búsqueda inicial y la disposición a recibir instrucción; el compañero, el dominio del conocimiento adquirido y la comprensión de la armonía del universo; el maestro, la sabiduría alcanzada a través de la experiencia y del sacrificio. Así, los tres grados reflejan no solo una jerarquía institucional, sino una antropología espiritual del perfeccionamiento humano, heredera de la pedagogía gremial, pero transfigurada por el pensamiento ilustrado y el simbolismo iniciático.

11.6.2. Herramientas y lenguaje técnico del constructor

La Masonería moderna conserva el léxico operativo de los canteros: la escuadra, el compás, la plomada, el nivel, la regla, la piedra bruta y la piedra cúbica, instrumentos que, en los talleres medievales, tenían funciones estrictamente técnicas, pero que en las logias especulativas fueron reinterpretados como emblemas morales.[13],[14] (Paráfrasis)

Esta transformación, que se consolida en los monitores de William Preston y Thomas Smith Webb, da origen a la catequesis simbólica del Templo Masónico: cada herramienta enseña una virtud; cada medida, una ley de equilibrio; cada trazo, una lección de armonía. La escuadra enseña la rectitud del juicio; el compás, la justa medida de las pasiones; la plomada, la verticalidad de la conciencia; el nivel, la igualdad entre los hombres. La piedra bruta, símbolo del alma imperfecta, y la piedra cúbica, imagen del ser transformado, expresan en su oposición el itinerario del iniciado: de la materia informe a la forma perfecta, de la ignorancia a la luz.

11.6.3. Reconocimientos: Palabra, Señas y Toques

La práctica de los signos y palabras de reconocimiento, documentada en los catecismos escoceses del siglo XVII (como el Edinburgh Register House Manuscript y el Chetwode Crawley Manuscript), fue heredada directamente por la Masonería especulativa.[10],[11] (Paráfrasis)

En los gremios, estos signos cumplían una función práctica: garantizar la identidad y la competencia del artesano que solicitaba trabajo o asistencia en una logia desconocida. En la Masonería moderna, su función se amplía y espiritualiza: los signos se convierten en gestos de reconocimiento iniciático, símbolos de fraternidad y de pertenencia moral. La "palabra del masón", que en el siglo XVII era una credencial del oficio, pasa a representar el Verbo interior, la expresión de la verdad y la luz que cada iniciado lleva en sí. Los toques y señas dejan de ser simples códigos y se vuelven formas rituales de comunión simbólica, expresiones tangibles de un vínculo espiritual.

11.6.4. Cultura corporativa y disciplina institucional

La Masonería especulativa heredó también la cultura corporativa de los gremios medievales: los juramentos, la caridad, la disciplina interna y la escritura administrativa.[7],[8],[9] (Paráfrasis)

Las logias escocesas del siglo XVII —especialmente las reguladas por los Estatutos de Schaw— ya mantenían libros de actas, registros de miembros, normas de conducta profesional y moral, y una estricta vigilancia sobre la calidad de la obra y el comportamiento del masón.

Esta herencia se conserva en la Masonería moderna bajo la forma de los libros de actas, los juramentos de secreto, la beneficencia fraterna y la noción de regularidad institucional.

La caridad que en los gremios se expresaba como ayuda económica al compañero enfermo o necesitado, en la Masonería especulativa se convierte en fraternidad moral, en la disposición constante a ayudar y servir. Los juramentos gremiales, que obligaban a la lealtad al maestro y a la observancia de las reglas, se transforman en compromisos éticos con la verdad, la virtud y el Gran Arquitecto del Universo.

En conjunto, estas continuidades muestran que la Masonería moderna no es una invención ex nihilo, sino la sublimación filosófica de una tradición artesanal. De los gremios heredó el orden, la jerarquía, el lenguaje de las herramientas, los signos del oficio y la conciencia de comunidad; pero los elevó a una dimensión espiritual, haciendo del arte de construir una vía de autoconocimiento y perfección moral.

Allí donde los canteros medievales levantaban muros para las catedrales, los masones especulativos comenzaron a levantar templos de sabiduría y fraternidad. Lo que fue oficio se tornó símbolo; lo que fue técnica, doctrina; y lo que fue trabajo de manos, se hizo obra del alma.

11.7. Qué cambia: Discontinuidades y resemantizaciones

La Masonería especulativa, aunque heredera directa de los gremios de constructores, transformó profundamente su naturaleza, su propósito y su lenguaje. Allí donde los masones operativos levantaban templos visibles, los masones modernos edificaron el templo moral de la humanidad. El tránsito del taller al templo interior implicó una resemantización integral de las prácticas, los símbolos y las estructuras heredadas. Entre las principales discontinuidades y cambios doctrinales, pueden destacarse los siguientes:

1. Finalidad: Del control del trabajo material a un programa ético-filosófico de mejora personal y social

En los gremios medievales, la finalidad primordial era regular el trabajo manual, garantizar la calidad de la obra y proteger los intereses económicos y técnicos del oficio. La Masonería especulativa desplazó ese objetivo hacia el plano moral y filosófico, formulando un programa ético de perfeccionamiento personal y de progreso social.

El trabajo de la piedra se convierte en metáfora del trabajo sobre sí mismo; la precisión técnica, en símbolo de la virtud; la arquitectura, en espejo de la armonía universal. El masón ya no edifica catedrales, sino su propia conciencia. La labor colectiva del taller se transforma en escuela del carácter, donde el esfuerzo y la disciplina del arte se trasladan a la vida moral. La finalidad deja de ser utilitaria para convertirse en trascendente: el arte de construir se convierte en arte de vivir.

2. Composición social: Ingreso de no operativos y formación de una fraternidad cosmopolita de "hombres de bien"

El ingreso progresivo de miembros no operativos en las logias —nobles, eruditos, clérigos, científicos y burgueses instruidos— modificó profundamente la composición del cuerpo masónico. A partir de los siglos XVI y XVII, estos hombres, movidos por el interés humanista en la arquitectura, la geometría y la moral natural, comenzaron a dominar las logias, hasta formar su mayoría numérica y doctrinal.[12] (Paráfrasis)

El resultado fue la transformación de la logia en una asociación cosmopolita, abierta a "hombres buenos y libres" que buscaban en la fraternidad un espacio de reflexión ética y de diálogo racional más allá de credos, nacionalidades y jerarquías sociales. Esta apertura definió el carácter universalista de la Masonería moderna, en la que la pertenencia se funda en la virtud y en la libertad interior, no en el oficio o el linaje.

3. Doctrina: Incorporación sistemática de la filosofía moral, el deísmo ilustrado y la historia simbólica del oficio

La Masonería moderna asumió un cuerpo doctrinal nuevo, nutrido por la filosofía moral y el deísmo iluminista, así como por una reinterpretación alegórica de las antiguas tradiciones. [6],[12] (Paráfrasis)

Las Constituciones de Anderson (1723) codificaron este pensamiento, sustituyendo el marco teológico medieval por un lenguaje racional y universal, centrado en la moral, la razón y la tolerancia religiosa. La figura del "Gran Arquitecto del Universo" sintetiza esta renovación doctrinal: un principio divino creador, trascendente pero accesible por la inteligencia y la conciencia del hombre.

A su vez, los Old Charges y los relatos míticos del oficio fueron reorganizados para formar una historia simbólica del arte de construir, en la que el Templo de Salomón y las Siete Artes Liberales representan la unión entre ciencia, virtud y espiritualidad. Así, la Masonería especulativa convierte la herencia operativa en mitología iniciática, donde el pasado del oficio se convierte en enseñanza moral del presente.

4. Ritual: Del acto gremial a la dramatización simbólica con valor pedagógico

Los catecismos tardo-seiscientos y las primeras impresiones rituales del siglo XVIII muestran con claridad el paso de las prácticas gremiales de admisión a verdaderas dramatizaciones simbólicas dotadas de estructura pedagógica.[11],[15] (Paráfrasis)

Los ritos de reconocimiento, que antaño servían para autenticar la pertenencia profesional, fueron reconfigurados en ceremonias de iniciación que representan el tránsito espiritual del hombre: de la oscuridad a la luz, de la ignorancia al conocimiento. Los antiguos juramentos de fidelidad al oficio se transformaron en promesas de fidelidad a la virtud y a la verdad.

El espacio de trabajo se volvió espacio sagrado, y la logia, microcosmos moral del universo. Cada gesto, palabra y objeto adquirió valor simbólico; cada viaje, significado filosófico. El ritual dejó de ser un procedimiento para convertirse en una forma de enseñanza espiritual: un lenguaje visual y sonoro destinado a formar el alma a través de la experiencia.

La Masonería moderna no destruyó el legado de los gremios: lo transmutó. Donde el constructor levantaba muros, el iniciado erige principios; donde el maestro medía la piedra, el filósofo mide su conciencia; donde el oficio regulaba el trabajo visible, la fraternidad enseña a ordenar la vida invisible.

Así, las discontinuidades no significan ruptura, sino renovación de sentido: la continuidad del espíritu bajo nuevas formas. La Masonería moderna no abandona el arte del constructor; lo eleva al plano del arte moral, demostrando que toda piedra es símbolo, y todo templo, reflejo del hombre que lo imagina.

11.8. Constructores, catedrales y el imaginario de la "Gran Obra"

Las catedrales góticas, junto con los claustros monásticos, portadas esculpidas y plazas cívicas de la Europa medieval, constituyen la expresión más alta del espíritu constructivo de los antiguos gremios de masones. En ellas confluyen la técnica, la fe y la geometría, convertidas en una única lengua de piedra. Estas edificaciones no fueron solo obras de ingeniería o de arte: fueron, en el sentido más pleno, cosmologías materializadas. Cada arco, cada proporción y cada haz de luz respondían a un orden simbólico, una visión unitaria del universo donde la materia obedecía a la medida espiritual.[16] (Paráfrasis)

Los talleres que levantaron esos templos eran verdaderas escuelas del oficio, donde la transmisión del conocimiento no se hacía por libros, sino por la práctica ritual y la observación del maestro. Allí, los aprendices aprendían a leer en la piedra el lenguaje del número y de la proporción. Pero más allá de la técnica, se transmitía una sabiduría del orden, una comprensión de la belleza como reflejo de lo divino. En los gremios de constructores, construir era servir: cada piedra labrada con precisión era un acto de devoción, una ofrenda de trabajo consagrado.

El arte gótico, como señaló Erwin Panofsky en su célebre interpretación del simbolismo arquitectónico medieval, encarnaba una racionalidad simbólica: un equilibrio entre la razón matemática y la fe teológica.[16] (Paráfrasis) Las proporciones geométricas de la planta, la verticalidad de las bóvedas, la modulación de la luz a través de los vitrales y el ritmo de los capiteles eran manifestaciones visibles del principio invisible del cosmos. En la catedral gótica, el número no era una abstracción, sino una plegaria hecha forma; la luz no era mera iluminación, sino símbolo de la presencia divina; la piedra, un texto abierto a la lectura espiritual.

Esta memoria técnica y estética —la unión de arte, ciencia y espiritualidad— alimentó el imaginario masónico posterior. Cuando la Masonería especulativa emergió en el siglo XVIII, ya no tenía a su cargo la construcción de templos de piedra, pero conservó el ideal de la "Gran Obra" como tarea moral. Construir una catedral se convirtió en metáfora de construirse a sí mismo: el templo exterior dio paso al templo interior.

La enseñanza de la proporción y del equilibrio arquitectónico se transformó en doctrina ética: la armonía entre las fuerzas del alma debía reflejar la armonía del cosmos. Así como el maestro gótico elevaba su torre hacia la luz, el masón simbólico eleva su espíritu hacia la sabiduría. Las herramientas que en los talleres servían para medir la piedra —la escuadra, el compás, el nivel, la plomada— fueron reinterpretadas como instrumentos del alma para medir las pasiones, enderezar el juicio y alcanzar la virtud.

En este sentido, la Masonería especulativa hereda del gótico no solo su estética, sino su visión ontológica del espacio. La Logia es concebida como un microcosmos, una estructura ordenada donde el número y la luz vuelven a encontrarse en equilibrio, pero ya no en piedra, sino en el símbolo. El templo masónico prolonga el principio que animaba a los constructores: la idea de que toda obra bien medida refleja el orden divino, y que el acto de edificar —sea con manos o con espíritu— es una forma de alabanza.

El imaginario de la "Gran Obra", heredado del hermetismo y de la alquimia, halló en la Masonería un terreno fértil. Si el alquimista buscaba transmutar el plomo en oro, el masón busca transmutar la ignorancia en luz, el egoísmo en fraternidad, la piedra bruta en piedra cúbica. La catedral se convierte así en símbolo de la edificación del alma: cada acto justo añade una piedra al edificio invisible de la humanidad, cada virtud labrada fortalece su estructura, cada pensamiento elevado abre un nuevo arco de comprensión.

Por eso, en la Masonería, la obra del constructor se convierte en modelo universal de perfeccionamiento. La catedral gótica es su imagen eterna: una sinfonía de luces y proporciones que une la tierra con el cielo. En su herencia, el masón aprende que edificar no es solo levantar muros, sino ordenar el caos con inteligencia y amor, y que la verdadera "Gran Obra" no se mide en piedra, sino en conciencia.

En suma, la Masonería especulativa transformó la herencia de los constructores medievales en una pedagogía simbólica. Donde aquellos labraban piedra, los modernos labran virtud; donde aquellos buscaban proporción, los modernos buscan sabiduría. Y en ambos casos, el principio es el mismo: servir al Gran Arquitecto del Universo construyendo con luz.

11.9. Proyección masónica: Del taller al Templo simbólico

La Masonería moderna no destruyó el legado de los antiguos constructores: lo transfiguró. Su mayor logro fue trasladar la gramática del taller operativo —sus herramientas, grados, juramentos y registros— al Templo simbólico donde el trabajo ya no se realiza sobre la piedra material, sino sobre la piedra interior del ser humano.[13],[15] (Paráfrasis)

El taller medieval, espacio de oficio y de comunidad, se convierte en el Templo masónico, espacio consagrado al perfeccionamiento moral. Lo que antaño fue aprendizaje técnico, hoy es vía iniciática; lo que fue jerarquía de habilidad, hoy es jerarquía de sabiduría; lo que fue corporación profesional, hoy es fraternidad espiritual. Esta continuidad espiritual, más que histórica, demuestra la esencia de la Masonería: preservar lo permanente a través de la transformación.

Las herramientas del arte adquieren en la Masonería moderna una función pedagógica y ética:

- **La escuadra** representa la rectitud de acción y pensamiento, el deber de obrar conforme a la justicia y a la verdad.

- **El compás** simboliza los límites del deseo y la medida de las pasiones, recordando al iniciado que el equilibrio interior es condición de libertad.

- **La plomada** enseña la integridad y la verticalidad del carácter, la alineación del corazón con el deber y con el principio moral que rige el universo.

Estas correspondencias, codificadas por William Preston, sistematizadas por Thomas Smith Webb y amplificadas por Albert Mackey, conforman la didáctica simbólica del Templo Masónico, donde el trabajo del constructor se convierte en parábola del perfeccionamiento ético.[13],[15] (Paráfrasis)

Del mismo modo, la piedra bruta —imagen del ser humano en su estado natural, con sus imperfecciones y asperezas— representa la conciencia que necesita ser trabajada, pulida y rectificada por medio del esfuerzo moral. La piedra cúbica, en cambio, expresa la estabilidad y la armonía del alma que ha alcanzado la medida justa. Entre ambas se desarrolla todo el itinerario iniciático: del caos a la forma, de la oscuridad a la luz, del instinto a la sabiduría.

En este nuevo contexto, la maestría ya no consiste en el dominio de una técnica, sino en la adquisición de la sabiduría moral. Ser Maestro no significa saber construir templos, sino saberse construir a sí mismo; no dominar la piedra, sino el espíritu. La maestría se convierte en símbolo de libertad interior, fruto de la disciplina, el estudio y la virtud.

La Masonería moderna conserva también los elementos institucionales de los antiguos talleres: los juramentos de fidelidad, los libros de actas, la vigilancia moral de los oficiales y la vida corporativa regida por normas de fraternidad y ayuda mutua. Pero en la Logia, estos elementos se espiritualizan: el juramento se dirige al deber y a la verdad; las actas registran no la obra material, sino la memoria de la Luz compartida; y la disciplina interior se convierte en una forma de devoción.

En este sentido, el Templo Masónico es heredero directo del taller medieval, pero con un sentido metafísico y universal: es el lugar donde la acción humana se reconcilia con el orden divino. Cada reunión de la Logia reproduce simbólicamente la construcción de un templo, recordando al iniciado que cada piedra que coloca —cada acto, cada palabra, cada pensamiento— contribuye a la edificación invisible de la Humanidad.

Así, el paso del taller al templo no es una ruptura, sino una ascensión simbólica. En el taller, el hombre trabajaba con manos; en la Logia, trabaja con alma. En el taller se buscaba la perfección de la obra; en el Templo, la perfección del ser. Ambos comparten una misma ley: construir en armonía con el Gran Arquitecto del Universo, siguiendo las proporciones eternas de la verdad, la justicia y la fraternidad.

La Masonería, al conservar el lenguaje del arte y elevarlo al plano del espíritu, ha mantenido viva la llama de los antiguos constructores. Su pedagogía iniciática transforma el gesto manual en acto moral, la herramienta en símbolo, y el trabajo en oración silenciosa. En esa continuidad reside su grandeza: haber descubierto que el verdadero templo que el hombre debe levantar no está en la piedra, sino en el corazón que sabe construir con luz.

11.10. Conclusión

La Masonería moderna no es un simple vestigio romántico de los antiguos gremios medievales, sino su heredera estructural, simbólica y espiritual. Aunque el contexto histórico cambió —del taller de piedra a la logia moral, del arte constructivo a la filosofía ilustrada—, el principio esencial permaneció intacto: el hombre está llamado a construir en armonía con el orden divino, siguiendo las leyes universales de la proporción, la justicia y la fraternidad.

Las logias operativas, las normativas antiguas (Old Charges y Estatutos de Schaw), las señas de reconocimiento, los juramentos y el ethos corporativo del oficio proveyeron el andamiaje institucional y moral sobre el que se erigió la Masonería especulativa. Aquello que en el siglo XV regulaba el arte de labrar piedra, en el siglo XVIII se convirtió en un sistema moral que enseña a labrar la conciencia. El método, las jerarquías y la disciplina se conservaron; pero su sentido se elevó: el constructor dejó de ser un artífice de materia para convertirse en un arquitecto del alma.

El humanismo nórdico y el cosmopolitismo dieciochesco resemantizaron la tradición del oficio en clave filosófica y universal. El lenguaje de la escuadra y el compás se unió al de la razón ilustrada y la ética natural, dando origen a una fraternidad universal, abierta a hombres libres y de buenas costumbres, donde la religión del trabajo se transformó en una religión de la virtud.

En esa síntesis admirable, la catedral gótica —obra de comunidad, ciencia y fe— se convierte en metáfora moral y espiritual. La catedral, como la Logia, no es solo un edificio: es un organismo de sentido, un espacio donde se une el esfuerzo humano con la inspiración divina. Si el gótico elevaba torres hacia el cielo, la Masonería eleva almas hacia la luz. Si los maestros medievales unían piedra con piedra, los masones modernos unen voluntad, inteligencia y amor para construir una sociedad más justa.

El Templo Masónico, heredero del taller medieval y del Templo de Salomón, es la reconstrucción simbólica de la catedral interior: el espacio sagrado donde el hombre trabaja sobre sí mismo como sobre una piedra bruta, buscando la perfección de la piedra cúbica. Allí, cada herramienta enseña una virtud, cada grado marca una etapa del alma, y cada ceremonia renueva el pacto entre el trabajo y la verdad.

Así, la historia del arte de construir —desde las logias operativas hasta las logias simbólicas— no es una sucesión de rupturas, sino una transfiguración del mismo principio creador: la vocación humana de dar forma al caos, de ordenar la materia según la medida del espíritu. La Masonería moderna encarna esa continuidad sagrada: conserva el método del constructor, pero lo eleva al plano del pensamiento moral y de la comunión fraterna.

En su sentido más profundo, la Masonería es la catedral invisible de la humanidad, levantada con las piedras vivas de hombres que trabajan en silencio por la verdad, la justicia y la fraternidad. Allí, en ese templo interior y eterno, el espíritu del antiguo artesano sigue presente: no como memoria del pasado, sino como principio activo de la Gran Obra, que une la razón, la virtud y la fe en el eterno designio del Gran Arquitecto del Universo.

Nota metodológica

Para mantener la regularidad y confidencialidad ritual, he citado fuentes públicas y ediciones académicas. Los puntos sobre reconocimientos y catecismos se remiten a documentos pre-Anderson (1696–1700) y a sus ediciones críticas (Knoop-Jones-Hamer). Donde la literatura académica debate la continuidad gremial, he señalado continuidades y discontinuidades según consenso historiográfico actual (Stevenson; Lyon; Carr).

Notas y Referencias

1. Knoop, D., & Jones, G. P. (1933). The Medieval Mason. Manchester: Manchester University Press.
2. Knoop, D., Jones, G. P., & Hamer, D. (1949). The Early Masonic Catechisms (2nd ed.). Manchester: Manchester University Press.
3. Stevenson, D. (1988). The Origins of Freemasonry: Scotland's Century, 1590–1710. Cambridge: Cambridge University Press.
4. Gould, R. F. (1882–1887). The History of Freemasonry (3 vols.). London: Thomas C. Jack.
5. Knoop, D., & Jones, G. P. (1935). "The London Mason in the Sixteenth Century." The Economic History Review, 6(1), 1–14.
6. Knoop, D., Jones, G. P., & Hamer, D. (1949). The Old Charges of British Freemasons. Manchester: Manchester University Press.
7. Lyon, D. Murray (1873). History of the Lodge of Edinburgh (Mary's Chapel) No. 1. Edinburgh: William Blackwood & Sons.
8. Carr, H. (1963). "The Schaw Statutes." En Ars Quatuor Coronatorum 76, 16–49.
9. Stevenson, D. (1981). "The Scottish Masons and the Mason Word." Scottish Historical Review, 60(170), 1–22.
10. Adamson, H. (1638). The Muses Threnodie. Perth (eds. modernas disponibles).
11. Knoop, D., Jones, G. P., & Hamer, D. (1949). The Early Masonic Catechisms (contiene transcripciones del Edinburgh Register House MS, 1696, y otros).
12. Anderson, J. (1723). The Constitutions of the Free-Masons. London: William Hunter.

13. Preston, W. (1772/1801). Illustrations of Masonry. London (múltiples eds.).
14. Webb, T. S. (1797/1802). The Freemason's Monitor; or Illustrations of Masonry. Albany/Boston (múltiples eds.).
15. Mackey, A. G. (1873). Encyclopedia of Freemasonry. New York: Clark & Maynard (voces: "Tools", "Apprentice", "Fellow Craft", "Master Mason", etc.).
16. Panofsky, E. (1951). Gothic Architecture and Scholasticism. New York: Meridian Books.

CAPÍTULO XII

La Influencia de las Tradiciones Herméticas en la Concepción del Espacio Sagrado en la Masonería

12.1. Introducción

El hermetismo, tradición filosófico-religiosa surgida en la Alejandría helenística entre los siglos I y III d. C., ejerció una influencia decisiva en la conformación del esoterismo occidental y, por extensión, en la simbología de la Masonería moderna. El Corpus Hermeticum, atribuido a Hermes Trismegisto, reúne tratados que integran elementos griegos, egipcios y gnósticos, proponiendo una visión del cosmos como un gran templo viviente, una obra ordenada por la Inteligencia divina donde todo lo creado participa de un mismo principio. Esta concepción, que une filosofía, teología y cosmología, se convirtió en una de las matrices espirituales del pensamiento europeo.[1],[2] (Paráfrasis del autor a partir de las obras citadas)

El hermetismo no solo ofreció una síntesis de tradiciones antiguas; introdujo una forma de comprender la realidad como símbolo. En sus textos, el universo es presentado como una estructura jerárquica y armónica en la que lo visible remite siempre a lo invisible. El macrocosmos y el microcosmos —el mundo y el hombre— son imágenes recíprocas, reflejos de un mismo orden divino. En esta clave de correspondencias, el templo representa el punto de unión entre ambas dimensiones: lugar donde el hombre reconoce su parentesco con el cosmos y participa, conscientemente, de la Obra del Creador.

El Renacimiento italiano —con pensadores como Marsilio Ficino y Pico della Mirandola— redescubrió y tradujo los textos herméticos, otorgándoles un papel central en la restauración de la sabiduría antigua. De su lectura surgió una espiritualidad basada en la luz, la proporción y la analogía universal, que impregnó la alquimia, la Cábala cristiana y las corrientes rosacruces. El axioma de la Tabula Smaragdina —"Lo que está arriba es como lo que está abajo, y lo que está abajo es como lo que está arriba"— se convirtió en el principio rector de toda visión simbólica del mundo, al expresar la unidad entre el orden celeste y el orden humano.

Durante los siglos XVII y XVIII, cuando la Masonería moderna se configuraba como una fraternidad filosófica y universal, muchas de estas categorías herméticas fueron incorporadas a su lenguaje y estructura simbólica. El Templo Masónico, concebido como reflejo del Templo de Salomón y del cosmos ordenado, se entiende a la luz del principio hermético: es microcosmos del universo y modelo moral del alma. Su geometría, sus luces, sus proporciones y sus ritos reproducen, en clave iniciática, las leyes armónicas del cosmos.

Así, la Masonería hereda del hermetismo no tanto un sistema doctrinal cerrado como una cosmovisión simbólica: la idea de que el hombre, al trabajar sobre sí mismo, colabora con la inteligencia divina que rige el mundo; que el espacio sagrado no es solo un recinto físico, sino un estado del ser; y que la tarea iniciática consiste en reconstruir interiormente el templo perdido, armonizando pensamiento, palabra y acción con la medida universal.

En consecuencia, el hermetismo proporciona a la Masonería moderna el marco metafísico donde se inscribe su pedagogía simbólica: un universo concebido como templo y un templo entendido como reflejo del universo. Desde esta raíz común, el arte de construir y el arte de iluminar confluyen en una misma empresa: la Gran Obra del perfeccionamiento humano bajo el designio del Gran Arquitecto del Universo.

12.2. Hermetismo y sacralidad cósmica

El Corpus Hermeticum describe el universo como un organismo vivo, animado por una inteligencia divina que lo penetra y sostiene. En esta visión, no hay separación entre materia y espíritu: todo lo que existe participa de una única sustancia sagrada. El cosmos no es una máquina, sino un ser viviente que expresa la voluntad de Dios a través de sus leyes, movimientos y formas. Cada estrella, cada elemento y cada ser ocupan un lugar en la vasta arquitectura del Todo.

En el tratado Asclepio, texto fundamental del corpus hermético, se presenta el mundo como un gran templo en el que el ser humano desempeña una función sacerdotal, mediando conscientemente entre la obra divina y la creación (Asclepio 24).[3] (Paráfrasis)

Esta sentencia sintetiza la teología cósmica del hermetismo. El universo entero se concibe como templo divino, donde cada criatura cumple un rito permanente de adoración mediante su existencia misma. El hombre, en tanto microcosmos, es el mediador de esa liturgia universal: al conocer y armonizarse con el orden del mundo, participa conscientemente en el culto eterno del Creador. La espiritualidad hermética no separa el templo del cosmos, ni el culto del conocimiento. Comprender las leyes del universo equivale a rendir homenaje al principio que las generó.

Esta idea de la sacralidad cósmica —el universo como templo y el hombre como su sacerdote— anticipa de manera directa la concepción masónica del Templo como microcosmos. ^4 (Paráfrasis) En la Masonería, la Logia no es un simple recinto físico, sino una representación simbólica del universo moral y espiritual. Su orientación, sus luces y su geometría reproducen en miniatura el orden del cosmos: el Oriente figura la fuente de la luz, el Occidente marca el ocaso de la vida activa, y el centro del Templo simboliza el corazón del universo, donde se unen cielo y tierra.

Así como el hermetismo ve al hombre como sacerdote del mundo, la Masonería ve al iniciado como sacerdote del Templo interior: aquel que, mediante la sabiduría y la virtud, mantiene vivo el fuego sagrado del conocimiento. Cada trabajo en Logia reproduce el acto primordial de la creación: del caos se extrae el orden, de la oscuridad surge la luz. En ambos casos, el rito no es un mero formalismo, sino una participación consciente en la armonía divina.

La correspondencia entre macrocosmos y microcosmos, eje del pensamiento hermético, encuentra en el Templo Masónico su expresión ritual. El cosmos, concebido como una estructura de proporciones perfectas, se refleja en la disposición del Templo, y el Templo, a su vez, se refleja en el alma del iniciado. De esta manera, el espacio sagrado masónico se convierte en reproducción simbólica del universo ordenado por el Gran Arquitecto, y el trabajo masónico, en prolongación del acto creador.

El hermetismo enseña que todo lugar puede convertirse en templo si el hombre lo habita con conciencia y reverencia, del mismo modo que la Masonería enseña que el verdadero Templo es aquel que se edifica en el interior del ser humano. En ambos sistemas, el espacio sagrado no se mide por sus muros, sino por su vibración espiritual: es el ámbito donde el alma, en recogimiento, reconoce su origen y su destino.

12.3. Geometría sagrada y simbolismo arquitectónico

El hermetismo renacentista concibió la geometría y la proporción como lenguajes privilegiados del conocimiento divino. En esta tradición, las matemáticas no son una ciencia abstracta, sino una forma de teología natural: expresan las leyes ocultas que ordenan el cosmos y revelan la armonía del Creador en su obra. Marsilio Ficino y, más tarde, Heinrich Cornelius Agrippa, sostuvieron que las proporciones numéricas y las figuras geométricas no solo describen el mundo físico, sino que manifiestan la huella divina en la creación, actuando como puentes entre lo visible y lo invisible.[5] (Paráfrasis)

La geometría sagrada, en este contexto, no era mero cálculo, sino contemplación del orden divino. El triángulo, el círculo, el cuadrado y la espiral eran símbolos de principios metafísicos universales. El círculo representaba la perfección y la eternidad; el triángulo, la trinidad de los niveles del ser; el cuadrado, la estabilidad de la materia; y el punto central, el origen invisible de todas las formas. La arquitectura —tanto religiosa como civil— se concebía, por tanto, como una transposición material del orden celestial: construir era participar de la sabiduría divina que da forma al mundo.

La Masonería moderna adoptó plenamente esta herencia, transformando los instrumentos del arte constructivo en emblemas filosóficos y herméticos.[6] (Paráfrasis) La escuadra y el compás, herramientas esenciales del maestro de obras, fueron elevados a símbolos universales del orden, la medida y la correspondencia entre lo humano y lo divino. En ellos se condensa el principio hermético de analogía: así como el arquitecto traza con precisión el edificio, el iniciado debe trazar con sabiduría la estructura moral de su vida.

En el plano operativo, estos instrumentos servían para garantizar la exactitud de la obra; en el plano simbólico, se convirtieron en signos del equilibrio interior y de la armonía cósmica. La escuadra, asociada a la rectitud de acción, simboliza la justicia y la ley moral; el compás, que traza los límites y las proporciones, representa la prudencia y la moderación. Su conjunción, dispuesta sobre el Volumen de la Ley Sagrada, enseña al masón que la verdad (la ley), la rectitud (la escuadra) y la medida (el compás) deben unirse para sostener la arquitectura espiritual del mundo.

Este simbolismo responde a una convicción común al hermetismo y a la Masonería: el universo es una construcción geométrica del espíritu divino, y el hombre, creado a su imagen, participa de esa obra cuando ordena su vida según la proporción y la razón. La geometría sagrada deja de ser un conocimiento externo para convertirse en disciplina interior: aprender a construir con precisión es aprender a vivir con sabiduría.

Así como los templos egipcios, las pirámides o las catedrales góticas fueron concebidos según proporciones armónicas que reflejaban el movimiento del cosmos, el Templo Masónico se erige siguiendo el mismo principio: su orientación, su medida y su estructura reproducen la idea del universo ordenado por el Gran Arquitecto. De este modo, cada Logia constituye un microcosmos donde las leyes divinas se actualizan en el rito y donde la geometría se vuelve plegaria, porque medir con rectitud es participar del orden de la creación.

El simbolismo arquitectónico masónico prolonga, pues, la visión hermética del mundo: construir es conocer, y conocer es adorar. Cada trazo, cada piedra y cada ángulo son reflejos del orden eterno. En el gesto de trazar una línea recta o de abrir un compás, el masón repite simbólicamente el acto del Creador, reconociendo que el espacio sagrado —sea templo, logia o conciencia— es la forma visible de una proporción invisible.

12.4. Alquimia espiritual y transformación del Iniciado

El hermetismo legó a la tradición occidental la alquimia no solo como una disciplina protoquímica o metalúrgica, sino como una ciencia del espíritu, orientada a la transmutación interior del ser humano. Sus operaciones materiales eran el espejo de un proceso interior: el perfeccionamiento del alma. El alquimista, al trabajar en su laboratorio, reproducía en su conciencia la obra de la naturaleza; el fuego del horno equivalía al ardor del deseo de purificación, y los metales impuros simbolizaban las pasiones que debían ser refinadas hasta alcanzar el estado de oro, figura de la luz espiritual.[7]

En esta interpretación, la Gran Obra (Magnum Opus) no consiste en fabricar oro físico, sino en convertir el plomo del hombre profano en el oro del hombre regenerado: elevar la conciencia desde la oscuridad de lo material hasta la claridad del espíritu. Esta transmutación implica tres etapas esenciales: separación, purificación y unión. En la primera, el iniciado aprende a distinguir lo esencial de lo accesorio; en la segunda, limpia sus pensamientos y afectos; en la tercera, reúne lo depurado en una unidad superior, reflejo del Uno divino. Así, el alquimista y el iniciado son trabajadores de una misma obra: ambos buscan la perfección por medio del fuego del conocimiento y de la disciplina interior.

En la Masonería, esta herencia alquímica se manifiesta en la estructura simbólica del Templo y en el trabajo ritual del Iniciado.[8] (Paráfrasis) La Logia se convierte en un laboratorio espiritual, donde el masón ejecuta su propia opus alchemicum sobre la piedra bruta de su naturaleza. Cada ceremonia representa un estado del alma: la iniciación, la muerte del metal impuro; la instrucción, la purificación por la luz del entendimiento; y la maestría, la unión de los contrarios en la piedra cúbica perfecta.

El espacio sagrado de la Logia actúa así como un retorta simbólica, donde las tensiones y pasiones humanas se someten al fuego de la disciplina moral y del conocimiento. El silencio, la meditación, el estudio y el trabajo ritual son los reactivos de esa alquimia interior que transforma la ignorancia en sabiduría, la vanidad en humildad, el deseo en voluntad consciente. Cada sesión de Logia es, en este sentido, una experiencia de refinamiento espiritual, una combustión lenta y luminosa que eleva al Iniciado paso a paso hacia la claridad interior.

La sacralidad del Templo radica precisamente en ser lugar de esta metanoia interior: un ámbito donde el hombre puede separarse del ruido profano para contemplar, dentro de sí mismo, el proceso de su propia regeneración.[8] (Paráfrasis) En ese espacio, cada símbolo es una operación alquímica, cada herramienta una fórmula de transformación, y cada grado una nueva etapa del ascenso del alma.

Así como el alquimista buscaba la piedra filosofal —símbolo de la perfección espiritual y del conocimiento absoluto—, el masón busca la piedra cúbica, figura de la conciencia armonizada y de la virtud estable. En ambos caminos, el fuego que purifica es el mismo: el fuego del espíritu, que consume lo impuro y revela la luz oculta en la materia.

Por eso, el trabajo masónico no es un mero ejercicio moral, sino una obra alquímica en acción. El Iniciado no busca cambiar el mundo exterior, sino transmutarse a sí mismo, comprendiendo que toda reforma auténtica empieza en la conciencia. La Logia, en tanto espacio sagrado, es el crisol donde el hombre se transforma en templo, y el templo en reflejo del cosmos. Allí, el arte de construir y el arte de purificar se funden en un único misterio: el de la Luz que nace del trabajo interior y convierte al hombre en imagen viva del Gran Arquitecto del Universo.

12.5. Cábala cristiana y correspondencias simbólicas

La recepción hermética del Renacimiento se entrelazó profundamente con la Cábala cristiana, corriente de pensamiento que buscó armonizar la tradición hebrea con la teología neoplatónica y el cristianismo emergente. Filósofos como Giovanni Pico della Mirandola y Johannes Reuchlin consideraron que los secretos del universo revelados a Moisés y expresados en la Cábala podían iluminar la comprensión de la creación y del alma humana, integrando las categorías hebreas de emanación y equilibrio en un sistema de correspondencias simbólicas universales.[9] (Paráfrasis)

En esta síntesis, el Templo de Salomón fue interpretado como esquema del cosmos, imagen arquitectónica de la sabiduría divina. Cada una de sus partes —el atrio, el lugar santo y el Santo de los Santos— fue relacionada con los tres niveles del ser: el mundo material, el psíquico y el espiritual. El Templo se convirtió así en un modelo teológico del universo: una estructura de armonías en la que lo alto y lo bajo, lo visible y lo invisible, se reflejan mutuamente.

La Cábala describía la creación como un proceso de emanación gradual de la divinidad a través de las sefirot, esferas o atributos divinos que articulan el Árbol de la Vida. Estas sefirot no eran lugares ni sustancias, sino modos de manifestación de la energía divina, expresando la transición del infinito (Ein Sof) hacia la forma y la conciencia. Cada nivel del Árbol representa una etapa de descenso y retorno: desde la luz pura del espíritu hasta la concreción material, y desde allí, nuevamente, hacia la unión con el Uno.

Esta visión del cosmos como emanación ordenada halló eco directo en la simbología masónica del espacio. En la disposición ritual y simbólica del Templo Masónico, se refleja la estructura del Árbol de la Vida: las jerarquías de oficios y luces, los ejes Oriente-Occidente y Norte-Sur, y el centro donde se eleva el Altar reproducen el movimiento ascendente y descendente de las fuerzas espirituales.[9] (Paráfrasis) El Templo se convierte así en un mapa vivo del alma y del universo: un lugar donde las correspondencias entre microcosmos y macrocosmos se actualizan en el rito.

El hermetismo cabalístico enseñó que conocer las correspondencias entre los planos del ser —divino, cósmico y humano— es participar de la sabiduría creadora. La Masonería adopta este principio al enseñar que el hombre es imagen del Gran Arquitecto y que el Templo masónico, construido en proporciones simbólicas, representa tanto la estructura del cosmos como la estructura interior del Iniciado. En él, cada grado es una sefirá simbólica: un peldaño de ascenso hacia la comprensión de la unidad.

La lectura cabalística del espacio convierte el templo en un organismo espiritual: cada punto está conectado con los demás, y todo el conjunto obedece a una geometría sagrada que une las leyes del cielo y de la tierra. De igual modo, la Masonería considera que el trabajo iniciático no se realiza en aislamiento, sino dentro de una red de correspondencias fraternales. La Logia, en su conjunto, es como el Árbol de la Vida: una unidad orgánica donde cada miembro participa del mismo flujo de luz.

En consecuencia, la Cábala cristiana ofreció a la Masonería un modelo simbólico de totalización: una manera de comprender que el espacio sagrado es simultáneamente templo, cosmos y alma. Al colocar el trabajo masónico bajo la égida de la proporción y la emanación divina, la fraternidad perpetúa una enseñanza esencial del hermetismo cabalístico: que toda construcción exterior refleja un proceso interior, y que en la geometría del templo se inscribe la arquitectura del espíritu.

12.6. Rosacrucismo, Hermetismo y Masonería

Los manifiestos rosacruces del siglo XVII —la Fama Fraternitatis (1614) y la Confessio Fraternitatis (1615)— representaron uno de los hitos más significativos de la espiritualidad hermética en la Europa moderna.[10] En ellos se anunciaba la existencia de una Fraternidad de sabios invisibles, custodios de un conocimiento antiguo destinado a la regeneración moral y espiritual de la humanidad. Esta fraternidad no buscaba el poder ni la gloria mundana, sino el restablecimiento del equilibrio entre ciencia, religión y filosofía. El lenguaje simbólico de estos textos retoma plenamente el imaginario hermético: el templo oculto, la sabiduría secreta y la renovación universal.

El Rosacrucismo surgió en un contexto de crisis religiosa, política y epistemológica, y propuso un modelo alternativo: una Iglesia interior, sin jerarquías externas, unida por el conocimiento de las leyes divinas inscritas en la naturaleza y en el alma. Su templo no era de piedra, sino de luz y silencio; su culto, el estudio y la contemplación; su sacerdocio, el del hombre que trabaja en sí mismo para servir a la humanidad. La imagen del Templo oculto de la Rosa-Cruz sintetiza la idea de que la verdadera sabiduría permanece velada y solo se revela a quienes han purificado su intención y su entendimiento.

Estos manifiestos circularon por toda Europa y alcanzaron a los círculos de intelectuales hermetistas, alquimistas y reformadores del pensamiento que, pocas décadas más tarde, participarían en la gestación de la Masonería especulativa. [2], [11] (Paráfrasis) En Escocia, Alemania e Inglaterra, la atmósfera espiritual creada por el Rosacrucismo se entrelazó con la tradición de los gremios constructivos y con las corrientes del neoplatonismo cristiano, preparando el terreno para una fraternidad que, como la Masonería, uniría razón, ciencia y mística moral en un mismo ideal de perfección.

Historiadores como David Stevenson y Frances Yates han mostrado que esa atmósfera rosacruciana y hermética influyó decisivamente en las primeras logias del siglo XVII, infundiéndoles un carácter que trascendía lo gremial para proyectarse hacia lo esotérico y universalista.[2], [11] (Paráfrasis) En esas logias tempranas, el lenguaje de las herramientas y del oficio coexistía con el de la alquimia, la geometría sagrada y la filosofía natural. El masón no era solo un artesano de piedra, sino un constructor del templo interior y un renovador de la humanidad por medio de la virtud, la sabiduría y el trabajo espiritual.

El Templo Masónico, heredero de ese ambiente simbólico, conserva los ecos de la Rosa-Cruz: su aspiración a la unidad del conocimiento, su comprensión del rito como vía de transformación interior y su fe en la regeneración moral del mundo a través de la luz del entendimiento. La Logia se presenta, en este sentido, como un templo rosacruciano en acto, un lugar donde el conocimiento es sagrado y donde cada símbolo es una clave de revelación.

La influencia rosacruciana también reforzó en la Masonería el ideal de una sabiduría universal, libre de dogmas y abierta a todas las tradiciones que buscan la verdad. La noción de una fraternidad extendida más allá de las fronteras políticas y religiosas, unida por la caridad y el conocimiento, proviene directamente del espíritu de los manifiestos rosacruces.

En esta convergencia, el hermetismo, la Cábala cristiana y la Masonería hallan su punto de encuentro: todas comparten la idea del espacio sagrado como laboratorio de regeneración. Allí donde el Rosacruz busca la piedra filosofal, el masón busca la piedra cúbica; donde el primero habla del Templo invisible del espíritu, el segundo trabaja en el Templo visible de la Logia. En ambos casos, el objetivo es el mismo: reconciliar al hombre con la luz divina, restaurar la unidad perdida entre conocimiento, acción y contemplación.

Así, la Masonería, al acoger el legado rosacruciano, lo transforma en estructura ritual y ética: el Templo Masónico deja de ser solo el símbolo del cosmos o del oficio para convertirse en el santuario interior de la sabiduría viviente, donde el iniciado continúa la obra del hermetista y del alquimista, edificando la piedra de la verdad dentro del corazón humano.

12.7. La Logia como microcosmos hermético

De acuerdo con la herencia hermética que impregna su simbolismo, el Templo Masónico no es únicamente un recinto ritual: es la imagen del universo ordenado, la representación viva de las leyes que gobiernan la creación. En él se materializa el principio central de la Tabula Smaragdina —habitualmente traducido como **"Lo que está arriba es como lo que está abajo, y lo que está abajo es como lo que está arriba"** (Tabula Smaragdina, §2).[12]

Este axioma, considerado la piedra angular del pensamiento hermético, expresa la correspondencia entre los distintos niveles del ser —divino, cósmico y humano— y establece que todo cuanto existe es reflejo de una misma verdad. Lo que acontece en los cielos se repite en la tierra; lo que se manifiesta en el macrocosmos se reproduce en el microcosmos. El Templo Masónico, concebido como microcosmos espiritual, reproduce y celebra esta unidad dinámica entre el orden universal y el orden moral.

Cada elemento del Templo participa de esta red de correspondencias simbólicas. El pavimento mosaico, con su alternancia de blanco y negro, representa la dualidad que sostiene la armonía del mundo: la luz y la sombra, el espíritu y la materia, la sabiduría y la acción. Estas oposiciones no son enemigas, sino fuerzas complementarias cuya interacción genera equilibrio. Sobre ese suelo —símbolo del mundo manifestado— se erigen las columnas del pórtico, que recuerdan los pilares cósmicos que separan y a la vez unen el cielo y la tierra.

La bóveda celeste que cubre la Logia, representada por el techo azul estrellado, evoca el firmamento hermético, la esfera de las inteligencias divinas. Bajo ella, el hombre trabaja su perfección moral, reflejando en sí el orden del cosmos. Así, el espacio del Templo se convierte en una escuela de analogías: cada símbolo visible remite a una verdad invisible, y cada gesto ritual participa del ritmo universal.

El Altar, situado en el centro, es el punto de unión entre los planos. Allí se coloca el Volumen de la Ley Sagrada, acompañado de la Escuadra y el Compás, que juntos manifiestan la presencia de la Sabiduría divina en el corazón del microcosmos. Sobre el Altar brilla la Estrella Flamígera, símbolo de la chispa divina en el interior del hombre, el nous hermético o inteligencia espiritual que lo conecta con el Gran Arquitecto del Universo.[6,8] (Paráfrasis)

En el rito, el Iniciado aprende a percibir estas correspondencias y a integrarse en ellas. Cada movimiento, palabra y posición dentro del Templo reproduce la estructura cósmica: el Oriente representa el origen de la Luz, el Occidente el retorno al reposo; el Norte y el Sur equilibran las fuerzas del mundo manifestado. La Logia, en consecuencia, se convierte en escenario hermético, donde el cosmos se refleja simbólicamente y el hombre participa de la armonía universal mediante la acción ritual.

Esta concepción convierte el trabajo masónico en un acto teúrgico: una participación consciente en la obra creadora. Al trazar, medir, invocar y construir, el masón no imita simplemente la arquitectura del universo, sino que se sintoniza con sus leyes, reconociéndose como colaborador del mismo principio que dio forma a los mundos. El Templo no es solo un lugar donde se aprende; es un instrumento de resonancia espiritual, una arquitectura viva en la que el alma encuentra su proporción con el Todo.

Así, la Logia —como microcosmos hermético— se erige en puente entre lo humano y lo divino, entre la geometría de la creación y la geometría moral del iniciado. En ella, el cosmos se hace ritual, la materia se vuelve símbolo y el hombre, al comprender su papel dentro del orden universal, descubre que también él es un templo en el que habita la Luz eterna.

12.8. Conclusión

Las tradiciones herméticas no fueron el origen directo de la Masonería, pero sí influyeron de manera decisiva en la formación de su gramática simbólica y, en particular, en su concepción del espacio sagrado. Su huella se advierte en la manera en que la Logia, el Templo y el rito fueron concebidos como formas visibles de realidades invisibles, como microcosmos donde el hombre puede reproducir, a escala interior, el orden del universo.

Así, los principios fundamentales del hermetismo encuentran en la Masonería su expresión iniciática más madura:

- **El universo como templo** → la Logia como microcosmos.

El cosmos hermético, animado por la inteligencia divina, se refleja en la Logia masónica como espacio consagrado a la luz. En ella, cada piedra, cada orientación y cada herramienta evocan las leyes que rigen el universo. El iniciado aprende que construir el Templo es reproducir, en el orden moral, la armonía del cosmos.

- **La geometría divina** → la disposición y los emblemas arquitectónicos.

La geometría sagrada del hermetismo —símbolo del pensamiento creador de Dios— se plasma en la disposición ritual del Templo y en sus instrumentos: escuadra, compás, nivel, plomada. Cada figura, medida y orientación tiene un significado espiritual. La Logia, como las catedrales antiguas, está trazada según proporciones que no solo ordenan el espacio, sino que educan el alma.

- **La alquimia espiritual** → la transformación moral del Iniciado.

El laboratorio del alquimista se convierte en la Logia masónica: un lugar donde el fuego del espíritu depura la materia del hombre profano hasta convertirlo en oro moral. Separación, purificación y unión —las tres fases de la Magnum Opus— se reflejan en los grados simbólicos del arte real. La piedra bruta se labra con la escuadra de la rectitud y el compás de la moderación, hasta alcanzar la perfección cúbica de la virtud.

- **La Cábala y el Rosacrucismo** → la lectura del Templo como centro de correspondencias cósmicas.

La enseñanza cabalística de las sefirot y la visión rosacruz del templo invisible aportaron a la Masonería la idea del Templo como árbol de la vida simbólico, donde cada punto y cada grado reflejan una relación entre el cielo y la tierra. El espacio sagrado se convierte así en un mapa espiritual, una representación viva de la creación donde el iniciado se reconoce como intermediario entre lo humano y lo divino.

En la Masonería, el espacio sagrado se eleva, entonces, a la categoría de laboratorio hermético, donde la materia prima no es el metal ni la piedra, sino el propio ser humano. Allí, en el silencio y la luz del Templo, el masón trabaja sobre sí mismo la obra de transmutación interior: convertir el plomo del egoísmo en el oro de la fraternidad, el peso de la ignorancia en la ligereza de la sabiduría, la multiplicidad de las pasiones en la unidad del espíritu.

El Templo Masónico es, en última instancia, el microcosmos hermético del alma: lugar de correspondencias, de proporciones y de transformación. Todo lo que el iniciado contempla en sus muros, sus columnas y sus emblemas, es una proyección de su propio ser en camino hacia la luz. Al recorrer su espacio, reproduce el movimiento del cosmos; al ascender en grados, repite la ascensión del alma hacia su fuente divina.

Así, el legado hermético —desde Hermes Trismegisto hasta la Masonería moderna— se resume en una sola enseñanza: el universo, el templo y el hombre son una misma obra de la Sabiduría eterna. En el corazón del iniciado, el espacio sagrado se revela como el lugar donde el espíritu humano, iluminado por la verdad, participa de la obra del Gran Arquitecto del Universo y se convierte en su reflejo vivo.

Notas y Referencias

1. Yates, F. A. (1964). Giordano Bruno and the Hermetic Tradition. Chicago: University of Chicago Press.
2. Faivre, A. (1994). Access to Western Esotericism. Albany: State University of New York Press.
3. Corpus Hermeticum, Asclepius 24, en Copenhaver, B. P. (1992). Hermetica: The Greek Corpus Hermeticum and the Latin Asclepius in a New English Translation. Cambridge: Cambridge University Press.
4. Mackey, A. G. (1873). Encyclopedia of Freemasonry. New York: Clark & Maynard. Voz: "Lodge". (Paráfrasis)
5. Agrippa, H. C. (1533/1993). Three Books of Occult Philosophy. Ed. Donald Tyson. St. Paul: Llewellyn.

6. Preston, W. (1772/1801). Illustrations of Masonry. London. (Paráfrasis de su interpretación del simbolismo de herramientas)

7. Jung, C. G. (1968). Psychology and Alchemy. Princeton: Princeton University Press.

8. Pike, A. (1871). Morals and Dogma of the Ancient and Accepted Scottish Rite of Freemasonry. Charleston. (Paráfrasis en secciones sobre alquimia y transmutación espiritual)

9. Scholem, G. (1965). Major Trends in Jewish Mysticism. New York: Schocken.

10. Gilly, C. (1995). Between Hermes and Christ: The German Hermetism of the 16th Century and the Beginning of the Hermetic Reformation. Leiden: Brill.

11. Stevenson, D. (1988). The Origins of Freemasonry: Scotland's Century, 1590–1710. Cambridge: Cambridge University Press.

12. Tabula Smaragdina, en Holmyard, E. J. (1923). "The Emerald Tablet." Nature, 112(2810), 525–526.

CAPÍTULO XIII

Relación entre el Templo de Salomón y el Concepto del Espacio Sagrado en la Masonería

13.1. Introducción

El Templo de Salomón constituye uno de los símbolos más poderosos y perdurables en la historia religiosa y cultural de Occidente. Descrito con minucioso detalle en los libros de 1 Reyes (6–8) y 2 Crónicas (2–5), se presenta como la morada de la presencia divina —la Shekinah— en medio de Israel, y como el punto de unión entre el cielo y la tierra. Más que un edificio, fue concebido como una teofanía arquitectónica, una manifestación tangible del orden espiritual del cosmos, trazada "según el modelo mostrado en el monte", es decir, conforme a un arquetipo celestial.

En su estructura y función, el Templo sintetizaba las ideas fundamentales del espacio sagrado bíblico: consagración, centralidad y jerarquía. El atrio exterior representaba el ámbito humano; el Lugar Santo, la esfera de la mediación sacerdotal; y el Santo de los Santos, el punto más íntimo del misterio, donde la presencia divina reposaba sobre el Arca de la Alianza. Cada parte del edificio respondía a una medida sagrada y a una orientación precisa, siguiendo proporciones que reflejaban la armonía del universo. Así, el Templo de Salomón no era solo el centro del culto israelita, sino también la imagen simbólica del cosmos ordenado por Dios y del alma justa que se abre a su presencia.

Para la Masonería, el Templo de Salomón adquiere una dimensión aún más profunda: se convierte en el arquetipo universal del espacio sagrado, modelo de perfección arquitectónica, espiritual y moral. Desde los primeros catecismos y monitores del siglo XVIII, la Logia se concibe como una recreación simbólica del Templo salomónico, en la que cada muro, cada columna y cada herramienta tienen una correspondencia espiritual. El masón, al ingresar al Templo, no entra en un recinto cualquiera, sino en un espacio consagrado al trabajo interior, donde se reinterpreta el plan divino a escala humana.

El Templo histórico se transforma así en templo iniciático. Las dimensiones que la Biblia presenta como medidas arquitectónicas son asumidas por la Masonería como medidas éticas y espirituales: la longitud, la anchura y la altura se convierten en símbolos de sabiduría, fuerza y belleza; los materiales de oro, cedro y piedra labrada expresan pureza, firmeza y perfección moral. En la Logia, el Santo de los Santos se traduce en el centro del alma, donde resplandece la luz del Gran Arquitecto del Universo.

De esta manera, el Templo de Salomón actúa como puente entre historia y símbolo, entre religión y filosofía, entre tradición bíblica y espiritualidad masónica. En su imagen confluyen tres dimensiones que definen el concepto del espacio sagrado masónico:

1. **Teológica**, como lugar de presencia divina.

2. **Cosmológica**, como representación del orden universal.

3. **Antropológica,** como reflejo del templo interior que cada iniciado debe edificar en sí mismo.

Por ello, en la Masonería el Templo no se contempla solo como un recuerdo de la antigüedad, sino como un principio vivo: el modelo eterno de toda construcción moral y espiritual. Al erigir la Logia sobre este paradigma, la Orden perpetúa una enseñanza milenaria: construir el templo exterior es un medio para revelar el templo interior, y en esa correspondencia entre lo material y lo espiritual se cumple la verdadera vocación del arte real.

13.2. El Templo histórico: Datos bíblicos y tradición judía

Según 1 Reyes 6, el Templo de Salomón fue construido por orden del rey hacia el siglo X a. C., con la colaboración de artesanos fenicios dirigidos por Hiram, rey de Tiro, célebre por su sabiduría y maestría arquitectónica. La Biblia describe el proyecto como una empresa monumental que unió ciencia, arte y fe: "Salomón edificó la Casa del Señor en Jerusalén, sobre el monte Moriah", lugar donde Abraham había erigido su altar. Este detalle vincula el Templo con la memoria de los patriarcas, convirtiéndolo en símbolo de continuidad espiritual entre la alianza antigua y la nueva forma de culto de Israel.

El relato bíblico presenta un edificio tripartito, cuya estructura refleja una jerarquía de santidad:

• **Ulam (Vestíbulo):** espacio de transición entre lo profano y lo sagrado, donde el fiel se disponía para ingresar al recinto divino.

- **Hekal (Lugar Santo):** ámbito intermedio reservado a los sacerdotes, que albergaba la menorá (candelabro de siete brazos), el altar del incienso y la mesa de los panes de la proposición, símbolos de luz, oración y sustento espiritual.

- **Debir (Santo de los Santos):** santuario interior, cubierto de oro, donde reposaba el Arca de la Alianza, custodiada por los querubines alados. Allí residía la Shekinah, la presencia luminosa de Dios, inaccesible a todo ser humano excepto al Sumo Sacerdote una vez al año, durante el Yom Kippur.

Esta disposición no era arbitraria, sino que respondía a un principio de ascensión espiritual: el tránsito desde el Ulam al Debir reproducía el camino del alma hacia la presencia divina. Cada recinto implicaba un grado de purificación y una intensificación del misterio. El espacio sagrado, por tanto, se organizaba según un eje vertical de acercamiento progresivo al Absoluto.

La tradición rabínica amplió y profundizó esta visión, interpretando el Templo como microcosmos del universo.[1] (Paráfrasis del autor a partir de las obras citadas)

En los comentarios del Midrash y del Talmud, se explica que la arquitectura del Templo reproducía el orden del cosmos: el Santo de los Santos representaba los cielos, el Hekal correspondía a la tierra habitada, y el atrio exterior simbolizaba el mar o las aguas primordiales. El lavatorio de bronce evocaba el océano cósmico, la menorá representaba la luz de los astros, y el altar del sacrificio reproducía el centro vital del mundo, donde la materia se ofrecía al espíritu.

El Templo era, así, una imagen del universo ordenado: sus medidas respondían a proporciones sagradas, sus materiales a jerarquías de pureza, y su orientación al oriente recordaba el origen de la luz. Cada objeto, color y material tenía un significado teológico. El oro, incorruptible, simbolizaba la perfección divina; el cedro, la inmortalidad; la piedra, la estabilidad del cosmos; y la disposición de sus cámaras representaba las distintas moradas del alma.

De este modo, el Templo de Salomón no era solo la sede del culto israelita, sino también una síntesis teológica y cosmológica. En él se unían historia, creación y revelación. Era el punto donde Dios habitaba entre los hombres, pero también el lugar donde el hombre recordaba su origen celestial. Su construcción material expresaba una realidad invisible: el orden moral y espiritual que sostiene la creación.

Esta comprensión del Templo como imagen del cosmos influiría poderosamente en las tradiciones posteriores —hermética, cabalística y masónica—, que lo interpretarían como modelo arquetípico del espacio sagrado. En la Masonería, esta misma estructura tripartita inspira la disposición del Templo simbólico: el atrio, donde el Aprendiz inicia su camino; el lugar santo, donde el Compañero se perfecciona; y el santo de los santos, donde el Maestro accede a la sabiduría interior.

Así, el Templo histórico se convierte, a través del simbolismo, en una figura atemporal del alma humana, en la cual el trabajo espiritual reproduce la arquitectura divina. Lo que en Jerusalén fue piedra y oro, en la Logia se transforma en virtud y luz: un santuario interior donde la presencia del Gran Arquitecto del Universo se hace visible en la conciencia del Iniciado.

13.3. El Templo como arquetipo del espacio sagrado

El historiador de las religiones Mircea Eliade sostuvo que todo templo constituye una **imagen del cosmos**, una representación simbólica del orden universal y un centro que conecta lo divino con lo humano.[2] (Paráfrasis) En cada tradición, el templo aparece como el punto donde el cielo se encuentra con la tierra y donde el mundo se vuelve inteligible porque adquiere orientación y sentido. El espacio sagrado, al romper la homogeneidad del espacio profano, establece un eje vertical —el axis mundi— que permite al hombre situarse dentro del universo y comprender su relación con lo trascendente.

En este contexto, el Templo de Salomón representa el axis mundi de Israel, el punto de intersección entre lo histórico, lo cósmico y lo teológico. En él convergían tres dimensiones esenciales:

• La dimensión histórica, que expresaba la identidad nacional del pueblo de Israel. El Templo, erigido en Jerusalén, era el signo visible de la alianza entre Dios y su pueblo, y el centro de su memoria colectiva. Allí se reunían las doce tribus, y en sus festividades se celebraba la unidad espiritual de la nación. El Templo no era solo un santuario, sino la encarnación del pacto: su destrucción significaba la pérdida del centro, y su reconstrucción, la restauración de la esperanza.

• La dimensión cósmica, que reflejaba el orden universal. Su arquitectura, orientada al oriente y trazada según proporciones sagradas, reproducía la estructura del universo: el atrio representaba la tierra, el lugar santo el firmamento, y el Santo de los Santos el cielo de los cielos. El Templo se erigía como microcosmos de la creación, una imagen del cosmos ordenado donde cada medida respondía a una correspondencia entre materia y espíritu.

• La dimensión teológica, que hacía del Templo el lugar de la presencia divina (Shekinah). Allí, entre los querubines del Arca, se manifestaba el misterio inefable de Dios. El Templo era simultáneamente morada divina y punto de encuentro: el espacio donde lo eterno descendía y lo humano se elevaba.

Estas tres dimensiones —histórica, cósmica y teológica— convierten al Templo de Salomón en el arquetipo del espacio sagrado, modelo que resume la función espiritual de todo santuario posterior. En él, la arquitectura no cumple una función estética, sino sacramental: cada muro, cada objeto y cada orientación son signos que revelan la estructura invisible del mundo. El templo es, por tanto, una epifanía de orden, una manifestación tangible de la armonía divina.

Esta concepción del Templo como imagen del cosmos influyó profundamente en la Masonería, que lo adoptó como modelo de su propio espacio sagrado. La Logia, al abrir sus trabajos, reproduce el gesto de consagración del mundo; al orientarse hacia el Oriente, imita la búsqueda de la luz primordial; al disponer sus tres niveles —columnas, luces y estaciones—, reconstruye el orden tripartito del Templo salomónico.

El masón, al ingresar en la Logia, participa de esta estructura cósmica y espiritual. Su tránsito por los grados refleja el ascenso del alma a través de los planos del ser, del mundo visible al invisible, de la tierra al cielo. Así, la Logia Masónica deviene arquetipo operativo del Templo de Salomón: no una réplica arqueológica, sino una transposición simbólica que actualiza, en cada tenida, el vínculo entre el hombre y lo sagrado.

En consecuencia, el Templo de Salomón no pertenece solo al pasado bíblico, sino a la geografía espiritual del presente iniciático. En la Masonería, su significado se renueva constantemente: cada vez que un Taller se consagra, el antiguo Templo vuelve a levantarse, no en piedra, sino en conciencia. Como el axis mundi de Israel, la Logia se convierte en centro del mundo interior, donde la presencia divina habita en la armonía del rito y en la rectitud de la obra.

13.4. Recepción en la Masonería especulativa

Con la transición de la masonería operativa a la especulativa, entre los siglos XVII y XVIII, el Templo de Salomón fue asumido como modelo simbólico y doctrinal de la Logia moderna. Esta adopción no fue un simple recurso alegórico, sino una verdadera reinterpretación espiritual del antiguo edificio bíblico: lo que antes fue una obra de arquitectura sagrada se transformó en paradigma moral e iniciático.

Las Constituciones de Anderson (1723) —documento fundacional de la Masonería moderna— evocan la figura de Salomón y la construcción del Templo como el momento arquetípico del **arte masónico**.[3] (Paráfrasis) El texto andersoniano establece una continuidad simbólica entre los antiguos constructores de Jerusalén y los masones de la nueva era ilustrada, quienes, aunque ya no labran piedra ni erigen muros visibles, perpetúan el arte de construir en el ámbito de la virtud y del conocimiento. En esta lectura, Salomón encarna la sabiduría que ordena, Hiram de Tiro representa la cooperación entre pueblos y oficios, y Hiram Abif, el maestro artesano, personifica el sacrificio en nombre del deber y la perfección.

El Templo de Jerusalén, por tanto, se convierte en el arquetipo fundacional del templo masónico: una obra perfecta en sus proporciones y divina en su propósito. La Masonería especulativa lo reinterpreta como símbolo de la edificación del alma y de la sociedad, afirmando que cada iniciado, al trabajar sobre su piedra bruta, participa de la misma labor que los antiguos constructores del santuario salomónico.

Los catecismos masónicos del siglo XVIII —como Masonry Dissected (1730)— testimonian esta consolidación simbólica.[4] (Paráfrasis) En sus diálogos rituales aparecen ya preguntas y respuestas sobre los pilares del pórtico, J∴ y B∴, asociados a fuerza y estabilidad; sobre los oficios de Hiram Abif, que representan la maestría y la transmisión del arte; y sobre la disposición del Templo, reflejada en la arquitectura interna de la Logia. Estas fórmulas revelan que el Templo no era un simple motivo decorativo, sino el centro doctrinal de la enseñanza masónica.

A través de estas tradiciones, la Logia se consolidó como un templo simbólico, donde cada reunión de trabajo reactualiza el mito constructivo: el drama del maestro Hiram y la edificación del santuario interior. En el rito, la apertura de los trabajos equivale al inicio de la obra de construcción; la colocación de las herramientas, a la disposición del alma para el trabajo moral; y la clausura, al reposo del obrero tras haber avanzado un grado más en la edificación de sí mismo.

En la Masonería especulativa, el Templo de Salomón deja de ser una reliquia del pasado para convertirse en un símbolo viviente. Cada Logia, dondequiera que se levante, es su eco espiritual: un espacio donde el tiempo sagrado se reactiva, donde la sabiduría preside, la fuerza sostiene y la belleza adorna. Así, la arquitectura bíblica se transforma en arquitectura del alma, y el arte de construir se vuelve arte de vivir.

Esta transposición de lo arquitectónico a lo moral define la esencia de la Masonería moderna. Lo que en el siglo X a. C. fue piedra, cedro y oro, en el siglo XVIII se convierte en virtud, razón y luz. Y lo que en Jerusalén fue un templo nacional, en la Logia especulativa se convierte en templo universal, abierto a todos los hombres libres y de buenas costumbres, que buscan edificar la paz interior y la fraternidad entre los pueblos.

En ese sentido, la recepción del Templo de Salomón en la Masonería no es un simple homenaje histórico: es una revelación continuada. Cada vez que una Logia abre sus trabajos, el Templo vuelve a levantarse, piedra a piedra, en el corazón del Iniciado, para recordarle que la verdadera construcción es la del espíritu y que el plan maestro —el trazado divino— se realiza no en Jerusalén, sino en el alma del hombre que busca la luz.

13.5. Simbolismo masónico del Templo de Salomón

El Templo de Salomón ocupa un lugar central en la simbología masónica como modelo arquitectónico, espiritual y moral. En él, la Masonería encuentra no solo un referente histórico, sino un arquetipo iniciático que resume la totalidad del trabajo del Iniciado: construir, perfeccionar y consagrar. Cada elemento del Templo se convierte en un emblema que enseña, y cada una de sus partes representa un aspecto del alma en proceso de elevación.

1. **Modelo arquitectónico:** La Logia Masónica reproduce, en su disposición ritual, el esquema tripartito del Templo salomónico: la entrada por el Occidente, el espacio central de los trabajos y el Oriente como foco de luz y sabiduría. Esta correspondencia no es casual: el trayecto desde el Oeste al Este simboliza el tránsito de las tinieblas a la iluminación, del mundo profano al conocimiento interior. Así, la Logia se convierte en una recreación simbólica del Templo y en una representación del cosmos ordenado. Cada movimiento dentro de ella refleja un acto de ascensión espiritual, un desplazamiento del alma hacia la verdad.

2. **Columnas J∴ y B∴:** Heredadas del pórtico salomónico (1 Reyes 7:21), las columnas Jachin y Boaz son uno de los símbolos más antiguos y profundos del arte real.[5] (Paráfrasis) Situadas a la entrada del Templo, representan la dualidad complementaria que sostiene la creación: fuerza y estabilidad, severidad y misericordia, principio activo y principio pasivo. En ellas se refleja el equilibrio del universo y del alma humana. La Masonería enseña que el Iniciado debe aprender a caminar entre ambas, manteniendo el justo medio que une los contrarios. No se trata de elegir entre una y otra, sino de integrarlas en una unidad superior.

3. **Altar y Santo de los Santos:** El Altar masónico ocupa el centro del Templo y recuerda el Santo de los Santos del Templo de Salomón, donde reposaba el Arca de la Alianza. Este centro no es un simple punto físico, sino el corazón espiritual de la Logia: el lugar donde la palabra, la fe y el deber convergen. Sobre él descansan las Tres Grandes Luces —el Volumen de la Ley Sagrada, la Escuadra y el Compás—, equivalentes simbólicos de la alianza divina y del orden cósmico. Así como el Arca contenía la Ley que unía a Dios con su pueblo, el Altar masónico guarda los principios que vinculan al hombre con su conciencia y con el Gran Arquitecto del Universo.

4. **Oficio de Hiram Abif:** El maestro Hiram Abif, artífice del Templo según 2 Crónicas 2:13–14, encarna el ideal del Maestro Masón. Su figura representa la sabiduría aplicada al trabajo, la fidelidad al deber y el sacrificio por la verdad. En la

narrativa bíblica, Hiram es el artesano fenicio enviado por Hiram, rey de Tiro, para realizar las obras de oro, bronce y piedra del santuario. En la Masonería, su muerte simbólica y su resurrección ritual expresan el misterio de la iniciación: la pérdida de la palabra y su búsqueda interior. Hiram se convierte, así, en el arquetipo del hombre espiritual, del constructor que, enfrentado a la muerte simbólica, encuentra en sí mismo la inmortalidad de la obra bien realizada.

5. **Construcción inacabada:** El Templo masónico nunca se concibe como una obra concluida, sino en perpetua edificación. Su construcción inacabada refleja la obra interior del Iniciado, quien, piedra a piedra, labra su alma en busca de la perfección. El trabajo masónico es continuo porque el alma es dinámica: siempre puede refinarse, elevarse y purificarse. El Templo visible, levantado durante los trabajos rituales, desaparece al cierre de la Logia; pero el templo interior persiste, creciendo en silencio con cada acto de virtud y cada descubrimiento moral. La inacababilidad del Templo enseña que la perfección absoluta pertenece solo al Gran Arquitecto del Universo, y que la tarea del masón consiste en participar de esa perfección a través del trabajo constante.

En conjunto, estos cinco ejes simbólicos configuran el arquetipo masónico del Templo de Salomón. En él, la arquitectura se convierte en teología, y la piedra en lección moral. La Logia, como réplica viva del santuario bíblico, reproduce el orden del cosmos y de la conciencia: su pórtico introduce, su centro instruye, y su Oriente ilumina.

Así, el masón comprende que su labor no es reconstruir un edificio perdido en Jerusalén, sino levantar en sí mismo el templo eterno de la sabiduría, la justicia y la fraternidad, donde la presencia divina resplandece como en el Santo de los Santos del corazón humano.

La tradición hermético-cabalística del Renacimiento ofreció una de las interpretaciones más ricas y universales del Templo de Salomón. En ese marco intelectual —donde confluyeron el neoplatonismo florentino, la teología mística y la exégesis simbólica de la Escritura—, el Templo fue concebido no solo como edificio histórico, sino como síntesis del cosmos y del hombre.

Giovanni Pico della Mirandola y los cabalistas cristianos posteriores —como Reuchlin, Agrippa y Knorr von Rosenroth— vieron en la arquitectura del Templo una imagen en piedra del orden divino, una expresión visible del modo en que Dios se manifiesta en la creación. Según esta lectura, la disposición de las estancias, las proporciones numéricas y los objetos sagrados reproducían el esquema del árbol sefirótico, las diez sefirot a través de las cuales la divinidad (Ein Sof) se emana en el mundo.[6] (Paráfrasis) El Santo de los Santos representaba Kéter, la corona divina; el Lugar Santo correspondía a las sefirot del entendimiento y la sabiduría (Biná y Jojmá); y el atrio exterior reflejaba las emanaciones más bajas, donde la divinidad se encarna en la materia.

De este modo, el Templo fue visto como un microcosmos teúrgico, un espacio donde la geometría, la luz y el número hacían visible la armonía entre Dios, el universo y el alma humana. Esta interpretación coincidía con la visión hermética, según la cual el cosmos entero es un templo animado por la inteligencia divina, y el hombre, su sacerdote. En el lenguaje de Hermes Trismegisto, el universo es un cuerpo sagrado, y conocer su estructura equivale a participar del espíritu creador que lo ordena.

En esta confluencia entre Cábala y hermetismo, el Templo se convierte en puente entre lo material y lo espiritual, entre lo arquitectónico y lo teológico. Su estructura no solo delimita el espacio donde se rinde culto, sino que ofrece al iniciado una mapa del retorno: una guía simbólica para elevarse desde el mundo de la forma hasta la contemplación de la Unidad divina. Cada pilar, cada proporción y cada objeto de culto son una letra del lenguaje secreto de Dios inscrito en la materia.

La Masonería especulativa, heredera directa de este clima cultural del siglo XV al XVIII, recogió esta visión hermético-cabalística y la integró en su doctrina simbólica del Templo. El Templo de Salomón dejó de ser para ella un mero recuerdo histórico o alegoría moral, para convertirse en una imagen universal del trabajo espiritual. En la Logia, el templo se levanta en la conciencia del Iniciado como el espacio donde se reconcilian los opuestos, donde el espíritu da forma a la materia y donde la geometría se hace plegaria.

Así, el Templo Masónico es heredero de la tradición del Templo hermético:

— Es **arquitectura del cosmos**, porque refleja el orden divino.

— Es **arquitectura del alma,** porque enseña al hombre a ordenar su interior conforme al modelo de la sabiduría eterna.

— Y es **arquitectura de la palabra**, porque el rito, como verbo sagrado, reconstruye simbólicamente la armonía perdida entre lo humano y lo divino.

En este sentido, la Masonería continúa la obra del hermetista y del cabalista: ambos buscaban descifrar el lenguaje secreto del Templo y participar del misterio de su construcción. El masón, como ellos, entiende que levantar el Templo es restaurar el orden del universo en su propio corazón; que cada herramienta que emplea es símbolo de una virtud, y que cada piedra que labra es un pensamiento ordenado según la ley del Gran Arquitecto del Universo.

Por ello, el Templo Masónico, inspirado en la sabiduría del Templo de Salomón, encarna en su forma simbólica la aspiración más alta del hermetismo y de la Cábala: la unión entre Dios, el cosmos y el hombre a través de la obra consciente.

13.7. La Logia como Templo simbólico y espacio sagrado

Autores masónicos clásicos como Albert G. Mackey (1873) sostienen que la Logia **no es un mero salón, sino un templo simbólico, consagrado y dedicado a altos fines espirituales.**[7] (Paráfrasis) Esta afirmación resume el espíritu de la Masonería especulativa: la Logia no es un espacio utilitario ni un ámbito de reunión profana, sino una recreación ritual del Templo de Salomón, una arquitectura simbólica en la que el hombre participa de la obra divina a través del rito, la palabra y la meditación.

El Templo de Salomón actúa como arquetipo vivo que inspira cada detalle del espacio masónico: la disposición de sus columnas y luces, la orientación hacia el Oriente, la ubicación del Altar, el simbolismo del pavimento mosaico, las jerarquías de los oficios y la progresión ritual de los grados. Nada en la Logia es casual. Cada elemento responde a una intención pedagógica y espiritual, que traduce en símbolos la estructura del cosmos y la dinámica de la conciencia.

Cuando el Iniciado penetra en la Logia, reproduce el ingreso gradual al Templo antiguo, pasando del exterior profano al interior sagrado. El tránsito desde la oscuridad a la luz no es un desplazamiento físico, sino una metáfora de la ascensión interior. El Aprendiz, al franquear el umbral, abandona el mundo de la dispersión y entra en el espacio de la unidad. Su recorrido, guiado por signos, luces y palabras, es un itinerario de purificación y esclarecimiento, semejante al del sacerdote que, en el Templo de Jerusalén, se aproximaba al Santo de los Santos para ofrecer el sacrificio espiritual.

La Logia, en este sentido, es el Templo perpetuamente reconstruido, una obra viva que renace en cada tenida. Su consagración, realizada con solemnidad y oración, la separa del mundo profano y la transforma en un recinto de luz. En ella, los masones trabajan "a cubierto", protegidos del ruido exterior, para edificar en silencio las piedras morales de la fraternidad. El rito no solo recuerda la edificación del Templo de Salomón: la reactualiza simbólicamente, haciendo que cada reunión sea una continuación del mismo acto sagrado que comenzó en Jerusalén.

Así, la Logia masónica no imita al Templo antiguo: lo encarna en otro plano. El pórtico, el lugar santo y el santuario interior corresponden a las tres etapas del perfeccionamiento iniciático; los viajes rituales reproducen los grados de ascensión espiritual; y la luz del Oriente representa la sabiduría que ilumina la obra. En ese microcosmos simbólico, el Iniciado aprende que el verdadero Templo no se construye con piedras ni maderas, sino con pensamientos rectos, palabras sinceras y actos justos.

De este modo, la Logia es simultáneamente espacio, símbolo y estado del alma. Su estructura exterior refleja el orden universal; su disposición ritual enseña la disciplina interior; y su atmósfera de silencio y fraternidad manifiesta la presencia invisible del Gran Arquitecto del Universo. En ella, el trabajo físico se sublima en oración, la geometría se convierte en ética y la arquitectura se transforma en contemplación.

El Templo masónico, inspirado en el de Salomón, se eleva así sobre tres columnas: Sabiduría, Fuerza y Belleza. Cada una sostiene no solo el edificio simbólico, sino la vida misma del Iniciado. Allí donde se reúnen los Hermanos para obrar en nombre del Gran Arquitecto, el tiempo profano se suspende y nace un espacio consagrado, reflejo de aquel primer Templo donde la divinidad habitó entre los hombres.

En esa dimensión interior, la Logia es mucho más que un lugar: es una experiencia viva de lo sagrado. El Iniciado, al entrar en ella, penetra en su propio corazón, donde el Templo eterno espera ser reconstruido. Así, el rito masónico prolonga el mensaje salomónico: que el verdadero santuario de Dios no está en Jerusalén, sino en el alma del hombre que busca la Luz.

13.8. Conclusión

El Templo de Salomón representa, en la historia del pensamiento religioso y simbólico, la síntesis suprema de lo sagrado:

• **Lugar histórico y nacional para Israel**, porque en él se unificó la vida religiosa, política y moral del pueblo elegido. Fue el signo visible de la alianza entre Dios y su pueblo, el corazón espiritual de Jerusalén y el centro desde el cual emanaban las leyes y las festividades. Su destrucción no solo significó la pérdida de un edificio, sino la fractura de la comunión entre el cielo y la tierra; su memoria, en cambio, mantuvo viva la esperanza del retorno a la presencia divina.

• **Centro cósmico según la fenomenología de las religiones**, porque, como afirmó Mircea Eliade, todo templo es imagen del universo y eje del mundo. En el Templo de Salomón, las proporciones arquitectónicas reproducen la armonía del cosmos, y el Santo de los Santos encarna el punto donde convergen las dimensiones terrenal y celeste. El Templo, al unir lo visible y lo invisible, establece el orden universal como presencia, haciendo del espacio sagrado un espejo de la creación.

• **Modelo simbólico y pedagógico en la Masonería**, porque desde el siglo XVIII el arte real ha visto en él la representación perfecta de su método iniciático. La Logia, inspirada en su estructura tripartita, reproduce el proceso de ascensión del alma: del atrio exterior, símbolo del mundo profano, al lugar santo, ámbito del trabajo moral, y finalmente al santo de los santos, donde brilla la luz de la conciencia. Cada grado masónico es una piedra añadida a ese edificio interior que el iniciado levanta con perseverancia y virtud.

Para el Masón, este Templo no es una ruina arqueológica ni una mera evocación bíblica, sino una arquitectura viva, constantemente reconstruida en el rito, en la palabra y en la conducta. Cada Logia consagrada prolonga su memoria y reactualiza su significado. En el momento en que los trabajos se abren, el antiguo Templo se levanta de nuevo, invisible y eterno, entre los muros del Taller y en el corazón de los Hermanos que lo habitan.

La piedra bruta que el iniciado pule es el equivalente simbólico de la materia informe del mundo antes de la creación. Su perfeccionamiento representa la restauración del orden divino en la propia alma. Así, el masón comprende que la verdadera Jerusalén no se encuentra en coordenadas geográficas, sino en el centro del ser, donde cada hombre puede construir su propio santuario interior.

En ese sentido, cada Iniciado edifica en sí mismo un "Santo de los Santos" interior, un recinto silencioso donde mora la luz del Gran Arquitecto del Universo. Ese santuario invisible es el destino de todo trabajo masónico: alcanzar la armonía interior que refleja la perfección divina. Allí, en el corazón purificado por la verdad y el deber, la Shekinah vuelve a habitar; y en ese instante, el antiguo Templo de Salomón, más que piedra y oro, se revela como símbolo eterno del alma iluminada.

Notas y Referencias

1. Haran, M. (1978). Temples and Temple-Service in Ancient Israel. Oxford: Clarendon Press.
2. Eliade, M. (1998). Lo sagrado y lo profano. Barcelona: Paidós.
3. Anderson, J. (1723). The Constitutions of the Free-Masons. London: William Hunter.
4. Knoop, D., Jones, G. P., & Hamer, D. (1949). The Early Masonic Catechisms. Manchester: Manchester University Press.
5. Mackey, A. G. (1873). Encyclopedia of Freemasonry. New York: Clark & Maynard. Voz: "Jachin and Boaz".
6. Scholem, G. (1965). Major Trends in Jewish Mysticism. New York: Schocken.
7. Mackey, A. G. (1873). Encyclopedia of Freemasonry. Voz: "Lodge".

CAPÍTULO XIV

La Leyenda del Espacio Sagrado en la Masonería

14.1. Introducción

La Masonería especulativa, al surgir en los siglos XVII y XVIII, no heredó únicamente de los gremios constructores y del Templo de Salomón un modelo arquitectónico de orden y proporción; heredó también una leyenda iniciática, un relato simbólico destinado a transmitir las verdades más profundas del Arte Real. En el corazón de esa tradición se encuentra la historia de Hiram Abif, el maestro constructor del Templo, cuya muerte violenta y su posterior **resurrección alegórica** constituyen el eje doctrinal del grado de Maestro Masón.

Esta narración, cuidadosamente preservada en los rituales y catecismos desde el siglo XVIII, no debe entenderse como historia literal, sino como mito iniciático, es decir, una verdad espiritual expresada bajo la forma de relato simbólico. En el lenguaje masónico, el mito no busca describir acontecimientos externos, sino despertar una experiencia interior: enseñar mediante la imagen lo que el razonamiento no puede expresar plenamente.

En la leyenda de Hiram, convergen múltiples herencias: la tradición bíblica del constructor sabio y justo; la mística del sacrificio redentor que conduce a la iluminación; y la simbología universal de la muerte y el renacimiento, presente en los misterios de Osiris, Dionisio, Mitra y Cristo. La Masonería, al integrar estos elementos, elaboró una dramatización moral y espiritual que revela la esencia misma de su enseñanza: la necesidad de morir al error y renacer a la verdad.

El relato enseña, a través de la figura del Maestro Hiram, que la fidelidad a los principios es superior al miedo y al interés personal; que la palabra perdida —símbolo del conocimiento supremo— no se recupera en los libros ni en las piedras, sino en el corazón purificado del Iniciado; y que todo trabajo espiritual implica un sacrificio, una renuncia y una superación del yo profano.

La leyenda hirámica, núcleo del grado de Maestro, constituye por tanto la mitología central de la Masonería moderna. A través de ella, el masón comprende que el Templo de Salomón —espacio sagrado del universo exterior— debe reconstruirse en el interior de cada ser humano, allí donde la verdad y la luz se reencuentran.

Así, el mito de Hiram no es un relato del pasado, sino una experiencia viva y recurrente: cada iniciación reactualiza su sentido, y cada Logia, al representarlo, se convierte en escenario del mismo drama que se repite desde los albores del espíritu humano. En esa continuidad simbólica, la Masonería transforma la memoria del Templo y de su maestro constructor en una enseñanza universal: que el verdadero espacio sagrado se edifica con la virtud, se consagra con la verdad y se preserva con el sacrificio interior.

14.2. Fuentes bíblicas y silencio de la Escritura

En la Biblia, el personaje de Hiram —también llamado Huram en algunas versiones— aparece como artesano sabio y hábil, enviado por Hiram, rey de Tiro, para colaborar con Salomón en la edificación del Templo. Según el relato del Segundo Libro de las Crónicas (2 Crónicas 2:13–14), era "diestro para trabajar en oro, plata, bronce, hierro, piedra y madera", y capaz de ejecutar toda suerte de obras artísticas. En 1 Reyes 7, su labor culmina con la fabricación de las columnas Jachin y Boaz, los utensilios de bronce, y los ornamentos del santuario.

Sin embargo, la Escritura guarda silencio acerca de su destino posterior. Ningún pasaje menciona su muerte, ni su asesinato, ni ningún acontecimiento trágico vinculado a su persona. El texto bíblico concluye con la finalización de las obras del Templo, señalando que Hiram cumplió su misión y se retiró de escena. Esta ausencia narrativa es, precisamente, el vacío que la tradición masónica llenará con una elaboración simbólica de gran profundidad.

Este silencio de la Biblia es significativo: permite que el personaje histórico se transforme en arquetipo universal. Allí donde el texto sagrado calla, la imaginación iniciática habla, no para inventar, sino para revelar una enseñanza velada. La Masonería, al desarrollar la leyenda de Hiram Abif, no pretende corregir la Escritura, sino prolongar su sentido espiritual, interpretando la figura del maestro constructor como símbolo del alma que construye el templo interior y paga con su sacrificio el precio de la verdad.

Así, la leyenda hirámica no proviene directamente de los libros sagrados, sino de la tradición masónica especulativa, elaborada entre los siglos XVII y XVIII en los catecismos, monitores y rituales de la naciente Masonería moderna.[1], [2] (Paráfrasis del autor a partir de las obras citadas). En esos textos, Hiram adquiere un nuevo papel: el del Maestro arquetípico, depositario del secreto del arte, guardián de la Palabra, víctima de la ignorancia y modelo de resurrección espiritual.

La Biblia ofrece, pues, el marco histórico y simbólico: el Templo, Salomón, los obreros, las columnas y el propósito divino de la obra. Pero la Masonería añade la dimensión iniciática: el drama moral del Maestro que, al ser fiel a su deber, pierde la vida y alcanza la inmortalidad simbólica. Esta transformación del relato bíblico en mito iniciático no contradice la revelación, sino que la interioriza, trasladando el mensaje del templo físico al templo del alma.

En este proceso hermenéutico, el silencio de la Escritura se convierte en palabra ritual: lo que no está escrito en el texto sagrado, se enseña en el lenguaje del símbolo. El resultado es una leyenda que no pertenece solo a la historia de la Masonería, sino a la historia espiritual de la humanidad: la de todo hombre que, como Hiram, trabaja fielmente, guarda el secreto y se levanta, por la fuerza del espíritu, más allá de la muerte.

14.3. Primeras apariciones de la leyenda

El mito de Hiram Abif, tal como hoy lo conoce la Masonería especulativa, aparece por primera vez en los catecismos masónicos del siglo XVIII, momento en que el simbolismo constructivo se transforma en un sistema moral e iniciático. Los primeros manuscritos que preceden a esta formulación ya contenían alusiones a muertes simbólicas, resurrecciones rituales y transmisiones de secretos perdidos, aunque sin mencionar aún al Maestro Hiram.

El Graham Manuscript (1726) —uno de los textos catequéticos más antiguos del período especulativo temprano— presenta una narración alegórica de muerte y resurrección vinculada a los patriarcas bíblicos, donde el cuerpo de un maestro es hallado y exhumado para recuperar un conocimiento perdido. Aunque el nombre de Hiram no aparece, el tema esencial ya está allí: la pérdida de la palabra y su sustitución temporal mediante un signo o palabra de reemplazo. En este texto se vislumbra la génesis del motivo iniciático que, pocos años más tarde, cristalizará en la leyenda del Maestro constructor.

El relato plenamente hirámico surge por primera vez en Masonry Dissected (1730), del divulgador Samuel Prichard, donde se introduce explícitamente el drama del Maestro Masón.[3] (Paráfrasis) En esta obra —que, pese a ser una exposición **"antimasónica",** recoge fielmente los rituales de la época— se describen los elementos esenciales del mito: los tres compañeros que conspiran contra Hiram, la muerte del Maestro, el intento de levantar su cuerpo, la palabra perdida y la instauración de una nueva palabra como símbolo de continuidad.

Desde entonces, la leyenda hirámica se consolidó como el núcleo iniciático del Tercer Grado, confiriendo a la Masonería su estructura simbólica definitiva. A diferencia de los grados anteriores —centrados en la moralidad y el trabajo—, el de Maestro introduce el drama espiritual de la muerte y la regeneración, abriendo al Iniciado a una dimensión mística y filosófica más profunda.

A lo largo del siglo XVIII, la leyenda se difundió y diversificó en los distintos ritos masónicos. El Rito Escocés Antiguo y Aceptado, heredero de la tradición francesa, amplió la trama en grados posteriores, vinculando la muerte de Hiram con la búsqueda de la Palabra Perdida, el Arca de la Alianza y el redescubrimiento del nombre sagrado. En el Rito de York, en cambio, la leyenda mantiene su forma más clásica y moral, centrada en la lealtad, el sacrificio y la resurrección interior.

El tránsito desde el relato simbólico del Graham Manuscript hasta la estructura dramática de Masonry Dissected marca el nacimiento de la Masonería moderna en su sentido pleno. La Logia deja de ser un simple taller moral y se convierte en un escenario iniciático, donde el Iniciado no solo escucha enseñanzas, sino vive un mito, encarnando con su cuerpo y su alma el destino del Maestro.

De este modo, el mito de Hiram se convierte en clave hermenéutica del espacio sagrado masónico: lo que en el Templo de Salomón fue edificación material, en la Logia se transforma en drama espiritual. Cada ceremonia del Tercer Grado reactualiza el mismo misterio: la muerte del conocimiento verdadero y su promesa de resurrección. A partir de este punto, la Masonería deja de ser un discurso moral para convertirse en una experiencia simbólica, donde la construcción del Templo se realiza en el corazón del Iniciado.

14.4. Significado iniciático de la leyenda

La muerte de Hiram Abif constituye uno de los símbolos más profundos del proceso iniciático masónico. No se trata de un episodio narrativo aislado, sino de una dramatización mística que expresa el tránsito del ser humano desde la ignorancia y la limitación hacia la luz del conocimiento y la inmortalidad espiritual. En la tradición del Tercer Grado, la figura del Maestro no muere en sentido histórico, sino en el plano simbólico, para enseñar que toda verdadera sabiduría requiere un sacrificio interior.

Su muerte representa la pérdida de la Palabra Verdadera, es decir, del conocimiento pleno del principio divino y del sentido último de la existencia. Esa Palabra —símbolo de la Verdad que unifica y da vida— se pierde en el mundo profano, fragmentado por la ambición y la ignorancia. Hiram, al morir, encarna esa desaparición: la luz del espíritu es momentáneamente eclipsada por la oscuridad de la materia. Sin embargo, la Masonería enseña que esta pérdida no es definitiva, sino un llamado a la búsqueda; pues lo que se ha perdido en lo exterior, debe ser hallado en lo interior.

El **levantamiento** del Maestro representa, por tanto, la resurrección del principio espiritual en el corazón del Iniciado.[4], [5] (Paráfrasis) El gesto ritual del levantamiento, mediante el toque de fraternidad, no es solo una metáfora moral: es una recreación simbólica del despertar del alma. El Maestro renace, no en el cuerpo ni en la historia, sino en la conciencia iluminada del iniciado que comprende el sentido oculto de su labor. En ese instante, el discípulo se une al Maestro interior que nunca muere.

Albert Pike, en su monumental Morals and Dogma, interpreta la leyenda de Hiram como un drama solar y cósmico, en el cual la muerte del Maestro simboliza la puesta del sol espiritual, seguida de su inevitable renacimiento.[6] (Paráfrasis) Para Pike, el mito expresa una ley universal: todo lo que desciende debe ascender, toda luz que se oculta resurgirá, toda muerte es preludio de una vida más alta. Así, la ceremonia del Tercer Grado no es un lamento por la pérdida, sino una afirmación de la inmortalidad del espíritu y del poder regenerador de la verdad.

Otros intérpretes, como Albert G. Mackey,[7] (Paráfrasis) subrayan la dimensión ética y moral del relato. Para ellos, la muerte de Hiram no encarna tanto el ciclo cósmico, sino el martirio de la integridad: el Maestro representa al hombre justo que, fiel a su juramento, rehúsa revelar lo que debe permanecer secreto. Su sacrificio enseña que la fidelidad al deber y la pureza del compromiso son valores más altos que la vida misma. En ese sentido, la leyenda se convierte en una parábola moral: la verdad no se negocia, la virtud no se traiciona y la sabiduría solo florece en el alma que ha aprendido a guardar silencio.

El significado iniciático de la leyenda, por tanto, une ambas lecturas —la cósmica y la moral— en una sola enseñanza: la victoria del espíritu sobre la corrupción y la muerte. Hiram no es solo el constructor del Templo, sino el arquitecto del alma. Su muerte simboliza el fin del hombre profano; su levantamiento, el nacimiento del Maestro interior. En cada Iniciado que comprende este misterio, la Palabra perdida resplandece de nuevo, no como sonido, sino como luz silenciosa en el corazón.

Así, el drama hirámico no es un simple episodio ritual: es el centro del arte real, la revelación de que todo espacio sagrado —el Templo, la Logia, el alma— debe pasar por la oscuridad antes de alcanzar la iluminación. Y cuando el Maestro es levantado, no se eleva un cuerpo, sino el espíritu del hombre que, al fin, ha encontrado en sí mismo la Palabra que buscaba desde el principio.

14.5. El Templo y la sacralidad de la Logia

El mito hirámico no puede comprenderse plenamente sin su vínculo inseparable con el Templo, escenario sagrado donde se desarrolla el drama iniciático. El relato sitúa la muerte del Maestro en las puertas simbólicas del santuario —Norte, Sur y Occidente—, lugares que, en el lenguaje ritual, no son simples direcciones, sino umbrales espirituales que marcan los límites entre la luz y la oscuridad, entre el conocimiento y la ignorancia, entre la vida y la transformación.[2,3] (Paráfrasis)

Así, el Templo de Salomón, más que un telón de fondo histórico, se convierte en personaje vivo del mito. Su estructura arquitectónica se transfigura en símbolo de la condición humana: el atrio exterior representa el mundo profano; el lugar santo, el dominio de la razón y la virtud; y el Santo de los Santos, el santuario del espíritu. La muerte de Hiram, en este contexto, no ocurre fuera del templo, sino en el umbral mismo de lo sagrado, recordando que todo proceso de iluminación implica una confrontación con las sombras interiores.

El espacio sagrado se teatraliza. Cada columna se convierte en signo del equilibrio de las fuerzas cósmicas; cada puerta, en frontera entre estados del ser; cada herramienta, en símbolo de las virtudes que deben emplearse en la reconstrucción interior. El rito convierte la arquitectura en lenguaje: la Logia no se limita a narrar la historia, sino que la encarna a través del movimiento, la palabra y el silencio.

De este modo, la Logia Masónica, al reproducir la leyenda en su espacio consagrado, se transforma en un teatro sagrado donde el tiempo lineal se suspende y el mito se hace presente. El Templo no es una escenografía, sino una realidad simbólica viva: cada vez que el rito se celebra, el drama de Hiram vuelve a desarrollarse y el Iniciado se integra en él, no como espectador pasivo, sino como protagonista del relato eterno.

En ese instante, el Templo masónico se convierte en un laboratorio del alma: allí el Iniciado, al identificarse con el Maestro caído, experimenta su propia muerte simbólica y participa del levantamiento que lo restituye a la luz. El pavimento mosaico bajo sus pies se convierte en el terreno del mundo dual; las columnas J∴ y B∴, en los pilares de la sabiduría y la fuerza que sostienen su reconstrucción; el Oriente, en el horizonte de la verdad que aguarda ser redescubierta.

La sacralidad de la Logia no reside, por tanto, en la solemnidad del lugar ni en el ornamento de los símbolos, sino en el acto ritual que reactiva el mito. Cada ceremonia es una recreación del drama original: el espacio se purifica, el tiempo se detiene, y la Logia se alinea con el arquetipo del Templo eterno. Allí, donde el Maestro fue abatido, el Iniciado aprende que también él debe morir a su ignorancia y levantarse en la luz del conocimiento.

Así, el Templo y la Logia forman una unidad indisoluble: el primero ofrece el modelo simbólico; la segunda, la experiencia viva. En esa correspondencia, la Masonería transforma la memoria del pasado en presente iniciático, y el mito en método. El Templo vuelve a erigirse cada vez que se abren los trabajos, y la Palabra perdida resuena de nuevo en el silencio del alma masónica, recordando que todo espacio consagrado es, en última instancia, reflejo del Templo interior que cada hombre está llamado a construir.

14.6. Universalidad del motivo: Paralelos míticos

La leyenda de Hiram Abif participa de un motivo universal, presente en las más antiguas tradiciones religiosas y filosóficas de la humanidad: el de la muerte iniciática y la resurrección simbólica. Este tema, que atraviesa culturas y épocas, expresa una verdad arquetípica: que la vida espiritual no se alcanza sin pasar por la experiencia del descenso, del sacrificio y de la regeneración interior. En el plano iniciático, la muerte no representa la aniquilación, sino el tránsito a un nivel superior del ser; la resurrección no es retorno al pasado, sino despertar a la conciencia de lo eterno.

Los estudios comparados de las religiones han mostrado cómo este esquema se repite con asombrosa coherencia en múltiples tradiciones, variando en nombres y símbolos, pero conservando su esencia transformadora.[6] (Paráfrasis)

• **Osiris, en el antiguo Egipto, es asesinado y despedazado por su hermano Seth**: su cuerpo, reunido por Isis, vuelve a la vida como señor del más allá y juez de las almas. Su muerte representa la disolución de la unidad primordial, y su resurrección, la restauración del orden cósmico. Este ciclo osiríaco, repetido en los misterios del Nilo, enseñaba que el alma humana, tras ser fragmentada por la materia, debía recomponerse mediante el conocimiento y la purificación.

• **Dionisio, en Grecia, sufre destino semejante**: descuartizado y reintegrado, simboliza la destrucción de la individualidad y su reintegración en el Todo. En los Misterios órficos y eleusinos, la muerte de Dionisio es el preludio de una vida más alta, la del espíritu liberado de los límites de la carne. El iniciado, al participar de sus ritos, moría simbólicamente para renacer en la luz de la comprensión divina.

• **Cristo, en la tradición cristiana, encarna de modo sublime el mismo arquetipo**: muerte, sepultura y resurrección, no como mito solar, sino como revelación teológica del amor que vence a la muerte. En Él, el sacrificio se transforma en redención, y la tumba se convierte en portal de vida eterna. La cruz es, al mismo tiempo, instrumento de muerte y eje del mundo, donde convergen lo humano y lo divino.

Aunque estos relatos difieren en doctrina, todos comparten una estructura simbólica común: un ser luminoso, portador del orden o del conocimiento, es abatido por la oscuridad, pero renace transfigurado, inaugurando un nuevo estado de conciencia. En términos iniciáticos, la caída y el levantamiento de Hiram reproducen esta ley universal de regeneración.

Sin equiparar dogmas ni teologías, la Masonería integra este motivo arquetípico en su propia narrativa, anclándolo en el simbolismo del Templo. [6] (Paráfrasis del autor a partir de obras esotéricas y comparativas) El Maestro Hiram no es un dios, sino un hombre que, por su fidelidad al deber, alcanza la inmortalidad moral. Su resurrección no es milagrosa, sino espiritual: obra de la fraternidad y del espíritu que levanta al caído. En su levantamiento, la Logia ve representado el poder de la verdad y de la virtud, capaces de devolver la vida a lo que parecía perdido.

De esta manera, la Masonería universaliza el drama hirámico sin despojarlo de su raíz bíblica. Transforma el mito en pedagogía del alma: cada Iniciado, al revivir simbólicamente la muerte y el levantamiento del Maestro, participa del misterio que las antiguas religiones expresaron con distintos nombres, pero con un mismo propósito: enseñar que solo quien ha muerto al error puede renacer a la Luz.

En esta perspectiva, la leyenda de Hiram no es una copia de los mitos antiguos, sino su reformulación ética y espiritual. Allí donde los antiguos veían el destino de los dioses, la Masonería ve el destino del hombre; donde antes se buscaba la inmortalidad física, el Arte Real enseña la inmortalidad moral, la victoria del espíritu sobre la materia y del deber sobre la corrupción.

Por eso, el levantamiento del Maestro no se celebra como un hecho del pasado, sino como una promesa permanente: que en cada Logia consagrada, en cada rito repetido con pureza de intención, el hombre puede resucitar en la verdad, y el Templo —el suyo y el del mundo— puede volver a levantarse sobre los cimientos de la Luz.

14.7. Proyección masónica: El Iniciado como Hiram

En el grado de Maestro, cada masón se convierte en Hiram Abif: el drama no es una representación ajena ni una evocación teatral, sino un espejo del propio viaje iniciático. El mito, al ser representado en la Logia, se actualiza en la conciencia del Iniciado, que experimenta en sí mismo las etapas del sacrificio, la pérdida y la restauración. Lo que sucede en el plano simbólico dentro del Templo es, en realidad, una dramatización del proceso interior mediante el cual el hombre profano muere a la ignorancia y renace al conocimiento.

En ese sentido, el espacio sagrado de la Logia se transforma en el umbral entre dos mundos: el de la materia y el del espíritu. Allí, el Iniciado vive su muerte simbólica, que no consiste en el fin de la existencia física, sino en el abandono de lo profano: la renuncia a las pasiones, la vanidad y el egoísmo. En la penumbra ritual del Templo, el discípulo entrega lo que fue para recibir lo que está llamado a ser. Es el momento en que la piedra bruta comienza a resplandecer como piedra cúbica: el caos interior se ordena según las medidas de la sabiduría y la virtud.

El levantamiento del Maestro es, por tanto, una resurrección espiritual: el retorno consciente a la luz después de haber descendido a la oscuridad de la ignorancia. En ese gesto ritual, que reproduce el mito de Hiram, el Iniciado comprende que su vida masónica no es un aprendizaje de conceptos, sino una transformación del ser. El toque fraternal que lo eleva representa la acción de la Verdad y del Amor, las únicas fuerzas capaces de devolver la vida al espíritu que busca la Palabra perdida.

La Logia, consagrada como espacio sagrado, se convierte así en el escenario eterno de la leyenda. Cada tenida, cada ceremonia, cada símbolo reactualiza el drama original: el Maestro que cae por fidelidad, los compañeros que lo buscan, los Hermanos que lo levantan. No se trata de repetir un acto litúrgico, sino de revivir un misterio eterno: el de la caída del hombre y su redención por la luz del deber cumplido.

En esa repetición ritual, el mito se convierte en pedagogía moral. El Iniciado aprende que su verdadera maestría no consiste en dominar secretos externos, sino en encarnar la rectitud de Hiram, en permanecer fiel a la palabra dada aun frente al peligro o la muerte. El silencio del Maestro es su victoria: calla, pero no traiciona; muere, pero su ejemplo resucita en cada nuevo iniciado.

Por ello, la Masonería considera que cada Maestro es, en esencia, Hiram mismo: portador de la Palabra que une, guardián del secreto que ennoblece, testigo de la luz que no se extingue. La leyenda se hace vida cuando el Iniciado descubre que el verdadero templo no es el de piedra, sino aquel que él mismo debe reconstruir dentro de su alma, piedra sobre piedra, virtud sobre virtud.

De este modo, la Logia no es solo un lugar de reunión, sino el teatro sagrado del alma humana, donde cada generación revive el drama eterno de la fidelidad, la pérdida y la búsqueda de la Palabra perdida. En ese ciclo incesante, el arte real revela su enseñanza más profunda: que la muerte no es el final, sino el pasaje; que el silencio no es vacío, sino preludio de revelación; y que toda pérdida, si se busca con fe y constancia, conduce a un renacimiento en la luz.

14.8. Conclusión

La leyenda hirámica realiza una de las síntesis más altas del pensamiento masónico: transforma el Templo de Salomón en espacio narrativo e iniciático, y la Logia masónica en su continuación simbólica viva. En ella, el relato y el rito se funden para enseñar que el verdadero templo no se levanta solo con piedras ni se conserva con muros, sino que se construye con principios, virtudes y silencios. El espacio físico del Templo, transfigurado por la acción ritual, se convierte en un escenario del alma, donde la historia se interioriza y el mito cobra realidad espiritual.

No importa que la historia de Hiram Abif no figure en los textos bíblicos: su función no es histórica, sino mítica y pedagógica. La Masonería, como heredera de las tradiciones sapienciales de la humanidad, entiende que el mito no pretende describir hechos, sino revelar verdades. En el mito, el tiempo deja de ser cronología para convertirse en eternidad vivida. Así, la muerte de Hiram no es un acontecimiento del pasado, sino un acto perpetuo que se repite en cada Iniciado que aprende a morir al error y renacer en la verdad.

El Templo de Salomón se convierte así en símbolo total del espacio sagrado, y la Logia en su reflejo permanente. Las columnas, el pavimento mosaico, el Oriente y el Altar dejan de ser elementos arquitectónicos para transformarse en figuras del alma humana: pilares de la conciencia, umbrales de comprensión, caminos de ascenso interior. En este sentido, el espacio sagrado ya no se mide en metros ni se limita a paredes consagradas: se ensancha hasta abarcar la conciencia del iniciado que lo recrea en su interior.

En ese templo interior, el sacrificio de Hiram deja de ser un hecho lejano para convertirse en llamado personal. Cada Maestro Masón es invitado a reproducir, con su vida, la fidelidad de quien prefirió morir antes que profanar la Palabra. La verdadera iniciación consiste en esa misma lealtad al deber, en esa constancia silenciosa que vence la corrupción del mundo. Solo el que guarda su promesa, aun en la oscuridad, se hace digno de recibir de nuevo la luz.

De este modo, la leyenda hirámica no es únicamente una historia moral, sino una teología simbólica de la regeneración. Enseña que toda muerte puede ser tránsito, que toda pérdida puede devenir búsqueda, y que el espíritu humano está llamado a reconstruir su propio templo sobre los cimientos de la verdad y la fraternidad.

Así, al final del mito, el Iniciado comprende que el verdadero espacio sagrado no es solo el recinto ritual de la Logia, sino el santuario interior que levanta en sí mismo. Allí, en el silencio de su conciencia, el sacrificio de Hiram resuena como un eco eterno que invita a la fidelidad, la verdad y la regeneración espiritual. Y cada vez que la Logia abre sus trabajos, ese eco vuelve a despertar, recordando que el templo que todos los hombres deben construir no está en Jerusalén, sino en el corazón iluminado por la Luz.

Notas y Referencias

1. Knoop, D., Jones, G. P., & Hamer, D. (1949). The Early Masonic Catechisms. Manchester: Manchester University Press.
2. Stevenson, D. (1988). The Origins of Freemasonry: Scotland's Century, 1590–1710. Cambridge: Cambridge University Press.
3. Prichard, S. (1730). Masonry Dissected. London.
4. Mackey, A. G. (1873). Encyclopedia of Freemasonry. New York: Clark & Maynard. Voz: "Hiram Abif".
5. Carr, H. (1950). The Hiramic Legend. Transactions of Quatuor Coronati Lodge, 63.
6. Pike, A. (1871). Morals and Dogma of the Ancient and Accepted Scottish Rite of Freemasonry. Charleston. (Paráfrasis sobre analogías míticas)
7. Mackey, A. G. (1873). Encyclopedia of Freemasonry. Voz: "Legend of the Third Degree".

Tercera parte

Proyecciones del espacio sagrado

En esta última sección se reflexiona sobre la vigencia, los desafíos y la importancia del Espacio Sagrado en la vida comunitaria, en la sociedad secular y en el mundo contemporáneo. Si las primeras partes de esta obra exploraron los orígenes, las formas y los símbolos del espacio consagrado, esta tercera parte se adentra en su dimensión dinámica y prospectiva: cómo el hombre moderno —aun en medio de la tecnología, el ruido y la fragmentación— sigue necesitando un lugar donde el alma se reconcilie con el sentido.

El Espacio Sagrado no pertenece únicamente al pasado, ni está limitado a templos de piedra o estructuras litúrgicas. Vive en cada gesto de respeto, en cada acto de contemplación, en cada esfuerzo por elevar lo cotidiano a lo significativo. Cuando el ser humano olvida el carácter sagrado de su entorno y de sí mismo, el mundo se degrada a simple escenario de consumo; pero cuando redescubre el misterio en lo que le rodea, el universo vuelve a ser un templo.

En la era secular, donde los ritos se disuelven y la trascendencia parece diluirse en la velocidad, el desafío es aprender a reconstruir lo sagrado desde dentro. No se trata de restaurar los antiguos cultos, sino de recuperar el sentido de lo esencial: la presencia, la medida, el silencio, la gratitud. Allí donde el hombre guarda respeto, donde escucha y trabaja con conciencia, se reabre el espacio sagrado que habita en todas las culturas y religiones.

La Masonería, en este contexto, ocupa un papel singular. En un mundo que ha perdido sus templos interiores, la Logia sigue siendo un santuario de pensamiento, disciplina y fraternidad. Su método iniciático conserva lo que el tiempo ha desgastado: la pedagogía del símbolo, la sacralidad del lenguaje y la comunión silenciosa entre quienes buscan la verdad. Al trabajar "a cubierto", el masón no se aísla del mundo: lo ilumina desde adentro, recordándole que la verdadera civilización se construye sobre fundamentos espirituales.

Esta parte examina, por tanto, cómo el concepto del Espacio Sagrado puede proyectarse en la cultura actual, en la arquitectura, en la educación, en la ética y en la convivencia humana. Porque aunque cambien las formas exteriores, la necesidad de lo sagrado permanece: el hombre, para ser plenamente humano, necesita un centro, un orden y un horizonte que lo trascienda.

Redescubrir el espacio sagrado es volver a trazar el mapa invisible que une lo humano con lo divino. Es reconocer que toda vida digna, toda comunidad justa y toda sociedad fraterna solo pueden edificarse sobre ese terreno consagrado donde el espíritu respira y la verdad habita

CAPÍTULO XV

El Espacio Sagrado en la Actualidad

15.1. Introducción

En la modernidad tardía y en la contemporaneidad, el concepto de espacio sagrado ha experimentado un proceso de transformación tan profundo como irreversible. La sacralidad, antaño concentrada en templos monumentales, catedrales, mezquitas o santuarios naturales, se ha desplazado hacia nuevos territorios: contextos urbanos, virtuales y seculares donde lo sagrado ya no se identifica necesariamente con la religión institucional, sino con la experiencia interior del sentido. Aun así, pese a los cambios culturales, el espacio sagrado conserva sus rasgos esenciales: la separación del ámbito profano, la centralidad simbólica que ordena la existencia y la vivencia de trascendencia que abre al ser humano hacia dimensiones superiores de conciencia.

En las sociedades contemporáneas, dominadas por la tecnología, la inmediatez y la fragmentación del tiempo, el espacio sagrado parece haberse replegado, pero no ha desaparecido. Sobrevive en formas diversas: en la contemplación silenciosa de un museo, en la interioridad de la meditación, en la conmemoración de la memoria colectiva, o incluso en los espacios digitales donde las personas buscan conexión y significado. Lo sagrado ya no se impone desde la arquitectura o el rito, sino que emerge desde la intención y la conciencia, como si el altar se hubiera desplazado al corazón de la experiencia humana.

Este fenómeno refleja una mutación del horizonte espiritual: del templo físico al templo simbólico, del rito comunitario al gesto interior, de la verticalidad dogmática a la horizontalidad del diálogo. Sin embargo, esa apertura conlleva también una pérdida: la erosión del sentido de lo sagrado en una cultura que confunde lo libre con lo trivial, y lo profano con lo indiferente. La desacralización del mundo ha traído progreso técnico, pero también vacío de trascendencia: el hombre habita espacios funcionales, pero pocas veces significativos.

Para la Masonería, este cambio plantea un desafío y una responsabilidad. En medio de sociedades pluralistas, secularizadas y relativistas, el Templo masónico conserva su papel como espacio de encuentro, formación y sacralidad activa. No se opone al mundo moderno, sino que lo complementa, recordándole que toda civilización necesita un centro simbólico donde el espíritu pueda orientarse. En el silencio de la Logia, en el orden geométrico del Templo y en la solemnidad del rito, la Masonería reafirma que el hombre moderno, a pesar de su ciencia y su poder, sigue necesitando lugares donde el alma se eleve.

El espacio sagrado actual ya no exige monumentalidad, sino autenticidad. Puede ser discreto, íntimo, austero, pero su función es la misma desde los orígenes: restaurar el vínculo entre el hombre y lo invisible. En esa fidelidad a la trascendencia, la Masonería ofrece una respuesta silenciosa y permanente al mundo profano: mientras todo cambia, el Templo permanece como memoria viva del orden, del trabajo y de la Luz.

15.2. Continuidad de los lugares tradicionales

Pese al proceso de secularización que caracteriza a la modernidad, millones de personas siguen peregrinando, año tras año, a La Meca, Santiago de Compostela, Varanasi o Jerusalén.[1] (Paráfrasis del autor a partir de las obras citadas)

Estos lugares, separados por geografías y credos, confirman una misma verdad: incluso en la era de la globalización y del acceso instantáneo a todo, el ser humano continúa necesitando centros de sentido, puntos donde lo sagrado se actualiza y el alma reconoce su origen. La peregrinación, en cualquiera de sus formas, constituye una metáfora viva del camino interior: desplazarse físicamente hacia un santuario es también recorrer espiritualmente la distancia que separa lo profano de lo divino.

En La Meca, millones de creyentes circunvalan la Kaaba en un movimiento cósmico que simboliza el retorno a la unidad primordial. En Santiago, los peregrinos avanzan entre paisajes y siglos hasta la tumba del apóstol, experimentando la fraternidad del camino y la purificación del esfuerzo. En Varanasi, los fieles se bañan en las aguas del Ganges, convencidos de que en ellas el alma se renueva. Y en Jerusalén, convergen religiones y memorias, haciendo de sus muros y calles un tejido de historia, fe y esperanza.

Estos santuarios, cada uno a su modo, son ejes del mundo (axis mundi) donde el cielo y la tierra vuelven a encontrarse. Aun en una civilización dominada por la tecnología y el tránsito digital, siguen actuando como focos de orientación espiritual y cultural, recordando que el hombre no puede vivir sin referencia a lo trascendente.

Las catedrales, mezquitas, templos y sinagogas continúan siendo no solo centros religiosos, sino también espacios de identidad colectiva. Son la memoria arquitectónica de la humanidad: estructuras donde la piedra se hizo plegaria, y la geometría, teología. Aunque muchos las visiten hoy como turistas o admiradores del arte, su sola presencia despierta reverencia y silencio. La verticalidad de una nave gótica, la caligrafía que cubre una cúpula islámica, o la quietud de un patio monástico siguen evocando la dimensión del misterio.

Por ello, estos lugares no pertenecen únicamente a una fe, sino a la herencia espiritual común del hombre. Su preservación como patrimonio cultural de la humanidad, amparada por organismos internacionales como la UNESCO,[2] garantiza no solo la conservación de su belleza material, sino también la transmisión del valor simbólico que encarnan: la idea de que el espacio puede ser consagrado, de que lo humano puede elevarse, y de que la historia —cuando se ilumina por la fe, el arte o la sabiduría— se convierte en una forma de eternidad.

Así, aun en el siglo XXI, estos lugares recuerdan que el Espacio Sagrado no ha desaparecido: simplemente se ha multiplicado en formas, manteniendo su esencia. Son los testigos silenciosos de la necesidad humana de trascendencia, de comunión y de permanencia frente a la fugacidad del mundo moderno.

15.3. Espacios sagrados en contextos seculares

En las sociedades mayoritariamente seculares del mundo contemporáneo, donde las religiones tradicionales han perdido parte de su influencia estructural, emergen nuevas formas de sacralidad. No siempre se manifiestan en templos ni en ritos litúrgicos, pero sí en lugares donde la colectividad experimenta respeto, silencio y trascendencia moral. Son los espacios sagrados alternativos de la era moderna: ámbitos donde lo divino se sustituye por la memoria, la dignidad o el testimonio humano.

Entre ellos destacan los monumentos conmemorativos, como el Memorial del Holocausto en Berlín, concebido como una vasta topografía del recuerdo. Su arquitectura —bloques grises de hormigón, sin inscripción, sin jerarquía— crea un laberinto donde el visitante no contempla, sino que experimenta la ausencia, el desconcierto y el duelo. Es un santuario sin religión, pero cargado de una espiritualidad ética: la sacralidad del sufrimiento y la memoria. Allí lo sagrado se redefine como deber de recordar, como negativa a la indiferencia y como homenaje a la dignidad humana ultrajada.

También se han convertido en lugares de sacralidad contemporánea los sitios de duelo colectivo, como Ground Zero en Nueva York, donde la tragedia se transformó en espacio de recogimiento y solidaridad. El vacío donde estuvieron las Torres Gemelas actúa como una herida abierta convertida en altar: allí la ausencia se vuelve presencia, y el silencio adquiere un valor religioso. No hay dogmas ni liturgia, pero sí una sacralidad del respeto, una conciencia compartida de vulnerabilidad y esperanza.

A su vez, proliferan los centros de retiro, meditación o espiritualidad laica, frecuentemente desvinculados de religiones institucionales. Estos lugares, diseminados por todo el mundo, reflejan la búsqueda de una trascendencia sin dogma: el intento del hombre moderno por reconciliar cuerpo y espíritu, mente y naturaleza, sin intermediarios eclesiásticos. La experiencia del silencio, la contemplación o el contacto con la naturaleza se convierte en una forma de oración sin palabras, de comunión interior.

La antropología de la religión ha mostrado que, incluso en la era secular, lo sagrado no desaparece: se reconfigura.[3],[4] (Paráfrasis) Cambia su lenguaje, pero no su función. Si antes lo sagrado se expresaba en el culto, hoy se manifiesta en la memoria histórica, el arte y la espiritualidad laica. Los museos, los memoriales, los conciertos conmemorativos, las vigas de luz que iluminan el cielo sobre una ciudad devastada, son nuevas formas de hierofanía: revelaciones simbólicas que despiertan en el hombre la conciencia de su límite y de su vocación trascendente.

Desde una perspectiva masónica, estos espacios representan la persistencia del principio sagrado en el corazón humano, aun cuando los altares tradicionales se silencien. La Logia, que enseña a descubrir lo eterno en lo cotidiano y lo invisible en lo visible, reconoce en ellos la misma necesidad que mueve toda construcción iniciática: consagrar el mundo a través del recuerdo, del arte y del trabajo moral. En este sentido, la Masonería encuentra afinidad con toda manifestación que, aun sin teología explícita, mantiene viva la llama del respeto, la memoria y la dignidad humana.

Así, los nuevos espacios sagrados de la modernidad —memoriales, centros de reflexión, enclaves del silencio— no sustituyen al templo, pero lo prolongan en otros registros. Son los templos civiles de la conciencia, los lugares donde el espíritu colectivo se reencuentra con el misterio de la vida y con la obligación de preservar la luz frente a la oscuridad.

15.4. Espacios digitales y virtuales

El auge de la tecnología digital ha generado una nueva tipología de experiencia espiritual: los espacios sagrados virtuales.[5] (Paráfrasis) Aunque carecen de materialidad arquitectónica y de coordenadas geográficas, reproducen, de forma simbólica, los mismos patrones que han definido históricamente lo sagrado: separación, centralidad y trascendencia. En ellos, la comunión no se da a través de la proximidad física, sino mediante la presencia compartida en la red, que sustituye al templo tradicional por una arquitectura de comunicación.

En la actualidad, comunidades religiosas y espirituales celebran liturgias en línea, oficios transmitidos por video o reuniones meditativas a distancia. La pantalla, convertida en umbral simbólico, permite que personas dispersas por el mundo participen de un mismo acto ritual sin abandonar sus hogares. A través de la tecnología, el espacio sagrado se desmaterializa, pero no desaparece: se traslada a la esfera de la conciencia colectiva, que ya no necesita muros para reconocerse unida en lo trascendente.

Asimismo, proliferan los recorridos virtuales de templos y las peregrinaciones digitales, que permiten a millones de personas contemplar, desde cualquier lugar, la estructura y el simbolismo de santuarios como Jerusalén, La Meca o Angkor. Estos entornos interactivos no sustituyen la experiencia directa, pero actúan como mediaciones pedagógicas que mantienen vivo el vínculo entre la mirada humana y los lugares de lo sagrado. En su modo silencioso, el visitante digital revive una versión contemplativa del antiguo peregrino: no camina con los pies, sino con la mente y la imaginación.

A su vez, los grupos de meditación global, conectados por internet, manifiestan una forma inédita de comunión espiritual. Miles de personas, sincronizadas en tiempo real, se unen en silencio o en oración desde distintos puntos del planeta, construyendo un espacio interior compartido. Aunque no existe un templo visible, la red se convierte en un campo simbólico de unidad, donde la simultaneidad sustituye a la proximidad y la intención colectiva reemplaza al altar físico.

Desde la perspectiva de la fenomenología religiosa, estos entornos constituyen una nueva geografía de lo sagrado: un ámbito donde el espíritu busca su expresión en medio de la tecnología.[5] (Paráfrasis) Aunque su naturaleza inmaterial desafía las categorías tradicionales, mantienen la lógica fundamental del espacio consagrado: la delimitación simbólica del tiempo y la atención. Cuando un grupo de personas desconecta del ruido digital para entrar, juntas, en una experiencia de silencio o reflexión, la pantalla deja de ser instrumento y se convierte en umbral: un portal de presencia.

La Masonería, que siempre ha entendido el espacio sagrado como una creación interior sostenida por el rito y la conciencia, puede reconocer en estos fenómenos una prolongación de su propio principio: lo sagrado no depende de la piedra ni del ornamento, sino del acto de consagrar. Allí donde el hombre eleva su pensamiento y orienta su voluntad hacia la luz, aun a través de un medio virtual, se cumple el mismo misterio: el de convertir un espacio cualquiera en Templo del espíritu.

Así, en la era digital, el espacio sagrado no desaparece, sino que se transforma. Su nueva frontera no es la muralla ni el pórtico, sino la pantalla iluminada donde los buscadores se encuentran para meditar, recordar o aprender juntos. El desafío no es tecnológico, sino espiritual: conservar, en medio de la inmediatez y la dispersión, la presencia consciente que da sentido al rito. Porque aun cuando el Templo se proyecte en píxeles, el verdadero santuario continúa siendo el mismo: la conciencia del hombre que se abre a la Luz.

15.5. El espacio sagrado como refugio urbano

En las grandes metrópolis del mundo contemporáneo, donde el ruido, la velocidad y la sobreexposición tecnológica parecen haber invadido todos los ámbitos de la existencia, el ser humano vuelve a buscar espacios de silencio y contemplación. La necesidad de pausa y recogimiento se manifiesta en lugares que, sin ser templos ni recintos religiosos, cumplen funciones análogas a las del antiguo santuario: parques, jardines botánicos, cementerios históricos, museos o bibliotecas monumentales. Allí, en medio del vértigo urbano, el individuo redescubre el valor de la quietud y la belleza como mediaciones hacia lo sagrado.[6] (Paráfrasis)

Estos lugares son percibidos como territorios suspendidos, donde el tiempo cotidiano se interrumpe y la conciencia se abre a una temporalidad distinta. En el rumor de un parque al amanecer, en la penumbra silenciosa de una sala de museo o en la geometría ordenada de un cementerio histórico, el visitante experimenta algo que trasciende la utilidad o el consumo: una presencia del sentido, una revelación de serenidad. Son enclaves donde lo estético y lo espiritual se entrelazan, recordando que el alma humana no se alimenta solo de información, sino de contemplación.

La antropología del espacio contemporáneo ha señalado que estos lugares funcionan como "islas de sacralidad" dentro del caos urbano. Su belleza, su orden y su silencio actúan como actos simbólicos de resistencia frente al ruido y la fragmentación. En el parque, el individuo redescubre la armonía natural que las ciudades olvidaron; en el museo, la historia se convierte en meditación visual; en el cementerio, la memoria se transforma en respeto y continuidad. Cada uno de estos espacios ofrece una pedagogía del límite y del silencio, enseñando que lo sagrado no necesita dogma: basta el reconocimiento de algo que merece ser cuidado.

La experiencia estética, en este contexto, adquiere una dimensión espiritual. Contemplar una obra maestra, una escultura o una tumba antigua es, en cierto modo, participar en un rito silencioso. La belleza despierta reverencia, y la reverencia abre la puerta a la trascendencia. De este modo, los grandes museos —como el Louvre, el Prado o el MET— y los jardines históricos —como los de Kioto, Versalles o Palermo— se convierten en los nuevos templos de la sensibilidad moderna, donde la humanidad rinde culto a la memoria, al arte y a la armonía.

Para la Masonería, estos refugios urbanos representan la persistencia del principio sagrado de orden y medida en el corazón de la civilización. Allí donde el hombre conserva el respeto por la forma, la proporción y el silencio, se mantiene viva la llama del templo interior. El parque bien cuidado, la plaza silenciosa, la obra de arte venerada, son también formas de arquitectura simbólica: muros invisibles que protegen la dignidad del espíritu.

Así, el espacio sagrado contemporáneo puede encontrarse incluso en medio del bullicio: una banca bajo un árbol, una galería en penumbra, una tumba cubierta de flores. Son los pequeños templos de lo cotidiano, donde el alma moderna, exiliada de la contemplación, halla refugio. En ellos el hombre, aunque rodeado de cemento y ruido, vuelve a escuchar lo esencial: el silencio como palabra de lo eterno, y la belleza como vestigio de lo divino.

15.6. Proyección masónica: El Templo en el siglo XXI

La Masonería, en medio de esta transformación cultural y espiritual del mundo contemporáneo, reafirma la Logia como espacio sagrado dentro de una civilización que tiende a lo profano, lo superficial y lo inmediato. Frente a la dispersión de la vida moderna, la Logia constituye un centro de gravedad simbólica donde el ser humano puede reencontrar la medida, el silencio y el orden. En una época marcada por el exceso de información y la carencia de significado, el Templo masónico se convierte en un laboratorio de sentido, una escuela viva de trascendencia moral y fraternidad activa.

Su desafío es doble:

1. Preservar la sacralidad ritual frente a la trivialización de lo simbólico. En una cultura donde el símbolo se consume y se olvida, la Masonería recuerda que el rito no es espectáculo, sino lenguaje sagrado. La apertura y clausura de los trabajos, el uso de las herramientas, las palabras solemnes y los silencios no son ornamentos, sino actos que delimitan el espacio del espíritu. Mantener viva esta liturgia, sin alterarla ni banalizarla, es salvaguardar la esencia misma de lo sagrado en un mundo que lo ha convertido en entretenimiento.

2. Dialogar con la modernidad, mostrando que el Templo Masónico no es un anacronismo, sino un espacio vivo de formación moral y espiritual. En él, la tradición no es obstáculo para el pensamiento contemporáneo, sino su fundamento ético. La Logia ofrece lo que la sociedad fragmentada necesita: continuidad, reflexión, comunidad y disciplina interior.

Albert Mackey, en su Encyclopedia of Freemasonry (1873), ya afirmaba que la Logia es, en sí misma, "un templo erigido a la virtud y dedicado al Gran Arquitecto del Universo".[7] (Paráfrasis) Esta definición, que podría parecer formulada para otro tiempo, cobra una nueva vigencia en el siglo XXI. En un mundo donde los templos se vacían y los valores se relativizan, el Templo Masónico permanece como un refugio de estabilidad espiritual, donde la palabra "virtud" sigue teniendo peso, y donde la fraternidad no es consigna, sino práctica.

El Templo masónico del siglo XXI no compite con las iglesias ni con los espacios digitales; los complementa. Mientras el mundo se expande hacia lo virtual, la Logia ofrece lo real: la presencia, el gesto, el silencio compartido. En ella, el símbolo recupera su poder transformador, y el hombre moderno, fatigado por la velocidad, halla un ritmo más antiguo y más verdadero. Allí aprende que la tecnología puede conectar cuerpos, pero solo el espíritu conecta conciencias; que la ciencia ilumina el mundo, pero solo la sabiduría ilumina el alma.

El rito masónico, cuando se celebra con pureza y conciencia, sigue siendo un acto de resistencia espiritual. En medio del ruido, proclama el valor del silencio; en medio de la prisa, enseña la pausa; frente al egoísmo, exalta la fraternidad; ante la confusión, revela el orden. Por eso, el Templo no pertenece al pasado: es un símbolo permanente del hombre que busca elevarse.

En sociedades fragmentadas, donde los espacios de encuentro verdadero se disuelven, la Logia ofrece una morada interior y una comunidad de trabajo moral. Allí donde el mundo persigue la utilidad, el masón aprende la trascendencia; donde el mundo valora la apariencia, él cultiva la esencia. El Templo sigue siendo el corazón de la Masonería, y en cada siglo renueva su propósito: erigir un santuario invisible en el alma humana, donde la virtud, la sabiduría y la fraternidad sigan siendo los tres pilares del espíritu libre.

15.7. Conclusión

El espacio sagrado en la actualidad se manifiesta en múltiples formas, todas ellas expresiones de una misma aspiración humana hacia la trascendencia y el sentido.

• **Tradicional:** templos, santuarios y lugares de culto donde las religiones conservan la memoria viva de lo divino.

• **Secular:** memoriales y monumentos donde el sufrimiento humano, la memoria y la dignidad se convierten en liturgias de la conciencia.

- **Virtual:** espacios digitales de espiritualidad que trasladan la comunión a la esfera inmaterial de la red.

- **Urbano:** refugios de silencio y contemplación —parques, museos, cementerios— donde lo estético y lo espiritual convergen en un mismo recogimiento.

Estas manifestaciones, tan diversas en forma y contexto, revelan una constante: el anhelo del hombre por encontrar un centro. Allí donde se detiene el ruido y surge el respeto, se abre el espacio sagrado. No es el mármol lo que consagra, sino la intención; no la arquitectura, sino el acto consciente que separa lo cotidiano de lo trascendente. El espacio sagrado no desaparece, solo se transforma, adaptándose al ritmo de los tiempos sin perder su función esencial: recordar al hombre que su destino no se agota en la materia, sino que se orienta hacia la Luz.

La Masonería, heredera de una tradición milenaria que unió piedra, símbolo y espíritu, enseña que el espacio sagrado no depende del contexto histórico, sino de la intencionalidad y del rito. Allí donde se invoca el nombre del Gran Arquitecto del Universo y se trabaja en armonía, surge un templo invisible, más duradero que el mármol y más perfecto que cualquier obra humana. En cada Logia consagrada, el Iniciado redescubre que lo sagrado puede hacerse presente en cualquier tiempo y lugar, porque lo eterno no reside en los muros, sino en la conciencia que los habita.

Así, el espacio sagrado del siglo XXI no es una reliquia del pasado, sino una posibilidad permanente. Vive donde el hombre guarda silencio, donde eleva su pensamiento, donde actúa con rectitud. En una era que todo lo convierte en tránsito y consumo, la Masonería custodia el arte de la permanencia: recordar que el templo más alto se construye dentro del corazón. Allí, en el santuario interior, la Luz del Gran Arquitecto continúa brillando, inalterable, guiando a quienes buscan con fidelidad, fraternidad y amor a la Verdad.

Notas y Referencias

1. Turner, V. (1974). Dramas, Fields, and Metaphors: Symbolic Action in Human Society. Ithaca: Cornell University Press.
2. UNESCO (2021). World Heritage List. Disponible en: unesco.org
3. Bell, C. (1997). Ritual: Perspectives and Dimensions. New York: Oxford University Press.

4. Davie, G. (2015). Religion in Britain: A Persistent Paradox (2ª ed.). London: Routledge.
5. Campbell, H., & Tsuria, R. (2021). Digital Religion: Understanding Religious Practice in Digital Media. New York: Routledge.
6. Eliade, M. (1998). Lo sagrado y lo profano. Barcelona: Paidós.
7. Mackey, A. G. (1873). Encyclopedia of Freemasonry. New York: Clark & Maynard. Voz: "Lodge". (Paráfrasis)

CAPÍTULO XVI

El Espacio Sagrado como Centro de la Vida Comunitaria

16.1. Introducción

A lo largo de la historia, los espacios sagrados no han sido únicamente ámbitos de culto o devoción, sino también centros de cohesión comunitaria, lugares donde la vida social, cultural y política encontraba su fundamento moral y su sentido de pertenencia. Las antiguas civilizaciones edificaban templos en el corazón de sus ciudades, no solo para honrar a los dioses, sino para ordenar el mundo humano en torno a un eje común de valor y trascendencia. Allí donde se erigía un santuario, surgía también un centro de gravedad espiritual y social, punto de referencia que estructuraba el calendario, el trabajo, la educación y la identidad del grupo.

Émile Durkheim lo expresó con lucidez al afirmar que "lo sagrado es el principio que da unidad a la sociedad".[1] (Paráfrasis del autor a partir de las obras citadas)Esta idea, desarrollada en su teoría de las formas elementales de la vida religiosa, revela que lo sagrado no es únicamente un fenómeno de fe, sino una realidad social fundamental: lo que separa, consagra y une, lo que permite que una colectividad se reconozca a sí misma a través de símbolos, ritos y lugares compartidos. En toda comunidad humana, la existencia de un espacio sagrado constituye el signo visible de su cohesión moral.

Desde los templos mesopotámicos y las ágoras griegas hasta las catedrales medievales o las logias masónicas, el espacio consagrado ha funcionado como nodo de convergencia entre lo divino y lo humano, entre lo personal y lo colectivo. Allí se tejían los lazos invisibles de solidaridad, memoria y destino común. No solo se oraba o se ofrecían sacrificios: también se deliberaba, se educaba, se impartía justicia y se transmitía la tradición. El templo, en este sentido, ha sido siempre una escuela de civilización.

La Masonería conserva y actualiza esa función ancestral. Su Templo no es únicamente el lugar donde se realizan los trabajos rituales, sino también el espacio simbólico donde se construye la comunidad. En torno al Altar —centro del Taller— se reúnen hombres de distintas edades, credos y culturas, unidos por la búsqueda de la Verdad y la práctica de la fraternidad. Así, la Logia se convierte en un microcosmos ordenado, un modelo de sociedad en equilibrio, donde el respeto, la palabra y el silencio son herramientas de edificación moral.

Comprender el espacio sagrado como centro de la vida comunitaria es reconocer que la espiritualidad no se opone a la convivencia, sino que la fundamenta. En tiempos de aislamiento y dispersión social, recordar el valor del espacio sagrado equivale a recordar la necesidad del vínculo humano, del encuentro que no se limita al intercambio, sino que se eleva al nivel de comunión. Por eso, cada Templo, cada Logia, cada lugar consagrado a la virtud, es más que un recinto: es el corazón simbólico de una comunidad que se reconoce unida por el espíritu.

16.2. Funciones comunitarias del espacio sagrado

16.2.1. Identidad y pertenencia

El espacio sagrado cumple una función esencial en la formación de la identidad colectiva. No es únicamente un recinto de oración o meditación, sino el lugar donde una comunidad se reconoce a sí misma, se narra su origen y reafirma su continuidad a lo largo del tiempo. Cada templo, sinagoga, iglesia o mezquita encarna la historia de un pueblo, su cosmovisión, sus gestos rituales y su memoria espiritual. Allí, las generaciones se encuentran y se reconocen, no solo ante la divinidad, sino también entre sí.

En toda religión o tradición espiritual, el espacio sagrado opera como un símbolo de pertenencia: un territorio donde la dispersión del mundo se transforma en unidad. Quien entra en el templo deja atrás las diferencias exteriores —de clase, profesión o procedencia— para reconocerse parte de un cuerpo común. La arquitectura, el canto, la liturgia y los símbolos son los lenguajes a través de los cuales la comunidad reafirma su existencia. El templo, así, no solo orienta la oración, sino que da forma visible a una identidad invisible.

Del mismo modo, la Logia masónica cumple esta función de integración simbólica. En ella, el Iniciado no ingresa simplemente a un grupo, sino a una cadena de unión espiritual que lo conecta con todos los hombres libres y de buenas costumbres que han trabajado en el Arte Real a lo largo de los siglos. Los rituales, los emblemas y las palabras transmiten una tradición viva que une pasado, presente y futuro. Cada

Logia se convierte así en un microcosmos donde se custodia una memoria compartida, que no se impone por dogma, sino que se asimila por experiencia y participación.

La identidad masónica, en este contexto, no es una pertenencia cerrada, sino una forma de apertura: el reconocimiento de que lo que une a los Hermanos no es la uniformidad, sino la fidelidad a los principios del simbolismo, la fraternidad y la búsqueda de la verdad. La Logia, como todo espacio sagrado, funciona como escuela de pertenencia espiritual, donde el individuo aprende a situarse dentro de un orden más vasto y a comprender que su tarea personal —labrar la piedra bruta— adquiere sentido solo en relación con la obra colectiva del Templo.

Así, tanto en las religiones como en la Masonería, el espacio sagrado se convierte en matriz de identidad y fuente de cohesión moral. Es allí donde el hombre, frente a la presencia del Misterio, redescubre su vínculo con los otros y con el todo. Porque pertenecer a un templo, una sinagoga o una Logia, en última instancia, significa pertenecer a un propósito común: mantener viva la llama del espíritu que une a los hombres en torno a la Luz.[2] (Paráfrasis)

16.2.2. Educación y transmisión cultural

A lo largo de la historia, los templos no fueron únicamente lugares de culto, sino también centros de educación y de transmisión del conocimiento. En ellos se conservaba y se enseñaba la sabiduría acumulada de los pueblos. Desde los escribas del Templo de Jerusalén, encargados de copiar y comentar las Escrituras, hasta las catedrales medievales, donde se instruía en la Biblia, las Artes Liberales y los oficios constructivos, el espacio sagrado cumplió una función pedagógica esencial: formar no solo al creyente, sino al ciudadano, al artista y al pensador.[3] (Paráfrasis)

En Egipto, los templos de Heliópolis y Tebas albergaban escuelas sacerdotales donde se enseñaban astronomía, medicina, geometría y teología. En Grecia, los templos de Apolo o Atenea eran también centros de música, filosofía y arte. En el mundo islámico, las madrasas adosadas a las mezquitas continuaron esa tradición de aprendizaje sagrado, integrando fe y razón. En todos los casos, el templo fue la primera universidad del espíritu humano: un lugar donde el conocimiento se concebía como vía hacia la sabiduría y donde la instrucción era inseparable de la formación moral.

La Masonería hereda plenamente esta función educativa. La Logia, en su estructura simbólica, no es solo un espacio de rito, sino también un aula iniciática. Allí, el aprendizaje no se transmite mediante libros o discursos académicos, sino a través de símbolos, alegorías y rituales que activan en el Iniciado una comprensión interior. Cada herramienta —la escuadra, el compás, la regla, el nivel— es una lección de ética aplicada; cada palabra ritual es un recordatorio de los principios universales de verdad, justicia y fraternidad.

Este modelo pedagógico, más cercano al arte de la transformación interior que a la enseñanza teórica, convierte a la Masonería en una verdadera escuela de sabiduría práctica. El Iniciado aprende no por imposición, sino por experiencia; no repite dogmas, sino que descubre significados ocultos en los gestos, las proporciones y el orden del Templo. El método iniciático masónico reproduce, en clave simbólica, la antigua enseñanza de los misterios: el saber que eleva al hombre debe ser vivido, no solo comprendido.

Así como las catedrales medievales fueron libros de piedra que enseñaban al pueblo por medio de imágenes y proporciones, la Logia es un libro vivo de símbolos donde cada ceremonia revela un aspecto de la ciencia moral del hombre. En este sentido, la Masonería perpetúa la herencia de las antiguas escuelas templarias y monásticas: preservar la sabiduría en tiempos de oscuridad, formar al espíritu libre y recordar que el conocimiento es sagrado cuando se pone al servicio del bien.[3] (Paráfrasis)

El espacio sagrado, en su dimensión educativa, es por tanto un puente entre la tradición y el futuro. La Logia, como templo de la virtud, sigue cumpliendo la misión de todos los santuarios verdaderos: instruir para transformar, enseñar para iluminar, y transmitir la sabiduría como patrimonio espiritual de la humanidad.

16.2.3. Asistencia social y solidaridad

Desde sus orígenes, los espacios sagrados no fueron únicamente lugares de oración o instrucción, sino también centros de asistencia y protección comunitaria. Las religiones comprendieron que el culto a lo divino debía ir acompañado de la compasión hacia el prójimo, y que la verdadera sacralidad no se limita al altar, sino que se extiende al cuidado del ser humano. Los gremios medievales, estrechamente vinculados a catedrales y parroquias, reflejaron este principio en su vida cotidiana: practicaban la ayuda mutua, asistían a los enfermos, amparaban a las viudas y huérfanos, y sostenían hospitales y hospicios para los necesitados.[4] (Paráfrasis)

Estas fraternidades de oficio, que unían el trabajo material con la devoción espiritual, dieron forma a una auténtica economía moral de la solidaridad. En torno a los templos, el acto de construir y el acto de servir se confundían: levantar muros para la gloria de Dios implicaba también levantar la dignidad de la comunidad. La caridad —entendida no como limosna, sino como virtud activa— constituía el vínculo que mantenía unida a la sociedad medieval, y el templo era su centro operativo.

Esa tradición de servicio fraterno fue heredada por la Masonería, que desde sus primeros tiempos incorporó la beneficencia como uno de los pilares del trabajo masónico. Las logias no solo han sido espacios de instrucción simbólica, sino también instrumentos de acción filantrópica: apoyo a los necesitados, promoción de la educación, auxilio en desastres, creación de hospitales, orfanatos y becas. El espacio sagrado masónico se manifiesta así no solo en la reflexión moral, sino en la obra concreta del bien, donde la fraternidad se traduce en hechos.

En este sentido, el Templo masónico no es solo un recinto de contemplación o meditación, sino también un centro de irradiación ética. Desde él se proyecta una fuerza espiritual que inspira a sus miembros a actuar en el mundo con rectitud, compasión y justicia. Cada tenida no termina en las paredes de la Logia: continúa en la vida diaria, en los actos de servicio silencioso que demuestran que el verdadero rito masónico se celebra en la sociedad.

En las instituciones religiosas contemporáneas, como en las logias masónicas, esta vocación de servicio sigue vigente. Iglesias, mezquitas, templos y talleres organizan hoy iniciativas sociales, bancos de alimentos, hospitales y programas educativos, perpetuando la dimensión comunitaria del espacio sagrado. En todos los casos, el principio es el mismo: honrar a lo divino sirviendo al hombre.

De este modo, la asistencia social y la solidaridad no son añadidos circunstanciales, sino expresiones naturales de lo sagrado. Allí donde se comparte el pan, se cuida al enfermo o se consuela al afligido, el espacio se convierte en templo, y el acto solidario, en liturgia. Así lo entiende también la Masonería: que toda Logia, además de ser escuela y santuario, debe ser también refugio y taller del bien, donde la Luz que se recibe en el rito se transforma en obras de fraternidad en el mundo profano.[4] (Paráfrasis)

16.3. El Espacio Sagrado como lugar de cohesión social

El espacio sagrado no solo representa la presencia de lo divino, sino que también actúa como principio de cohesión social. Allí, las diferencias jerárquicas del mundo profano se suspenden y los participantes comparten una experiencia de comunión que renueva el sentido de pertenencia colectiva. El antropólogo Victor Turner mostró que los ritos celebrados en espacios sagrados generan communitas: una vivencia intensa de igualdad y fraternidad, donde los hombres se reconocen no por su rango ni por su posición, sino por su condición común de seres espirituales en tránsito hacia la plenitud.[5] (Paráfrasis)

Esta communitas, que emerge durante los rituales, trasciende las jerarquías ordinarias y produce un estado liminal, un "entre-tiempos" donde la comunidad se renueva. En ese intervalo sagrado, las normas sociales habituales se suspenden para dar paso a una relación de reciprocidad pura, en la que cada participante se sabe parte de un todo mayor. El rito, por tanto, no solo reafirma creencias, sino que recrea el tejido social, recordando que la verdadera unión no se impone por poder, sino que se experimenta en la comunión.

La Masonería reproduce de manera ejemplar este fenómeno. Dentro del Templo, las distinciones del mundo exterior —profesión, rango, fortuna o ideología— quedan a la puerta. Allí, el obrero, el profesional y el líder político se sientan en plano de igualdad, unidos por la luz del mismo símbolo y por el juramento de fraternidad que los enlaza más allá de sus diferencias. La Logia se convierte, así, en una comunidad liminal, un laboratorio ético donde se ensaya lo que la sociedad aspira a ser: un ámbito regido por la igualdad moral, la justicia y el respeto.

En ese espacio consagrado, la communitas de Turner se hace experiencia viva: los Hermanos trabajan "a cubierto" no para huir del mundo, sino para recrear un modelo de convivencia que, luego, se proyecta hacia la vida profana. El silencio compartido, la palabra ritual y el trabajo simbólico no son solo actos de piedad o disciplina, sino formas de comunión social. El Templo masónico funciona, entonces, como modelo de orden y armonía, un espejo del ideal humano de fraternidad universal.

De esta manera, la Masonería conserva la función más profunda del espacio sagrado: producir cohesión. Lo que en la antigüedad lograban los templos o los ritos agrarios, lo realiza hoy la Logia en el plano moral e intelectual. Allí, la communitas no es una excepción temporal, sino un hábito permanente del alma. El Iniciado aprende que el verdadero poder del espacio sagrado no reside en los símbolos materiales, sino en la capacidad de reunir a los hombres bajo un mismo propósito luminoso, reafirmando la unidad esencial del género humano.[5] (Paráfrasis)

16.4. Ejemplos históricos

A lo largo de la historia, los espacios sagrados han cumplido funciones que van mucho más allá del culto: fueron centros de convivencia, educación, justicia y caridad, auténticos corazones de la vida comunitaria. Las civilizaciones entendieron que lo sagrado no debía quedar confinado al altar, sino que debía impregnar la totalidad de la vida social. Por eso, los templos se convirtieron en lugares donde se oraba, pero también donde se dialogaba, se aprendía, se asistía al necesitado y se celebraba la unidad del grupo humano.

• **Las ágoras-templos de Grecia:** combinaban lo cívico y lo religioso, articulando el corazón espiritual y político de la polis. En torno a ellas se discutían las leyes, se celebraban las fiestas y se rendía culto a los dioses tutelares. Eran, a la vez, santuario y plaza pública, un modelo de equilibrio entre la trascendencia y la vida ciudadana. En ellas, lo sagrado y lo político no se oponían, sino que se completaban, reflejando la idea de que el orden humano debía ser reflejo del orden divino.

• **Las catedrales medievales:** además de ser casas de culto, funcionaban como centros de ferias, hospitales y escuelas. En torno a ellas giraba la vida económica y espiritual de las ciudades europeas. Eran "ciudades dentro de la ciudad", donde el arte, la enseñanza y la asistencia se unían bajo un mismo propósito: glorificar a Dios a través del servicio al hombre. La catedral representaba el cosmos ordenado por la fe, pero también la solidaridad concreta de la comunidad que la edificaba piedra a piedra.

• **Las mezquitas mayores:** como las de Córdoba o Estambul, fueron auténticas instituciones totales. En sus claustros se impartía enseñanza teológica, científica y jurídica; se administraba justicia y se organizaba la caridad pública. La mezquita mayor era, en el islam clásico, un centro de luz y conocimiento, donde la oración, la educación y la beneficencia se integraban en un mismo tejido de vida espiritual. Su arquitectura reflejaba la amplitud del saber y la unidad del mundo bajo la mirada del Creador.

• **Las logias operativas escocesas:** heredaron esta tradición de integración entre el trabajo material y la fraternidad espiritual. Además de dedicarse a la construcción de templos y catedrales, eran hermandades de ayuda mutua y escuelas del oficio, donde los aprendices recibían instrucción técnica, moral y religiosa.[4] (Paráfrasis) En ellas se cultivaba la solidaridad entre compañeros, el respeto por la jerarquía de grados y el orgullo de pertenecer a una comunidad unida por el arte y por el juramento. Estas logias constituyeron el germen de la Masonería especulativa, conservando la esencia del espacio sagrado como lugar de enseñanza, trabajo y fraternidad.

Todos estos ejemplos muestran que el espacio sagrado ha sido históricamente un punto de convergencia donde se unían los planos del espíritu y de la sociedad. Allí donde se levantó un templo o una logia, surgió también una comunidad viva. Lo sagrado no solo consagró el lugar, sino que dio forma moral y cívica a las ciudades, inspirando instituciones, normas y valores que todavía perviven.

Así, la Masonería, como heredera de esta cadena de espacios consagrados, conserva la misma misión ancestral: hacer de su Templo un centro de vida fraterna y de servicio a la humanidad, donde el trabajo interior se proyecta hacia el bien común, y donde cada piedra —material o humana— contribuye a edificar la armonía del conjunto.[4] (Paráfrasis)

16.5. El espacio sagrado en la Masonería como comunidad moral

El Templo Masónico no es únicamente un recinto arquitectónico ni un marco ritual: es, ante todo, un **centro de vida comunitaria iniciática**, un espacio donde la experiencia espiritual se convierte en práctica moral y convivencia fraterna. Allí, la Logia se transforma en sociedad simbólica, espejo de un orden superior, donde los hombres se reconocen como constructores de sí mismos y de una comunidad fundada en la justicia, la verdad y la caridad.

• **Identidad:** en el Templo se forja la pertenencia al Taller y a la Orden universal. Cada Iniciado, al integrarse en la cadena de unión, descubre que su identidad masónica no se define por la distinción individual, sino por su participación en una obra colectiva. La Logia es la patria espiritual donde el Masón reconoce su genealogía simbólica, su linaje de buscadores de la Luz. Allí, el sentido de pertenencia no se impone por dogma, sino que se cultiva en el trabajo, el silencio y la palabra compartida.

• **Educación:** el Templo es también escuela de sabiduría, donde se transmiten los símbolos, la historia y la filosofía masónica. El aprendizaje, guiado por los rituales, despierta la inteligencia moral y el discernimiento interior. Cada ceremonia es una lección viva; cada herramienta, una enseñanza ética; cada grado, un peldaño en la construcción del hombre virtuoso. Así, el espacio sagrado masónico prolonga la antigua función de los templos como academias del espíritu, donde el saber y la virtud se funden en una pedagogía iniciática.

• **Solidaridad:** desde sus orígenes, la Logia ha sido también espacio de beneficencia y apoyo mutuo. Las obras de caridad no son en ella un gesto exterior, sino la consecuencia natural del trabajo interior. La fraternidad, cuando es auténtica, se traduce en servicio. Por eso, la Masonería canaliza sus energías hacia la filantropía, el auxilio al necesitado y la promoción de la dignidad humana. En el Templo se aprende que servir al prójimo es la forma más alta de honrar al Gran Arquitecto del Universo.

• **Cohesión:** finalmente, la Logia es el lugar donde se vive la fraternidad más allá de las diferencias sociales, políticas o culturales. Allí se cumple la máxima de que todos los hombres son iguales ante el compás del juicio y la escuadra de la conciencia. En la Logia, el sabio y el aprendiz, el rico y el pobre, el creyente y el escéptico, se sientan lado a lado bajo la misma Luz, recordando que la diversidad no divide cuando hay propósito común.

Albert Mackey lo expresó con claridad al afirmar que la Logia es "una representación de la sociedad ideal, donde los hombres se reúnen en igualdad, bajo la Ley del Gran Arquitecto del Universo".[6] (Paráfrasis) En esa afirmación se condensa la misión moral del espacio masónico: convertir el rito en ética y la fraternidad en acción. El Templo es, en este sentido, una miniatura del mundo redimido, un ensayo de la humanidad reconciliada consigo misma y con el Principio Creador.

Así, la Masonería conserva el legado universal del espacio sagrado: hacer de un recinto físico un laboratorio espiritual, y de una reunión humana, una comunidad moral. En cada Logia, el ideal de la sociedad justa se realiza simbólicamente, anticipando en el tiempo profano la armonía que solo la sabiduría y el amor fraterno pueden construir. El Templo se convierte, por tanto, en el corazón ético de la Orden, donde cada piedra humana se labra para sostener el edificio invisible de la humanidad iluminada.[6]

16.6. Conclusión

El espacio sagrado, en todas las culturas y épocas, ha sido el centro vital de la comunidad: lugar donde el ser humano ha buscado no solo la presencia de lo divino, sino también la raíz de su propia humanidad. Allí se ha orado, se ha enseñado, se ha compartido el pan y se han transmitido los valores que sostienen a las civilizaciones. El templo, la mezquita, la sinagoga, la catedral o la logia han cumplido la misma función esencial: ser el corazón espiritual de la sociedad, donde el culto se une a la educación, la solidaridad y la cohesión moral.

La Masonería, al consagrar la Logia como espacio sagrado, prolonga esta antigua tradición, reinterpretándola en clave iniciática. En ella, el culto no es dogmático, sino simbólico; la educación no se limita a la instrucción, sino que se orienta a la transformación del carácter; la solidaridad se convierte en filantropía activa, y la cohesión se expresa en la fraternidad universal. Así, la Logia reproduce en escala humana lo que las grandes civilizaciones han intentado en sus templos monumentales: reunir al hombre y a Dios en un mismo eje de sentido.

La verdadera comunidad, enseña la Masonería, no se funda en intereses materiales, ni en ideologías, ni en uniformidades impuestas, sino en valores compartidos: la verdad, la justicia, la templanza, la libertad y la fraternidad. Allí donde esos principios son vividos con sinceridad, el espacio se vuelve sagrado, porque el espíritu del hombre se alinea con el orden divino del universo.

De este modo, el Templo Masónico no solo es símbolo de lo divino, sino también corazón de la fraternidad, un punto de convergencia donde los Hermanos, más allá de sus diferencias, se reconocen hijos de una misma Luz. En sus muros se guarda la memoria del oficio, la sabiduría del símbolo y la fuerza del juramento. Pero su poder no termina allí: se proyecta hacia la vida profana, inspirando al Iniciado a vivir con dignidad, integridad y amor al prójimo.

Por eso, cada Logia es, en su esencia, una miniatura del cosmos moral: un centro de equilibrio donde lo eterno se manifiesta en lo humano, y donde cada Hermano encuentra identidad, apoyo y dirección para orientar su existencia. En ese microcosmos espiritual se cumple el propósito más alto del espacio sagrado: hacer del hombre un templo viviente, y de la comunidad masónica, una expresión tangible de la armonía universal.

Notas y Referencias

1. Durkheim, É. (1912/2001). The Elementary Forms of Religious Life. Oxford: Oxford University Press.
2. Roitman, A. D. (2012). Del Tabernáculo al Templo: La historia del culto en Israel. Madrid: Ediciones Istmo.
3. Panofsky, E. (1951). Gothic Architecture and Scholasticism. New York: Meridian Books.
4. Knoop, D., & Jones, G. P. (1933). The Medieval Mason. Manchester: Manchester University Press.
5. Turner, V. (1969). The Ritual Process: Structure and Anti-Structure. Chicago: Aldine.
6. Mackey, A. G. (1873). Encyclopedia of Freemasonry. New York: Clark & Maynard. Voz: "Lodge". (Paráfrasis)

CAPÍTULO XVII

El Rol del Espacio Sagrado en la Sociedad Secular

17.1. Introducción

En la modernidad secular, el poder de las religiones institucionales se ha visto disminuido, pero la necesidad de lo sagrado permanece intacta. El espíritu humano, incluso cuando se aleja de los templos, sigue buscando espacios de sentido, lugares donde el ruido del mundo se aquieta y la conciencia se abre a lo trascendente. Así, aunque las iglesias, sinagogas y mezquitas ya no ocupen el centro visible de la vida social, la experiencia de lo sagrado no ha desaparecido: simplemente ha cambiado de forma, adaptándose a los nuevos lenguajes y sensibilidades de la época.

El espacio sagrado contemporáneo se manifiesta en monumentos, memoriales, museos, cementerios y lugares públicos de silencio o conmemoración. Son sitios donde la sociedad deposita su memoria, honra la dignidad humana o reflexiona sobre el sufrimiento y la muerte. En ellos, aun sin invocar explícitamente a una divinidad, se respira un sentimiento de respeto y trascendencia. Estos espacios —como el Memorial del Holocausto en Berlín, el Muro de los Lamentos en Jerusalén o el Ground Zero en Nueva York— son templos civiles, construidos para recordar lo que no debe olvidarse y para reconciliar al hombre con su propia historia.

La sociedad secular, aunque menos religiosa en apariencia, conserva una sed profunda de sacralidad. Allí donde se honra la vida, se celebra la belleza o se guarda silencio ante la muerte, el hombre sigue levantando altares invisibles. El impulso de separar un lugar, de conferirle un sentido especial, de convertirlo en un umbral entre lo cotidiano y lo eterno, permanece como una constante antropológica. El ser humano, aun sin rito formal, sigue marcando el territorio del misterio.

En este contexto, el espacio sagrado se reconfigura como símbolo universal del respeto, la memoria y la trascendencia. Su función ya no depende exclusivamente de una religión, sino de la conciencia colectiva que busca conservar el vínculo con aquello que trasciende lo útil y lo inmediato. La secularización no elimina lo sagrado: lo transmuta, lo oculta bajo nuevas formas, y lo distribuye en la trama cultural y ética del mundo moderno.

Para la Masonería, este fenómeno plantea una profunda reflexión: ¿cómo preservar la sacralidad del Templo en una civilización que parece haber olvidado el sentido del símbolo? La Logia, al mantenerse como espacio sagrado en medio del mundo profano, ofrece una respuesta práctica y espiritual. Ella demuestra que la verdadera sacralidad no depende del poder de las instituciones, sino de la voluntad consciente del hombre de consagrar el espacio y el tiempo a lo trascendente.

Así, en la sociedad secular, el Templo masónico se alza como un oasis de significado. En un mundo que exalta lo efímero y lo material, la Logia recuerda que aún es posible crear espacios donde reine el silencio, la luz y la fraternidad; donde lo humano vuelva a encontrarse con lo eterno; donde el símbolo restituya al hombre su dimensión espiritual.

17.2. Espacios de memoria y conmemoración

En el corazón de las sociedades contemporáneas, los espacios de memoria y conmemoración han asumido el papel que antaño desempeñaban los templos y santuarios religiosos. Son lugares donde el silencio sustituye al culto formal, y donde el recuerdo se convierte en acto sagrado. Monumentos como el Memorial del Holocausto en Berlín o el 9/11 Memorial en Nueva York son visitados con actitudes de recogimiento que evocan el respeto y la reverencia propios de un rito religioso.[1] (Paráfrasis)

Aunque no están consagrados a divinidades, estos sitios están consagrados al valor de la vida humana. Allí, el visitante adopta espontáneamente un comportamiento ritual: baja la voz, detiene el paso, guarda silencio, deposita flores o piedras, repite gestos que, aunque laicos, poseen una profunda carga simbólica. En ellos se recrea una liturgia de la memoria, donde la comunidad honra a sus muertos y al mismo tiempo reafirma su compromiso con los valores que sustentan la dignidad humana y la paz.

Estos espacios, levantados muchas veces sobre lugares de tragedia, constituyen una forma moderna de sacralidad civil. Representan el intento colectivo de transformar el sufrimiento en conciencia, y el dolor en enseñanza. Así, el muro, el vacío o la llama perenne sustituyen al altar tradicional: no invocan a un dios, pero sí convocan al espíritu del hombre a la reflexión, al respeto y a la reconciliación. En ellos, el tiempo cotidiano se interrumpe y el visitante entra en una temporalidad distinta, marcada por la memoria, el duelo y la esperanza.

La antropología contemporánea ha reconocido que estos lugares funcionan como umbrales simbólicos donde el individuo y la sociedad enfrentan la experiencia del límite: la muerte, la pérdida, el mal. Su función no es únicamente estética o histórica, sino profundamente espiritual: ofrecen un espacio para el recogimiento interior, la catarsis y la reafirmación del sentido moral de la existencia.

Para la Masonería, estos espacios laicos de conmemoración tienen una profunda resonancia. En ellos se expresa la misma necesidad universal de trascendencia y reconciliación que anima al Iniciado dentro del Templo. Así como la Logia honra la memoria de los Hermanos que han partido al Oriente Eterno, la sociedad secular honra a sus muertos en monumentos que preservan la llama de la conciencia colectiva. En ambos casos, el acto de recordar se convierte en un acto de sacralización del tiempo y del espacio, una afirmación de que la luz puede seguir brillando aun en medio de las ruinas.

El Memorial del Holocausto y el 9/11 Memorial son, por tanto, los templos contemporáneos de la humanidad doliente: allí no se adora a un dios, pero se venera la dignidad humana; no se ofrece sacrificio, pero se eleva un testimonio. En un mundo que parece haber perdido la fe en lo sagrado, estos lugares nos recuerdan que la memoria también puede ser una forma de oración y que el respeto por la vida constituye la nueva liturgia de la civilización.[1] (Paráfrasis)

17.3. Espacios culturales y artísticos como sagrados

En la sociedad contemporánea, donde las instituciones religiosas han perdido su antigua centralidad, el arte y la cultura se han convertido en los principales depositarios de la experiencia de lo sagrado. Museos, bibliotecas, teatros, salas de concierto y centros de arte son frecuentemente descritos como "templos de la cultura", no por simple metáfora, sino porque en ellos se recrea una atmósfera de recogimiento, contemplación y comunión estética. El visitante que entra a una gran galería o que se sienta en una sala de ópera adopta, sin saberlo, una actitud similar a la del peregrino: calla, contempla, se eleva.[2] (Paráfrasis)

La museología contemporánea reconoce que el museo puede generar experiencias de "lo sagrado secular", caracterizadas por el silencio reverente, la suspensión del tiempo cotidiano y la sensación de elevación espiritual. Los objetos expuestos —piezas de arte, reliquias históricas, vestigios del pasado— se disponen en un espacio donde cada vitrina o muro adquiere la función de altar simbólico. El visitante, en su recorrido, realiza un verdadero rito de tránsito: pasa del bullicio de la ciudad al silencio interior, del consumo acelerado a la contemplación detenida.

Este fenómeno confirma la tesis de Mircea Eliade, quien afirmaba que lo sagrado no desaparece, sino que se camufla en formas culturales incluso en las sociedades seculares.[3] (Paráfrasis) El arte, la literatura y la música se convierten así en nuevos vehículos de lo trascendente. Allí donde el hombre contempla la belleza, se abre a un orden superior, y esa apertura lo transforma. En la experiencia estética, el alma reconoce lo eterno disfrazado de forma, color o sonido.

Los museos y bibliotecas desempeñan, en este sentido, una función análoga a la de los templos antiguos: preservan la memoria, resguardan el legado espiritual de la humanidad y educan al visitante en la veneración del conocimiento y la belleza. El silencio de una gran biblioteca no difiere del recogimiento de una logia; ambos invitan al respeto, a la introspección y a la conexión con una sabiduría que nos trasciende.

Para la Masonería, estos espacios culturales son aliados naturales del Templo Masónico. Ambos comparten la misma vocación: elevar al hombre por medio del conocimiento, la armonía y la contemplación de lo universal. En el museo, el iniciado reconoce el orden de las formas; en la logia, aprende a leer el orden de los símbolos. En ambos casos, el alma humana se orienta hacia la luz.

Así, el arte se convierte en una liturgia silenciosa de lo eterno. Cada pintura, cada escultura, cada sinfonía, es un espejo en el que el hombre vislumbra su origen y su destino. Por ello, los espacios culturales contemporáneos pueden ser considerados los templos seculares del espíritu, donde lo sagrado se disfraza de estética, y donde la belleza cumple la misma función que antaño cumplió el altar: recordar al hombre su vocación de trascendencia.[2,3] (Paráfrasis)

17.4. Espacios naturales y ecológicos

En un tiempo marcado por la crisis ambiental y la creciente conciencia de la fragilidad del planeta, la humanidad ha comenzado a redescubrir la sacralidad de la naturaleza. Parques nacionales, montañas, selvas y reservas ecológicas son hoy percibidos no solo como recursos biológicos, sino como santuarios de la vida, lugares donde lo humano se encuentra con lo elemental y donde la contemplación se convierte en reverencia. Esta sensibilidad ha dado origen a lo que algunos filósofos y teólogos contemporáneos denominan "espiritualidad ecológica": una forma de experiencia de lo sagrado que ya no se apoya en templos de piedra, sino en los templos vivientes del agua, el aire y la tierra.[4] (Paráfrasis)

Esta espiritualidad laica de la naturaleza no busca reemplazar las religiones, sino recordar una verdad anterior a todas ellas: que la creación misma es sagrada. En ella, el hombre no es amo ni dueño, sino guardián y partícipe de un equilibrio mayor. La montaña, el bosque o el océano no se veneran como dioses, sino como manifestaciones del misterio divino. Por eso, en la contemplación de un amanecer o en el silencio de un valle, muchos redescubren la antigua intuición que inspiró a los pueblos primordiales: que la Tierra es el primer altar y que el respeto por la vida es la primera liturgia.

En la práctica contemporánea, esta conciencia se expresa en rituales de conexión ecológica, peregrinaciones, caminatas meditativas, ceremonias de siembra o celebraciones del solsticio. Aunque se desarrollan fuera de las instituciones religiosas, conservan la estructura simbólica de lo sagrado: delimitan un espacio, convocan una comunidad, despiertan una intención y cierran con un gesto de comunión o agradecimiento. La ecología, así entendida, deja de ser solo una ciencia para transformarse en una ética espiritual del cuidado.

Para la Masonería, esta visión tiene una resonancia profunda. El masón reconoce en la naturaleza la obra visible del Gran Arquitecto del Universo, el libro abierto donde se manifiestan la proporción, la medida y la armonía que también rigen el Templo. En cada árbol, en cada río, en cada ciclo de la vida, el iniciado encuentra los mismos principios que estudia en los símbolos de la Logia: el orden, la correspondencia y la ley del equilibrio universal.

Así, los espacios naturales y ecológicos se convierten en los templos contemporáneos de la humanidad consciente, donde se celebra la unión entre el espíritu y la materia, entre la ciencia y la reverencia. La defensa del planeta —su preservación, su limpieza, su cuidado— se vuelve entonces una forma moderna de culto, una iniciación colectiva hacia la responsabilidad sagrada. El respeto por la naturaleza es, en última instancia, el reconocimiento del Gran Arquitecto en su obra viva.

Por ello, la Masonería, fiel a su vocación humanista y universal, encuentra en esta espiritualidad ecológica una proyección simbólica de su propio ideal: mantener la armonía entre el hombre, la creación y la inteligencia divina que sostiene el orden del cosmos. En cuidar la Tierra, el Masón honra el templo más vasto que le ha sido confiado.[4] (Paráfrasis)

17.5. Espacios de silencio urbano

En el corazón de las grandes ciudades, entre el tráfico, los anuncios y la velocidad incesante de la vida moderna, han comenzado a surgir espacios de silencio que buscan restituir al ser humano su dimensión interior. Se trata de capillas interreligiosas, salas de meditación, jardines conmemorativos y pequeños refugios urbanos concebidos para el recogimiento. Su propósito no es imponer una doctrina ni convocar a un culto específico, sino ofrecer un lugar neutral y sagrado a la vez, donde creyentes y no creyentes puedan reencontrarse con el silencio, la calma y el sentido.

Estos espacios representan una respuesta espiritual al vértigo urbano. En un tiempo dominado por el ruido, la imagen y la prisa, el silencio adquiere valor de santuario. Entrar en uno de estos lugares equivale a atravesar un umbral invisible: se deja atrás el mundo de las urgencias y se entra en otro tiempo, más lento, más hondo, más humano. No hay altares ni liturgias estrictas, pero el ambiente mismo —la luz tamizada, el aire quieto, la presencia de materiales naturales o la disposición circular de los asientos— invita a una actitud de reverencia. El silencio, aquí, es el nuevo sacerdote.

La sacralidad del silencio trasciende las religiones. Es el lenguaje más universal, el que permite al alma escucharse y, en esa escucha, reencontrar la armonía con el mundo. Estas capillas y jardines urbanos actúan como microtemplos contemporáneos, insertos en el tejido de la ciudad, donde se restablece el equilibrio perdido entre exterioridad e interioridad. El acto de permanecer quieto, sin distracciones, se convierte en una forma moderna de oración sin palabras.

En un sentido más profundo, estos espacios funcionan como antídoto simbólico contra la fragmentación espiritual de la sociedad moderna. En ellos se recupera la experiencia de unidad: con uno mismo, con los otros y con la naturaleza. Por ello, su función no es solo psicológica, sino ontológica: reconectan al ser humano con su centro.

Para la Masonería, el valor de estos espacios de silencio es profundamente afín a su espíritu iniciático. El Templo masónico también es un espacio protegido del ruido del mundo, donde la palabra se mide, el gesto se ritualiza y el silencio adquiere significado pedagógico. Ambos lugares —la Logia y el refugio urbano— representan el mismo principio: la necesidad de detenerse para recordar quiénes somos y hacia dónde vamos.

En las grandes metrópolis del siglo XXI, estos espacios de silencio urbano son, en cierto modo, logias abiertas al público, donde se realiza una forma de iniciación laica: la reconquista del silencio como vía de conocimiento. En un mundo saturado de estímulos, escuchar el propio interior se convierte en un acto de resistencia espiritual. Y así, entre los muros de cristal o en medio de los parques, lo sagrado vuelve a hacerse presente —no como dogma, sino como presencia viva del espíritu que busca sentido.

17.6. El espacio sagrado secular como "Religión Civil"

El sociólogo estadounidense Robert Bellah introdujo en 1967 el concepto de "religión civil", para describir el conjunto de símbolos, rituales y lugares que, sin pertenecer a una religión institucional, dotan a la sociedad de cohesión moral y sentido trascendente.[5] (Paráfrasis) En este marco, los panteones nacionales, mausoleos, banderas, monumentos y ceremonias patrióticas actúan como mediaciones simbólicas que confieren a la comunidad una identidad compartida y un sentimiento de pertenencia que trasciende lo político.

Esta "religión civil" no adora dioses, pero consagra valores: la libertad, la justicia, la memoria, la paz. Sus templos son los lugares de conmemoración; sus liturgias, los actos públicos; sus sacerdotes, los ciudadanos que, al rendir homenaje a sus héroes o a sus muertos, reafirman la continuidad del cuerpo social. Así, el acto de depositar flores ante un monumento o guardar silencio durante una ceremonia nacional se convierte en una forma laica de sacralidad: un rito de comunión cívica.

Los símbolos nacionales —la bandera, el himno, la constitución— operan como objetos de veneración colectiva. Su función no es distinta, en esencia, de la que cumplían los emblemas sagrados de las antiguas religiones: representar un principio superior que unifica a los hombres más allá de sus diferencias individuales. En el contexto moderno, ese principio es la comunidad misma, elevada a un ideal moral. Bellah observó que estas expresiones de sacralidad laica constituyen un **sistema de fe implícita** que mantiene viva la conciencia de destino común en las naciones democráticas.[5] (Paráfrasis)

Desde una perspectiva filosófica, la religión civil revela que la dimensión simbólica y ritual es inherente a toda organización humana: incluso cuando el Estado se declara laico, sigue necesitando ritos, monumentos y fechas sagradas para afirmar su identidad y transmitir valores. La ceremonia cívica es, en este sentido, una continuación del rito religioso bajo nuevas formas. La bandera ondeante sustituye al estandarte del templo; el panteón sustituye al santuario; el juramento sobre la Constitución sustituye al juramento sobre el altar.

Para la Masonería, la idea de religión civil tiene un eco particular. La Orden, sin ser una religión, enseña el valor del símbolo, el rito y el juramento como instrumentos de unidad moral. En la Logia, el Masón se forma para servir a su país y a la humanidad desde un principio superior: la fraternidad universal. Así, la Masonería puede verse como una escuela de ciudadanía espiritual, donde se aprende a reconocer lo sagrado en la ley, en la memoria y en el servicio a los demás.

En las sociedades modernas, los espacios de la religión civil —panteones, monumentos, memoriales— cumplen una función complementaria a la del espacio sagrado tradicional: ambos buscan preservar la memoria, fortalecer los lazos y ofrecer un sentido trascendente a la existencia colectiva. La diferencia es que, mientras el templo religioso se dirige a Dios, el templo civil se dirige a la humanidad.

Por eso, el masón encuentra en la **religión civil** un recordatorio de su deber: honrar lo sagrado en el hombre mismo, en la comunidad y en la historia. Así, cada monumento nacional, cada acto de homenaje o conmemoración, puede verse como una extensión del Templo simbólico: un lugar donde la virtud, la memoria y el deber se convierten en pilares de una espiritualidad compartida.[5] (Paráfrasis)

17.7. Proyección masónica

La Masonería, como orden iniciática universal, reconoce la existencia y el valor de los espacios seculares de sacralidad. La Logia no pretende competir con templos religiosos ni sustituir los monumentos cívicos; su función es más sutil y esencial: recordar que toda forma de espacio consagrado —ya sea religioso, civil o natural— responde a la misma necesidad del alma humana de elevarse hacia lo trascendente. En este sentido, el Templo Masónico se convierte en un puente simbólico entre lo sagrado y lo secular, entre la fe y la razón, entre la tradición y la modernidad.

Al ser un espacio sagrado no confesional, la Logia se sitúa en un punto de diálogo fecundo entre las dos dimensiones del espíritu humano: la religiosa, que busca el contacto con lo divino, y la laica, que honra lo humano como portador de lo sagrado. Su arquitectura, su rito y su método de trabajo expresan una espiritualidad abierta, basada en principios universales que trascienden credos y fronteras.

• **Como el memorial**, la Logia recuerda que la memoria y la justicia son realidades sagradas. Cada Tenida evoca a los Hermanos que partieron al Oriente Eterno y a la vez reafirma el compromiso con la verdad y la rectitud.

• **Como el museo o la biblioteca**, enseña que el conocimiento eleva y ennoblece al hombre. Las herramientas simbólicas, los catecismos y los estudios filosóficos cumplen la misma función que las grandes obras de arte o las bibliotecas universales: preservar y transmitir la luz del pensamiento humano.

• **Como la reserva natural**, muestra que lo creado debe ser cuidado y respetado, porque todo lo que existe participa de la armonía del Gran Arquitecto del Universo. El respeto por la vida, por el orden y por la belleza de la naturaleza constituye un acto masónico de reverencia ante la obra divina.

En la Masonería, cada uno de estos paralelos cobra sentido iniciático. El memorial enseña la memoria activa; el museo, la contemplación reflexiva; la reserva, la reverencia ante la vida. Todos ellos se reúnen simbólicamente en el Templo Masónico, que, aunque levantado por manos humanas, aspira a reflejar la estructura moral del cosmos y el orden espiritual del alma.

De este modo, el Templo Masónico dialoga con la sociedad secular, ofreciendo un modelo de sacralidad ética y fraterna, fundada en el respeto, la libertad y la búsqueda de la verdad. Frente a la fragmentación contemporánea, la Masonería propone un espacio donde lo sagrado se reinterpreta como valor interior, no como imposición externa; como impulso hacia la unidad, no como motivo de división.

Así, el Masón aprende que lo sagrado no está restringido al altar, ni al rito, ni al credo, sino que se manifiesta allí donde el hombre actúa con justicia, habla con verdad y construye con amor. En un mundo donde el ruido amenaza con eclipsar el sentido, la Logia se alza como una lámpara encendida en medio de la ciudad, testimonio vivo de que el espíritu puede hallar lo eterno en lo cotidiano.

El Templo Masónico, por tanto, no es un recinto cerrado al mundo, sino una escuela de sacralidad universal, donde lo religioso y lo laico convergen en una misma vocación: edificar al ser humano como templo de la Luz.

17.8. Conclusión

En la sociedad secular, el espacio sagrado no ha desaparecido: ha adoptado nuevos rostros y lenguajes, pero conserva su función esencial como ámbito de trascendencia.

• Persiste en formas de memoria colectiva, arte y naturaleza.

A través de monumentos, museos, memoriales y reservas naturales, la humanidad sigue buscando puntos de encuentro con lo absoluto. El silencio ante una obra de arte, el respeto frente a un paisaje o el recogimiento en un acto conmemorativo reproducen el mismo gesto arcaico del homo religiosus: el reconocimiento de una presencia superior que confiere sentido a la existencia.

• Funciona como foco de valores universales: paz, justicia, dignidad, verdad.

Aunque las creencias particulares diverjan, los valores que sostienen la convivencia humana permanecen. En ese sentido, la sacralidad contemporánea ya no depende de dogmas, sino de principios éticos compartidos que elevan a la humanidad por encima de lo meramente utilitario. Allí donde se honra la verdad, donde se busca la justicia, donde se protege la vida o se respeta la memoria, el espacio se convierte en altar invisible de lo sagrado.

• Se transforma en religión civil que cohesiona comunidades en torno a símbolos compartidos.

Siguiendo la noción de Robert Bellah, los pueblos modernos celebran rituales laicos —fiestas nacionales, conmemoraciones, juramentos, himnos— que sustituyen el lenguaje del culto por el de la ciudadanía moral. Así, el sentido de lo sagrado persiste como energía de unión, capaz de mantener viva la identidad y la esperanza colectiva en un mundo fragmentado.

La Masonería, al preservar la Logia como espacio sagrado, se convierte en guardiana de esta dimensión trascendente de la existencia humana. En medio de un tiempo donde todo parece relativo y efímero, la Logia ofrece un lugar donde el silencio, el símbolo y el rito restablecen el contacto con lo esencial. Allí el hombre aprende que trascender lo cotidiano no significa huir del mundo, sino comprenderlo en su profundidad; que lo sagrado no es un privilegio de los templos antiguos, sino una posibilidad siempre presente en el corazón humano.

En un mundo secularizado, el Templo Masónico recuerda que el ser humano sigue necesitando espacios de sentido, donde pueda detenerse, meditar, reconciliarse con su origen y proyectar su destino. Por eso, más allá de las religiones o de las ideologías, la Masonería continúa siendo una escuela de lo sagrado, en la que el trabajo interior del Iniciado y la fraternidad del Taller actualizan el misterio eterno de la luz que vence a la oscuridad.

La Logia, con su humildad arquitectónica y su grandeza simbólica, demuestra que lo sagrado no depende de la monumentalidad, sino de la intención del alma que busca elevarse. Allí, en medio de un mundo ruidoso y cambiante, el Masón descubre que el verdadero santuario está dentro de sí mismo, y que cada acto justo, cada palabra fraterna y cada gesto de verdad contribuyen a reconstruir el Templo invisible del espíritu humano.

Notas y Referencias

1. Young, J. E., ed. (1993). The Art of Memory: Holocaust Memorials in History. New York: Prestel.
2. Duncan, C. (1995). Civilizing Rituals: Inside Public Art Museums. London: Routledge.
3. Eliade, M. (1998). Lo sagrado y lo profano. Barcelona: Paidós.
4. Taylor, B. (2010). Dark Green Religion: Nature Spirituality and the Planetary Future. Berkeley: University of California Press.
5. Bellah, R. N. (1967). "Civil Religion in America." Daedalus, 96(1), 1–21.

CAPÍTULO XVIII

La Importancia del Respeto y la Preservación del Espacio Sagrado

18.1. Introducción

El espacio sagrado no es únicamente un recinto arquitectónico ni una abstracción simbólica: es un patrimonio cultural, espiritual y comunitario que concentra la memoria, la identidad y la trascendencia de los pueblos. En sus muros y en sus ritos se entrelazan la historia, la fe y la ética colectiva. Preservarlo no significa solo conservar un edificio o un monumento, sino proteger la posibilidad misma de lo sagrado en el mundo: esa zona de respeto donde el hombre puede reconocerse a sí mismo frente a lo eterno.

Por ello, la preservación y el respeto hacia estos espacios constituyen un deber que trasciende credos y fronteras. Las religiones, los estados y las comunidades humanas comparten la responsabilidad de mantener vivos los lugares donde el espíritu se manifiesta. Cada templo, santuario o monumento es testimonio de una aspiración común: la de elevar la materia hacia la luz, el caos hacia el orden, el ruido hacia el silencio. Cuando uno de esos lugares se profana o se abandona, no solo se destruye piedra o arte, sino que se hiere la conciencia simbólica de la humanidad.

La Masonería, heredera de la tradición de los antiguos constructores, recuerda que el Templo —tanto material como interior— debe mantenerse íntegro, armónico y digno. En el plano físico, esto significa cuidar el recinto donde se celebran los trabajos, conservar su limpieza, orden y solemnidad; en el plano espiritual, implica custodiar la pureza del rito, la autenticidad del símbolo y la rectitud moral de quienes lo habitan. El respeto hacia el espacio sagrado es, en esencia, respeto hacia el misterio que representa.

Preservar el Templo, evitar su profanación y su degradación —ya sea por descuido, indiferencia o banalización— es tarea iniciática de primer orden. Pues el Templo no solo protege al hombre del mundo exterior: también refleja su propio estado interior. Cuando el Templo se desordena, el espíritu se dispersa; cuando se limpia y se consagra, el alma se eleva.

Así, la Masonería enseña que cuidar el espacio sagrado es cuidar la alianza entre el hombre y lo divino. Cada Hermano, como obrero simbólico, se convierte en guardián del equilibrio entre lo visible y lo invisible, entre la piedra y la luz. Porque allí donde el Templo se respeta y se honra, la presencia del Gran Arquitecto del Universo se renueva en cada generación.

18.2. Respeto como actitud universal

En las grandes religiones, la profanación del espacio sagrado ha sido siempre considerada una de las mayores transgresiones espirituales. En la Biblia, se ordena: "Respetaréis mi santuario" (Levítico 19:30), recordando que el lugar consagrado pertenece a Dios y no puede ser tratado como cosa común. El Corán, por su parte, condena severamente a quienes violan la pureza de las mezquitas o impiden el culto en ellas: "¿Y quién es más injusto que aquel que impide que se recuerde el nombre de Dios en sus mezquitas y se esfuerza por destruirlas?" (Corán 2:114). En el hinduismo, ingresar en un templo sin la debida purificación se considera un acto grave, porque el cuerpo impuro perturba el orden espiritual del recinto.[1], [2], [3] (Paráfrasis del autor a partir de las obras citadas)

Más allá de la diversidad doctrinal, estas enseñanzas convergen en una actitud universal: el respeto por el espacio sagrado como expresión del respeto por la divinidad, por la comunidad y por uno mismo. Allí donde se eleva un templo, una mezquita, una iglesia o una sinagoga, se erige también un signo visible del Misterio que habita en el mundo. Cruzar su umbral implica entrar en un ámbito distinto, donde el silencio sustituye al ruido y la atención reemplaza a la distracción.

El respeto, en este sentido, no es solo una norma de etiqueta religiosa: es una disposición interior que reconoce la sacralidad de la existencia. Inclina la mente hacia la humildad y el corazón hacia la gratitud. Por eso, el hombre verdaderamente espiritual no necesita que se le impongan reglas: su propia conciencia lo conduce al silencio, a la limpieza, al orden y a la reverencia. El espacio sagrado se convierte así en espejo del alma: quien lo respeta, respeta también su propia dimensión interior.

La Masonería adopta esta misma actitud. El Templo Masónico exige cuidado, decoro y silencio porque, en él, cada palabra y cada gesto tienen peso simbólico. El Iniciado no entra en la Logia como quien asiste a una reunión profana, sino como quien penetra en el corazón de un misterio. Su conducta, su vestimenta y su disposición interior deben reflejar la conciencia de hallarse en un espacio consagrado al trabajo moral y espiritual.

El respeto universal por lo sagrado trasciende las religiones y se convierte en fundamento de toda civilización. Allí donde se pierde la reverencia, surge la indiferencia; y donde la indiferencia se instala, el espíritu se empobrece. Por eso, honrar el espacio sagrado —sea un templo, una logia o la naturaleza misma— es una forma de preservar la dignidad del ser humano y de mantener viva la llama del espíritu frente al olvido y la banalidad.

En palabras del antiguo adagio hermético: **"Lo que se honra, vive"**. Respetar el espacio sagrado es, por tanto, mantener viva la presencia de lo divino en la tierra, para que, incluso en medio del mundo profano, el alma recuerde su origen luminoso y su destino eterno.

18.3. Preservación como patrimonio cultural

La UNESCO reconoce que los espacios sagrados constituyen una parte esencial del Patrimonio de la Humanidad. Desde las pirámides de Egipto, testimonio del culto ancestral a la inmortalidad, hasta la Catedral de Chartres, joya del misticismo medieval, o los templos de Kyoto, expresión de la armonía entre el hombre y la naturaleza, todos representan la huella visible de la búsqueda humana de trascendencia. Cada uno de estos lugares encierra una síntesis entre arte, espiritualidad y memoria colectiva.[4]

La preservación de estos espacios no consiste solo en conservar piedra o restaurar muros: significa proteger una visión del mundo. Por eso, los programas internacionales de conservación incluyen no solo restauraciones arquitectónicas y estudios arqueológicos, sino también políticas para salvaguardar los entornos culturales, las tradiciones rituales y el equilibrio entre acceso público y respeto espiritual. Las autoridades locales y globales enfrentan un desafío delicado: abrir el patrimonio al conocimiento y al turismo sin reducirlo a un mero espectáculo visual.

El turismo desmedido, la contaminación, la indiferencia o la apropiación ideológica pueden convertir los templos en escenarios vacíos, despojados de sentido. De ahí la importancia de las legislaciones internacionales y de los esfuerzos conjuntos entre naciones, comunidades religiosas y organismos culturales para preservar la autenticidad de estos lugares. La sacralidad no puede ser reproducida ni fabricada; depende de la permanencia del símbolo, de la continuidad del rito y de la pureza del propósito con que se los contempla.

Más allá de las diferencias de fe, los espacios sagrados pertenecen a la memoria colectiva de la humanidad. Son el archivo espiritual de la especie humana: allí donde convergen la ciencia de los constructores, la inspiración de los artistas y la fe de los pueblos. Cada piedra tallada, cada cúpula, cada altar es un lenguaje que comunica una misma verdad: que el hombre ha sentido siempre la necesidad de elevar la materia hacia el espíritu.

La Masonería, heredera de esa tradición universal de constructores, participa simbólicamente en la misma misión de preservación. El Templo Masónico, aunque no figure en los registros de la UNESCO, comparte su espíritu: es también un patrimonio de la conciencia humana, un recinto donde la belleza, la proporción y la luz se unen para educar el alma. El Masón, como custodio de ese templo simbólico, aprende que proteger lo sagrado —sea en piedra o en silencio— es custodiar el alma del mundo.

De este modo, la preservación del espacio sagrado trasciende el ámbito técnico o institucional: es un acto moral y espiritual, un deber hacia las generaciones futuras y una expresión de gratitud hacia los ancestros. Porque allí donde el hombre conserva el templo, el templo conserva al hombre.

18.4. Amenazas contemporáneas a los espacios sagrados

En el mundo contemporáneo, los espacios sagrados enfrentan amenazas múltiples y convergentes que comprometen no solo su integridad física, sino su significado espiritual más profundo.

1. **Guerras y conflictos:** Los templos destruidos en Siria, Irak o Ucrania testimonian una tragedia que va más allá del daño material. La profanación de lo sagrado mediante la violencia es una forma de borrar la memoria espiritual de los pueblos. La pérdida de estos lugares no solo destruye monumentos, sino también puentes entre culturas y generaciones. Cada templo arrasado es una herida en la conciencia universal, un

eco de la fragilidad del espíritu humano cuando la barbarie prevalece sobre la razón.

2. **Turismo masivo:** El exceso de visitantes convierte templos, catedrales y santuarios en escenarios superficiales. El peregrino contemplativo ha sido reemplazado muchas veces por el turista impaciente. El gesto de adoración se sustituye por la fotografía. De este modo, los espacios sagrados corren el riesgo de transformarse en espectáculos de consumo, donde el silencio sagrado se diluye en el ruido y el comercio. La banalización del símbolo equivale a su profanación invisible: ya no se destruye el templo con fuego, sino con indiferencia.

3. **Secularización agresiva:** En algunas regiones, antiguos templos se reutilizan para fines profanos —almacenes, auditorios, salones de eventos—, despojándolos de su carácter simbólico. Aunque las estructuras sobrevivan, su espíritu se apaga. Esta secularización extrema revela una crisis más profunda: la pérdida del sentido de lo sagrado en la vida cotidiana. Cuando el templo deja de ser reconocido como morada del misterio, el hombre pierde su propio centro interior.

4. **Degradación ambiental:** La contaminación de ríos, montañas y bosques sagrados —lugares que durante milenios fueron considerados moradas de los dioses o espacios de revelación— constituye otra forma de profanación moderna. La devastación ecológica no solo destruye la naturaleza, sino también su dimensión simbólica. Allí donde el bosque deja de ser sagrado, la vida deja de ser respetada.[5],[6] (Paráfrasis)

Estas amenazas muestran que la preservación del espacio sagrado es una tarea urgente y ética. No basta con restaurar muros: es necesario restaurar la conciencia. Sin reverencia, toda arquitectura sagrada se convierte en ruina moral. La defensa del espacio sagrado exige una alianza entre culturas, religiones y humanismos, para proteger lo que representa la raíz espiritual de la civilización.

La Masonería, fiel a su vocación constructora, asume en este contexto un papel simbólicamente activo: enseñar al hombre moderno que cada acto de respeto, silencio y contemplación contribuye a reconstruir el templo universal. Frente al ruido, propone la reflexión; frente al olvido, la memoria; frente a la destrucción, la obra. Porque el deber del masón no es solo edificar nuevos templos, sino defender los antiguos y mantener viva su luz.

En un tiempo que parece olvidar lo sagrado, el verdadero iniciado recuerda que la piedra más preciosa no está en el muro, sino en el alma que sabe venerar. Y que toda profanación externa comienza cuando el corazón deja de ser santuario.

18.5. Proyección masónica: inviolabilidad del Templo

Para la Masonería, el Templo Masónico no es un salón de reuniones ni un recinto funcional: es un espacio sagrado inviolable, consagrado al trabajo moral, a la reflexión y al perfeccionamiento del ser humano. Su santidad no deriva de la materia con que fue construido, sino del propósito espiritual al que está dedicado y del rito que lo anima. En él se celebra, bajo símbolos universales, la alianza entre el hombre y el Gran Arquitecto del Universo.

La inviolabilidad del Templo implica principios claros y permanentes:

• **No puede usarse para fines profanos**. Cualquier uso ajeno a la finalidad ritual o educativa del taller disuelve su carácter consagrado. Lo que en el mundo profano es cotidiano, dentro del Templo se torna impropio. Cada objeto, cada palabra y cada silencio tienen una función simbólica y no pueden ser banalizados sin dañar la esencia del lugar.

• **Debe mantenerse en silencio, orden y limpieza.** El silencio preserva la energía espiritual que lo habita; el orden refleja la armonía cósmica que representa; y la limpieza física manifiesta pureza moral. Donde el Templo está descuidado, el espíritu del trabajo se dispersa.

• **La alteración de su disposición ritual o simbólica equivale a pérdida de sacralidad.** Modificar arbitrariamente la orientación, los símbolos, las luces o los procedimientos rituales —sea por descuido, ignorancia o capricho— implica quebrar la continuidad iniciática que enlaza a todas las Logias regulares del mundo. La fidelidad a la disposición ritual no es un formalismo: es la garantía de que el Templo conserve su esencia como reflejo del orden universal.

Albert Mackey expresó que la sacralidad del Templo masónico no depende de su arquitectura material, sino de los ritos que allí se celebran y de la finalidad a la que está consagrado. (Paráfrasis del autor a partir de Mackey, 1873).[7]

Por ello, el respeto y la preservación del Templo no se limitan al cuidado material del recinto —mobiliario, ornamentos, luces o emblemas—, sino que incluyen la fidelidad espiritual y ritual a la tradición. Un Templo puede ser sencillo en sus materiales y grandioso en su espíritu; pero si se alteran sus símbolos o se trivializa su uso, pierde su fuerza iniciática.

La Masonería enseña que violar el orden del Templo equivale a perturbar la armonía del cosmos. Cada detalle de su disposición —el Oriente iluminado, el pavimento mosaico, las columnas del pórtico, el Altar central— forma parte de un lenguaje simbólico que comunica lo inefable. Quien lo comprende, lo cuida; quien lo respeta, lo consagra de nuevo con su actitud.

En este sentido, la inviolabilidad del Templo Masónico no es solo una norma disciplinaria, sino una ley espiritual: el Templo es inviolable porque representa la presencia del Misterio en la Tierra. Entrar en él exige pureza interior, y permanecer en él implica un compromiso moral con la Verdad, la Fraternidad y la Luz.

Así, el Masón que respeta su Templo respeta también el Templo interior de su alma, donde el Gran Arquitecto del Universo obra en silencio la edificación de lo eterno.

18.6. Preservar el espacio sagrado interior

Más allá de toda arquitectura, más allá del mármol, de la piedra o del ornamento, la Masonería enseña que el verdadero espacio sagrado es el templo interior que cada iniciado construye en su corazón. Todo templo visible es solo reflejo de esa obra invisible. En él se oficia la liturgia silenciosa de la conciencia, y sus columnas son la fe, la esperanza y la caridad; su altar, la rectitud de intención; su luz, la llama de la verdad.

Preservar ese espacio sagrado interior exige una disciplina permanente de purificación y vigilancia moral. No basta con asistir al Templo físico ni participar del rito: es necesario que cada acto cotidiano prolongue el orden, la armonía y el silencio que allí se aprenden. El Templo interior se contamina cuando la mente se llena de orgullo o cuando el corazón se aparta de la justicia. Se restaura, en cambio, con la humildad, el estudio y la práctica constante de la virtud.

La pureza de vida es su condición primera: el Masón que mantiene su palabra, respeta la verdad y obra con rectitud consagra cada día su propio santuario. La rectitud moral es su pilar de equilibrio: cada pensamiento justo, cada gesto fraterno, es una piedra bien labrada en los muros del alma. Y el trabajo constante sobre la piedra bruta simboliza el esfuerzo sostenido por dominar las pasiones y refinar el carácter, hasta que la luz interior pueda reflejarse sin sombra.

De este modo, el respeto al espacio sagrado externo —el Templo Masónico, la Logia, el lugar consagrado al rito— no es una formalidad exterior, sino una pedagogía del alma. Al cuidar el orden del recinto, el Masón aprende a cuidar el orden de su propio ser; al mantener la limpieza y el silencio del Templo, purifica también su pensamiento; y al encender la Luz en el Oriente, despierta la Luz interior que lo guía hacia la Verdad.

El Templo exterior enseña al iniciado que el universo entero es sagrado, pero le recuerda que su obra más alta es erigirse a sí mismo como morada digna del Gran Arquitecto del Universo. Cuando el Masón guarda silencio ante el símbolo, está escuchando la voz que resuena en el santuario de su conciencia. Y cuando trabaja con amor y precisión, eleva su espíritu a la altura del Maestro Constructor.

Preservar el espacio sagrado interior es, en última instancia, preservar la dignidad del alma humana. Es mantener encendida la lámpara del conocimiento y la compasión en medio del mundo profano. Porque un solo corazón limpio y consciente vale tanto como el más majestuoso de los templos.

Así, el iniciado comprende que la obra no termina en el taller: continúa en la vida, donde cada palabra justa, cada gesto fraterno y cada pensamiento luminoso consagran de nuevo el templo invisible del espíritu.

18.7. Conclusión

El respeto y la preservación del espacio sagrado constituyen una responsabilidad universal, que abarca tres dimensiones inseparables del espíritu humano:

• **Religiosa**, porque el templo, la logia o el santuario son moradas de lo divino, lugares donde la Presencia se hace perceptible y el hombre se reencuentra con el Misterio. Cada piedra consagrada, cada altar encendido, recuerda al ser humano que existe una realidad superior ante la cual debe inclinarse con reverencia y gratitud.

• **Cultural**, porque los espacios sagrados son patrimonio de la humanidad. En ellos convergen el arte, la historia, la ciencia y la fe. Son los libros de piedra donde se escribió la memoria de los pueblos, los archivos vivos de su identidad y de su búsqueda de sentido. Conservarlos significa preservar la continuidad espiritual de la civilización.

• **Masónica**, porque el Templo es escuela iniciática y reflejo del templo interior. En su disposición, en su silencio y en su luz, la Masonería enseña al hombre a reconocerse como constructor de sí mismo y como guardián del espíritu del mundo. El Templo masónico, fiel a la tradición universal de lo sagrado, recuerda que toda obra exterior es símbolo de una edificación interior.

Descuidar o profanar los espacios sagrados no solo destruye piedras y muros: destruye también memorias, lenguajes y vínculos que sostienen la espiritualidad humana. Cuando un santuario se arruina o una logia se degrada, se apaga una chispa del alma colectiva. La pérdida no es únicamente material: es moral y espiritual.

Por el contrario, conservar y honrar los espacios sagrados es un acto de fidelidad al pasado y de compromiso con el futuro. Es asegurar que la sabiduría de los antiguos constructores, los ecos del rito y la llama del conocimiento sigan alumbrando a las generaciones venideras.

Para la Masonería, este deber no se limita al cuidado físico del Templo, sino que se extiende al mantenimiento de su pureza ritual y doctrinal, sin alteraciones arbitrarias ni desviaciones profanas. Preservar el espacio sagrado es también preservar la Tradición que lo habita, la Luz que lo ilumina y el Espíritu que lo inspira.

Así, cada Masón se convierte en guardián del templo visible y del templo invisible, heredero de los constructores del pasado y sembrador de esperanza para el porvenir. Con su conducta, su palabra y su ejemplo, el Iniciado demuestra que el verdadero respeto al espacio sagrado es vivir de tal modo que su propia vida se convierta en un altar encendido ante el Gran Arquitecto del Universo.

Notas y Referencias

1. Biblia, Levítico 19:30.
2. Corán 2:114 (trad. Abdel Ghani Melara, Madrid: Fundación Islámica, 2004).
3. Fuller, C. J. (2004). The Camphor Flame: Popular Hinduism and Society in India. Princeton: Princeton University Press.
4. UNESCO (2021). World Heritage List. Disponible en: unesco.org
5. Bevan, R. (2006). The Destruction of Memory: Architecture at War. London: Reaktion Books.
6. Taylor, B. (2010). Dark Green Religion: Nature Spirituality and the Planetary Future. Berkeley: University of California Press.
7. Mackey, A. G. (1873). Encyclopedia of Freemasonry. New York: Clark & Maynard. Voz: "Lodge". (Paráfrasis)

CAPÍTULO XIX

Conclusiones y Reflexiones Finales

19.1. Síntesis del recorrido

El estudio del Espacio Sagrado nos ha conducido, como un viaje iniciático, desde los albores de las civilizaciones hasta la Masonería contemporánea, mostrando cómo el ser humano ha buscado siempre un centro de sentido donde reconciliar lo visible con lo invisible. Este recorrido ha revelado que la historia de los templos es, en realidad, la historia del alma humana en su diálogo con lo eterno.

1. El espacio sagrado es una constante universal: toda cultura, en todas las épocas, ha delimitado lugares de encuentro con lo divino. Desde los templos mesopotámicos y las pirámides egipcias hasta Stonehenge, las catedrales góticas y los santuarios naturales, la humanidad ha dejado en la piedra, el bosque o la montaña un testimonio de su anhelo de trascendencia. Cada civilización ha erigido, a su modo, un puente entre el hombre y el Misterio, un lugar donde lo cotidiano se interrumpe y lo sagrado se revela.

2. Este espacio no es un lugar cualquiera, sino un axis mundi, un eje simbólico que une cielo y tierra, pasado y futuro, lo humano y lo divino.[1] (Paráfrasis) En torno a ese eje se ordena la existencia: el tiempo adquiere ritmo, la comunidad se cohesiona, y el alma del hombre se orienta. En el centro del espacio sagrado, todo se integra; fuera de él, el mundo se dispersa.

3. La Masonería, heredera de los gremios de constructores y de las tradiciones herméticas, transformó este concepto ancestral en el Templo Masónico, espacio consagrado a la virtud, la fraternidad y la verdad. Su Templo no busca albergar divinidades externas, sino despertar la divinidad interior del ser humano. Así, el arte de construir muros se convierte en el arte de construir carácter; la piedra se hace símbolo del alma, y el arquitecto, imagen del Gran Constructor del Universo.

297

4. El Templo de Salomón y la leyenda de Hiram Abif dotaron al espacio masónico de un relato iniciático, donde la obra material se transfigura en enseñanza espiritual. En ese drama sagrado, cada Logia se convierte en escenario de muerte y renacimiento simbólicos: el Iniciado desciende a las sombras de su ignorancia y se levanta, con la Palabra reencontrada, hacia la luz del conocimiento.

5. En la actualidad, el espacio sagrado sigue manifestándose bajo múltiples formas: templos religiosos, memoriales seculares, espacios naturales protegidos y hasta ámbitos virtuales de meditación o encuentro espiritual. Todos ellos confirman que el hombre moderno, aunque viva entre máquinas y pantallas, sigue necesitando lugares de trascendencia, donde pueda reconectar con su centro y recordar que la vida no se reduce a lo útil, sino que encuentra su plenitud en lo significativo.

Así, el recorrido de esta obra no ha sido solo histórico ni simbólico, sino también existencial: una invitación a reconstruir el sentido de lo sagrado en un mundo fragmentado, y a reconocer que cada piedra del templo visible apunta a la edificación del templo interior.

19.2. Reflexión fenomenológica y social

El espacio sagrado cumple una doble función esencial en la experiencia humana:

• **Vertical**, como punto de contacto con lo trascendente, donde el hombre se eleva desde la materia hacia el espíritu. Es el eje que une lo visible y lo invisible, el ámbito donde el mundo se abre a la dimensión del Misterio. En este sentido, la sacralidad otorga dirección y sentido: orienta la existencia humana hacia un orden superior y confiere al tiempo un ritmo simbólico, distinto del fluir profano.

• **Horizontal**, como centro de la vida comunitaria y cultural, donde las personas se congregan no solo para rendir culto, sino también para compartir memoria, aprendizaje y destino. El templo, la logia o el santuario son lugares donde la sociedad se reconoce como un cuerpo moral y espiritual, donde las diferencias se armonizan bajo un principio común de fraternidad.

Autores como Mircea Eliade y Émile Durkheim subrayaron que lo sagrado da cohesión social y sentido al tiempo y al espacio.[1],[2] (Paráfrasis del autor a partir de las obras citadas) Eliade mostró que el espacio sagrado rompe la homogeneidad del mundo profano para ofrecer un punto fijo, un centro que orienta la vida; Durkheim, por su parte, demostró que lo sagrado, lejos de ser un fenómeno individual, es la fuente misma de la solidaridad colectiva: la sociedad se reconoce a sí misma en el acto de consagrar.

De esta manera, el espacio sagrado no se limita al rito, sino que sostiene la memoria colectiva y la identidad de los pueblos. Allí donde el hombre erige un templo, se funda una historia; donde guarda silencio ante lo divino, nace una comunidad; donde repite un rito, reafirma su pertenencia a una tradición. El espacio sagrado no solo protege el pasado: lo reactiva y lo proyecta hacia el futuro, manteniendo viva la continuidad del espíritu humano.

En este equilibrio entre lo vertical y lo horizontal —entre la elevación del alma y la cohesión de la comunidad— reside la esencia del espacio sagrado. Es el punto donde el cielo se refleja en la tierra, y donde el hombre, al encontrarse con lo eterno, descubre también su responsabilidad en el tiempo.

19.3. Proyección masónica

En la Masonería, el Templo constituye simultáneamente una escuela de símbolos, un teatro iniciático y una comunidad de fraternidad. Cada piedra, cada orientación y cada emblema han sido dispuestos para hablar un lenguaje silencioso que instruye, purifica y transforma. El Templo no es un escenario decorativo: es un organismo simbólico, una arquitectura viva donde cada elemento tiene una función moral y espiritual.

El pavimento mosaico, con su alternancia de luces y sombras, enseña la dualidad de la existencia y la necesidad de equilibrio entre contrarios. Las columnas J∴ y B∴ evocan la estabilidad del cosmos y la fuerza que sostiene el trabajo iniciático. La estrella flamígera recuerda la chispa divina que mora en el corazón del hombre, mientras que el Altar, situado en el centro, representa el punto de encuentro entre lo humano y lo eterno: allí donde el silencio se convierte en palabra y la palabra en luz.

De este modo, el espacio sagrado masónico no es un simple salón de reuniones, sino un microcosmos moral y espiritual, una imagen reducida del universo donde el Masón aprende a reconocer las leyes del orden, la armonía y la justicia. Cada ceremonia celebrada en la Logia no solo repite una tradición: reactiva un misterio universal.

Más aún, la Logia enseña que el verdadero templo no es solo externo, sino interior. Así como el arquitecto edifica con piedra y proporción, el Iniciado debe edificar con virtud y conciencia. La geometría del recinto exterior es reflejo de una geometría del alma: los muros del Templo corresponden a los límites del deber, la bóveda estrellada al horizonte de la mente, y la luz del Oriente a la sabiduría que guía el obrar justo.

El Masón está, por tanto, llamado a construir dentro de sí un espacio de pureza, verdad y fraternidad, donde pueda habitar el Gran Arquitecto del Universo. El rito no tiene valor si no se convierte en vida; el símbolo, si no se hace conducta. La Masonería es, en este sentido, una pedagogía del alma: enseña al hombre a levantar su propio santuario, piedra a piedra, mediante la práctica de las virtudes.

Albert Mackey lo resumía con precisión al afirmar que la Logia es un **templo erigido a la virtud**.[3] (Paráfrasis) Ese templo invisible, edificado en el corazón de cada Hermano, constituye la verdadera obra del Arte Real: la transformación del hombre profano en un constructor consciente, capaz de elevar, en medio del mundo, el santuario eterno de la Verdad

19.4. Preservación y responsabilidad

El respeto y la preservación del espacio sagrado —sea templo de piedra, santuario natural o Logia masónica— constituyen un deber ético universal. En ellos se concentra la memoria espiritual de los pueblos, la continuidad de sus valores y la huella visible de lo invisible. Destruir un espacio sagrado no es solo arrasar un monumento o una arquitectura: es romper el hilo que une a las generaciones con lo trascendente, es herir el corazón simbólico de la humanidad.[4] (Paráfrasis)

Cada templo destruido, cada altar profanado, cada ritual desvirtuado representa una pérdida doble: material y espiritual. Lo visible puede reconstruirse, pero lo que se pierde es el alma del lugar, ese tejido invisible que la fe, la tradición y la belleza habían entrelazado. El espacio sagrado es memoria viva; su preservación no solo honra el pasado, sino que resguarda el porvenir.

Para la Masonería, esta responsabilidad adquiere una forma particular: alterar el ritual o trivializar el espacio consagrado equivale a profanar su esencia. La sacralidad no reside en la piedra ni en el ornamento, sino en la fidelidad al propósito para el cual fue consagrado. El Templo masónico no pertenece a un tiempo ni a una moda; pertenece a la cadena ininterrumpida de los que han trabajado por la Luz.

Así como el arquitecto respeta los planos del Gran Diseñador, el Masón debe respetar el orden ritual que da forma a la Logia. Fidelidad al Templo externo e interno significa, en términos iniciáticos, conservar la pureza de la obra: mantener el equilibrio entre forma y espíritu, tradición y renovación.

Preservar el espacio sagrado, por tanto, es más que un acto de conservación: es una forma de gratitud y de compromiso. Gratitud hacia quienes levantaron con sus manos y su fe los templos visibles; compromiso con quienes vendrán, para que encuentren todavía encendida la lámpara del altar. En ello reside la responsabilidad del iniciado: ser custodio de la sacralidad, guardián del orden simbólico y testigo fiel de la Luz que no se apaga

19.5. Conclusión final

El Espacio Sagrado no pertenece exclusivamente al pasado ni a una religión particular: es una dimensión perenne de lo humano, una constante que atraviesa épocas, credos y geografías. Desde las cavernas prehistóricas hasta las catedrales contemporáneas, el hombre ha sentido la necesidad de delimitar un ámbito donde lo eterno se manifieste, donde el misterio se haga presencia y donde la conciencia pueda elevarse por encima de la inmediatez profana.

En ese espacio privilegiado, el ser humano descubre su pequeñez y su grandeza, su finitud y su vocación de eternidad. Ante lo sagrado, el hombre recuerda que es criatura, pero también creador; que está hecho de polvo, pero animado por el soplo divino. El espacio sagrado le revela que la vida tiene dirección, que la existencia puede orientarse hacia la luz, y que toda obra noble —sea de piedra o de virtud— forma parte de una construcción universal.

En la Masonería, el Templo sintetiza todo este recorrido: es lugar de encuentro con el Gran Arquitecto del Universo, taller de fraternidad y escuela de virtud. Cada piedra del Templo es enseñanza, cada herramienta, una exhortación moral, y cada rito, un eco de la sabiduría antigua que el Arte Real mantiene viva. El Masón, al ingresar en ese espacio, participa de una continuidad que enlaza las tradiciones de todos los pueblos constructores: Egipto, Jerusalén, Grecia, las catedrales medievales y las logias modernas convergen en una misma geometría espiritual.

Más allá de muros y columnas, el Templo es recordatorio de que el verdadero espacio sagrado es el corazón del iniciado, el santuario interior donde el alma trabaja en silencio la piedra de su carácter. Allí se erige un templo invisible, levantado con las piedras vivas de la verdad, la justicia y el amor fraternal, donde el rito se transforma en vida y la enseñanza en virtud.

Cuando el Masón comprende esto, entiende que su labor no termina en la Logia: el mundo entero puede ser santificado si es vivido con conciencia, si cada acto se convierte en ofrenda, si cada palabra se pronuncia con verdad. Entonces, el espacio sagrado se expande: deja de estar limitado por paredes y se instala en la conciencia, convirtiendo la existencia entera en templo, el trabajo en oración y la fraternidad en altar perpetuo.

Así concluye este recorrido:

El Espacio Sagrado como reflejo del cosmos, como patrimonio de la humanidad, y como símbolo supremo del destino del hombre, llamado a construir —en sí mismo y en la sociedad— el Templo eterno de la Luz.

Notas y Referencias

1. Eliade, M. (1998). Lo sagrado y lo profano. Barcelona: Paidós.
2. Durkheim, É. (1912/2001). The Elementary Forms of Religious Life. Oxford: Oxford University Press.
3. Mackey, A. G. (1873). Encyclopedia of Freemasonry. New York: Clark & Maynard. Voz: "Lodge". (Paráfrasis)
4. Bevan, R. (2006). The Destruction of Memory: Architecture at War. London: Reaktion Books.

Palabras Finales

Al concluir estas reflexiones sobre el Espacio Sagrado, no llegamos a un final, sino a un umbral. Todo templo, todo tabernáculo, toda logia, nos enseña que el espacio no es simplemente un lugar delimitado, sino una presencia. En él convergen lo eterno y lo efímero, lo visible y lo invisible, lo humano y lo divino.

El Espacio Sagrado nos recuerda que la piedra no se santifica por sí misma, sino por la intención del espíritu que la consagra. El madero del altar no es más que materia hasta que el fuego de la fe lo enciende. Así también el hombre: es carne y hueso hasta que la llama interior lo convierte en Templo vivo.

Ser masones nos enseña que el verdadero santuario no se erige solo con columnas, bóvedas o muros; se levanta en el corazón del iniciado, cuando éste ordena su vida según la escuadra, orienta sus actos según el compás y equilibra su espíritu según el nivel. Allí está el misterio: cada uno de nosotros porta dentro de sí la Logia eterna, donde la Luz nunca se apaga y donde la Verdad permanece como piedra angular.

Estas páginas han querido señalar un camino: el de descubrir que todo espacio puede ser sagrado si lo habitamos con conciencia, silencio y propósito. El bosque, la montaña, el hogar, la logia: todos son espejos de un mismo templo invisible. Y cuando olvidamos esa sacralidad, el mundo se convierte en desierto, y el hombre, en arquitecto sin plano y sin norte.

Por eso, la Masonería nos recuerda que no basta con entrar al templo construido por manos humanas; es necesario edificar el templo interior, donde cada pensamiento sea una piedra labrada, cada palabra un símbolo, y cada acción un pilar que sostiene el edificio espiritual.

El deber que de aquí se desprende es triple:

• **Fidelidad al legado de los que nos precedieron, que consagraron sus vidas para mantener viva la llama.**

• **Gratitud hacia el Gran Arquitecto del Universo, que nos concede el don de vivir en este plano como obreros de Su Obra.**

• **Responsabilidad de transmitir, sin deformaciones ni añadidos profanos, la pureza del rito y el sentido profundo del Espacio Sagrado.**

Porque el Espacio Sagrado no pertenece a un hombre ni a una generación: pertenece a la corriente inmutable del Espíritu, que se manifiesta en todas las épocas bajo símbolos diversos, pero que es Uno en su esencia.

Hermano lector, al cerrar este libro, no cierres sus páginas en tu mente. Llévalas a tu vida. Haz de tu Logia, de tu casa, de tu propio corazón, un altar permanente. Que cada acción tuya sea rito, que cada palabra sea oración, y que cada silencio sea consagración.

Solo así el Espacio Sagrado dejará de ser concepto o recuerdo y se convertirá en realidad vivida. Y entonces comprenderás que no se trata de encontrarlo fuera, sino de reconocerlo dentro de ti, allí donde el Gran Arquitecto del Universo ha puesto Su morada, y donde la Luz, si la buscas con pureza y perseverancia, jamás dejará de brillar.

Epílogo

El Eco del Templo

Al recorrer las páginas de este libro hemos contemplado cómo, desde sus orígenes, el ser humano ha buscado separar un lugar del mundo profano para transformarlo en espacio de trascendencia. El dolmen primitivo, la pirámide, la sinagoga, la mezquita, la catedral, el memorial contemporáneo y la Logia masónica son eslabones de una misma cadena: la necesidad de señalar un centro donde lo eterno se haga presente.

Pero el viaje no concluye en las piedras ni en los muros. El verdadero hallazgo es comprender que todo espacio sagrado es un espejo del alma humana. Si el Templo de Salomón fue destruido, si las catedrales se desgastan y los monumentos se erosionan, es porque su misión más profunda no era perpetuar su materia, sino despertar en nosotros la conciencia de que el único templo indestructible es el templo interior.

La Masonería enseña que al consagrar una Logia no se consagra solamente un salón, sino también a cada Hermano que la habita. El espacio sagrado existe mientras exista la voluntad de buscar la Luz, de trabajar la piedra bruta, de vivir en verdad y fraternidad. Sin esa intención, ni la más majestuosa catedral es sagrada; con ella, hasta una habitación humilde puede convertirse en santuario.

El Espacio Sagrado no se limita a muros ni a rituales: es una llamada constante a despertar, a recordar que la vida entera es iniciación y que cada instante puede transformarse en altar. Lo que aquí se ha compartido no pretende ser doctrina cerrada, sino invitación al camino: a descubrir que el santuario más perfecto no es aquel construido por manos humanas, sino el que se erige en el corazón del hombre que se conoce a sí mismo y que reconoce en el otro un reflejo del Gran Arquitecto del Universo.

El Espacio Sagrado es semilla y cosecha: germina en el silencio, crece en el símbolo, florece en la palabra y da fruto en la fraternidad. Quien logre custodiarlo en su interior descubrirá que ya no hay distancia entre lo visible y lo invisible, entre el tiempo y la eternidad, entre el hombre y Dios.

Porque el eco del Templo no resuena únicamente en las piedras antiguas: resuena en cada corazón que decide abrirse a lo divino y a la fraternidad. Y en el centro de ese Espacio Sagrado, todo se reconcilia en la **Unidad Suprema.**

Bibliografía General

Obras citadas

1. Adamson, H. (1638). The Muses Threnodie. Perth.

2. Agrippa, H. C. (1533/1993). Three Books of Occult Philosophy. Ed. Donald Tyson. St. Paul: Llewellyn.

3. Anderson, J. (1723). The Constitutions of the Free-Masons. London: William Hunter.

4. Bevan, R. (2006). The Destruction of Memory: Architecture at War. London: Reaktion Books.

5. Bellah, R. N. (1967). "Civil Religion in America." Daedalus, 96(1), 1–21.

6. Bell, C. (1997). Ritual: Perspectives and Dimensions. New York: Oxford University Press.

7. Brandes, S. (1998). "Iconography in Mexico's Day of the Dead: Origins and Meaning." Ethnohistory, 45(2), 181–218.

8. Breen, J., & Teeuwen, M. (2010). A New History of Shinto. Chichester: Wiley-Blackwell.

9. Campbell, H., & Tsuria, R. (2021). Digital Religion: Understanding Religious Practice in Digital Media. New York: Routledge.

10. Carr, H. (1950). The Hiramic Legend. Transactions of Quatuor Coronati Lodge, 63.

11. Carr, H. (1963). "The Schaw Statutes." Ars Quatuor Coronatorum, 76, 16–49.

12. Copenhaver, B. P. (1992). Hermetica: The Greek Corpus Hermeticum and the Latin Asclepius in a New English Translation. Cambridge: Cambridge University Press.

13. Davie, G. (2015). Religion in Britain: A Persistent Paradox (2ª ed.). London: Routledge.

14. Duncan, C. (1995). Civilizing Rituals: Inside Public Art Museums. London: Routledge.

15. Duncan, M. C. (1866). Duncan's Masonic Ritual and Monitor. New York: Dick & Fitzgerald.

16. Durkheim, É. (1912/2001). The Elementary Forms of Religious Life. Oxford: Oxford University Press.

17. Eck, D. L. (2012). India: A Sacred Geography. New York: Harmony Books.

18. Eliade, M. (1998). Lo sagrado y lo profano. Barcelona: Paidós.

19. Faivre, A. (1994). Access to Western Esotericism. Albany: State University of New York Press.

20. Fuller, C. J. (2004). The Camphor Flame: Popular Hinduism and Society in India. Princeton: Princeton University Press.

21. Gilly, C. (1995). Between Hermes and Christ: The German Hermetism of the 16th Century and the Beginning of the Hermetic Reformation. Leiden: Brill.

22. Gould, R. F. (1882–1887). The History of Freemasonry (3 vols.). London: Thomas C. Jack.

23. Grabar, O. (1987). The Formation of Islamic Art (rev. ed.). New Haven: Yale University Press.

24. Haran, M. (1978). Temples and Temple-Service in Ancient Israel. Oxford: Clarendon Press.

25. Hutton, R. (2005). The Witches' Familiar: The Evolution of a Folk Figure in British Literature. Forkbeard Press.

26. Jung, C. G. (1968). Psychology and Alchemy. Princeton: Princeton University Press.

27. Knoop, D., & Jones, G. P. (1933). The Medieval Mason. Manchester: Manchester University Press.

28. Knoop, D., & Jones, G. P. (1935). "The London Mason in the Sixteenth Century." The Economic History Review, 6(1), 1–14.

29. Knoop, D., Jones, G. P., & Hamer, D. (1949). The Old Charges of British Freemasons. Manchester: Manchester University Press.

30. Knoop, D., Jones, G. P., & Hamer, D. (1949). The Early Masonic Catechisms. Manchester: Manchester University Press.

31. Lyon, D. Murray (1873). History of the Lodge of Edinburgh (Mary's Chapel) No. 1. Edinburgh: William Blackwood & Sons.

32. Mackey, A. G. (1873). Encyclopedia of Freemasonry. New York: Clark & Maynard.

33. McNulty, J. W. (2014). "The Origins of Freemasonry: Scotland's Century, 1590–1710." The Scottish Historical Review, 93(2), 170–192.

34. Panofsky, E. (1951). Gothic Architecture and Scholasticism. New York: Meridian Books.

35. Parker Pearson, M. (2012). Stonehenge: Exploring the Greatest Stone Age Mystery. London: Simon & Schuster.

36. Pike, A. (1871). Morals and Dogma of the Ancient and Accepted Scottish Rite of Freemasonry. Charleston.

37. Prichard, S. (1730). Masonry Dissected. London.

38. Preston, W. (1772/1801). Illustrations of Masonry. London.

39. Roitman, A. D. (2012). Del Tabernáculo al Templo: La historia del culto en Israel. Madrid: Ediciones Istmo.

40. Roussel, B. (2019). El Tabernáculo de la Alianza: origen y significado. Madrid: Editorial Esfinge.

41. Scholem, G. (1965). Major Trends in Jewish Mysticism. New York: Schocken.

42. Stevenson, D. (1988). The Origins of Freemasonry: Scotland's Century, 1590–1710. Cambridge: Cambridge University Press.

43. Stevenson, D. (1981). "The Scottish Masons and the Mason Word." Scottish Historical Review, 60(170), 1–22.

44. Taylor, B. (2010). Dark Green Religion: Nature Spirituality and the Planetary Future. Berkeley: University of California Press.

45. Turner, V. (1969). The Ritual Process: Structure and Anti-Structure. Chicago: Aldine.

46. Turner, V. (1974). Dramas, Fields, and Metaphors: Symbolic Action in Human Society. Ithaca: Cornell University Press.

47. UNESCO (2021). World Heritage List. Disponible en: https://whc.unesco.org/en/list.

48. Webb, T. S. (1797/1802). The Freemason's Monitor; or Illustrations of Masonry. Albany/Boston.

49. Yates, F. A. (1964). Giordano Bruno and the Hermetic Tradition. Chicago: University of Chicago Press.

50. Young, J. E. (1993). The Art of Memory: Holocaust Memorials in History. New York: Prestel.

Obras consultadas

- Assmann, J. (2001). The Search for God in Ancient Egypt. Ithaca: Cornell University Press.

- Campbell, J. (1949). The Hero with a Thousand Faces. Princeton: Princeton University Press.

- Goodrick-Clarke, N. (2008). The Western Esoteric Traditions. Oxford: Oxford University Press.

- Hanegraaff, W. J. (2012). Esotericism and the Academy: Rejected Knowledge in Western Culture. Cambridge: Cambridge University Press.

- Otto, R. (1923/1958). The Idea of the Holy. Oxford: Oxford University Press.

- Snoek, J. A. M. (2019). The Craft: The History and Philosophy of Freemasonry. Leiden: Brill.

www.ingramcontent.com/pod-product-compliance
Lightning Source LLC
Chambersburg PA
CBHW050644270326
41927CB00012B/2868